Studienreihe Informatik

Herausgegeben von W. Brauer und G. Goos

Wolfgang Reisig

# Petrinetze

## Eine Einführung

Zweite, überarbeitete und erweiterte Auflage

Mit 111 Abbildungen

Springer-Verlag
Berlin Heidelberg New York Tokyo

Dr. Wolfgang Reisig
GMD
Postfach 1240, Schloß Birlinghoven
5205 St. Augustin

ISBN 3-540-16622-X 2. Auflage
Springer-Verlag Berlin Heidelberg New York Tokyo
ISBN 0-387-16622-X 2nd edition
Springer-Verlag New York Heidelberg Berlin Tokyo

ISBN 3-540-11478-5 1. Auflage Springer-Verlag Berlin Heidelberg New York
ISBN 0-387-11478-5 1st edition Springer-Verlag New York Heidelberg Berlin

CIP-Kurztitelaufnahme der Deutschen Bibliothek
Reisig, Wolfgang:
Petrinetze: e. Einf. / Wolfgang Reisig. – 2., überarb. u. erw. Aufl. – Berlin; Heidelberg; New York; Tokyo: Springer, 1986.
(Studienreihe Informatik)
Engl. Ausg. u. d. T.: Reisig, Wolfgang: Petrinets
ISBN 3-540-16622-X (Berlin ...)
ISBN 0-387-16622-X (New York ...)


Printed in Germany

Druck und Bindearbeiten: Beltz Offsetdruck, Hemsbach/Bergstr.
2145/3140-543210

# Vorwort

Netztheorie ist eine Theorie der Systemorganisation, die vor nunmehr ca. 20 Jahren mit der Dissertation von C.A. Petri [1] ihren Anfang nahm. Seither wurden Netze in verschiedenen Bereichen angewendet, modifiziert und theoretisch untersucht und finden in jüngster Zeit ein breiteres Interesse bei Informatikern.

Dieses Buch führt netztheoretische Grundbegriffe und Denkweisen ein, motiviert sie anhand von Beispielen und leitet Beziehungen zwischen ihnen her. Dabei wird ein Schwerpunkt auf solche Aspekte gelegt, die Netze von anderen Systemmodellen unterscheiden, beispielsweise die Rolle der Nebenläufigkeit, die Berücksichtigung endlicher Resourcen oder die Möglichkeit, auf verschiedenen Darstellungsebenen dasselbe Darstellungsmittel zu verwenden. Es sollen so einige Voraussetzungen dafür geschaffen werden, die in [25] aufgeführten Arbeiten lesen und in die Systematik der Netztheorie einordnen zu können.

Diese Absicht war maßgeblich für die Auswahl des behandelten Stoffes. Seine Darstellung in diesem Buch ist mehr axiomatisch als induktiv. Ausgehend von Grundbegriffen wie "Bedingung","Ereignis" und dem Verändern von Zuständen durch (nebenläufig) eintretende Ereignisse wird verallgemeinernd ein Teil der Netztheorie vorgestellt. Man hätte auch in der umgekehrten Reihenfolge vorgehen und zunächst reale Systeme in informellen Netzdarstellungen vorstellen können, um dann durch fortgesetzte Abstraktion zu Netzen aus Bedingungen und Ereignissen zu gelangen. Die gewählte Vorgehensweise entspricht aber eher dem herkömmlichen Vorgehen im Rahmen der theoretischen Informatik.

Mit diesem Buch soll nicht ein Überblick über Theorie und Anwendungen der Netze gegeben werden. Ein solcher Versuch müßte nicht nur angesichts der Zahl von über 500 Veröffentlichungen [2] scheitern, sondern auch aufgrund des weiten thematischen Spektrums, das beispielsweise die Komplexitätstheorie, die Theorie der formalen Sprachen, Schaltwerktheorie, Rechnerarchitektur, Betriebssysteme, Rechnerkopplung, Prozeßdatenverarbeitung, Programmier- und Dialogsprachen, Datenbanken, Software Engineering umfaßt und in Themen außerhalb der Informatik (Verwaltung, Rechtswissenschaft, allgemeine Strukturen organisierten Handelns) hineinreicht. Es sollen auch nicht die Grundlagen der Netztheorie behandelt werden, die in der Wissenschaftstheorie, den klassischen und nichtklassischen Logiken, der theoretischen Physik und den Kommunikationswissenschaften zu suchen sind.

Dieses Buch setzt lediglich einige elementare Kenntnisse über Aufbau, Programmierung und Anwendung von Rechenanlagen sowie elementare Mathematik voraus. Darüber Hinausführendes wird erläutert. Mit dem ersten Kapitel als Grundlage können Teil I und Teil II vergleichsweise unabhängig voneinander gelesen werden. Teil III baut auf den grundlegenden Begriffen der Kapitel 2,4,5 und 6 auf.

Der Praktiker mag neben dem ersten Kapitel insbesondere die Beispiele auf S.63, in Abschnitt 6.3-6.5 und Abschnitt 8.1-8.3 studieren.

Dieses Buch hätte nicht ohne die Hilfe vieler entstehen können. Im Institut für Informationssystemforschung der GMD Bonn waren Dr. C.A. Petri, Dr. H. Genrich, Prof. K. Lautenbach und Dr. P.S. Thiagarajan bei der Klärung inhaltlicher Fragen immer behilflich. Kritische Bemerkungen zum Manuskript haben Prof. W. Brauer, Frau U. Goltz und Herr T. Schübel gemacht. Beim Korrekturlesen haben Herr J. Bilstein, Frau U. Goltz, Herr B. Josko und Herr U. Vogt geholfen. Frau S. Horenbeek hat das Manuskript getippt und Herr L. Knoth die Abbildungen gezeichnet. Ihnen allen sei herzlich gedankt.

Vorwort zur zweiten Auflage

Dank zahlreicher Hinweise konnten Tippfehler und andere Ungenauigkeiten des Textes verbessert werden. Für einige Sätze wurde die Beweisführung vereinfacht. Ich danke insbesondere Eike Best, Ursula Goltz, Kurt Lautenbach, Roberto Minio, Horst Müller, Leo Ojala, Anastasia Pagnoni, Grzegorz Rozenberg und P.S. Thiagarajan für ihre kritischen und konstruktiven Kommentare. Horst Müller und Dirk Hauschildt haben wesentlich zur Revision von Lemma 5.3(d) bzw. Satz 7.2(k) beigetragen.

Neu hinzugekommen sind Übungsaufgaben am Ende jedes Kapitels. Sie sind so gewählt, daß man an ihnen erproben kann, ob man den Text verstanden hat. Die mit (*) gekennzeichneten Aufgaben führen etwas weiter und verlangen einen größeren Aufwand.

Ebenfalls neu ist die Bibliographie am Ende des Buches. Sie soll dem Leser den Einstieg in die schnell zunehmende Literatur über Petrinetze erleichtern.

St. Augustin, September 1985

Wolfgang Reisig

# Inhaltsverzeichnis

## ZWEITER TEIL: STELLEN/TRANSITIONEN-NETZE



## DRITTER TEIL: NETZE MIT INDIVIDUEN ALS MARKEN

# Einleitung

(a) Gegenstand dieses Buches sind Petrinetze: ein Systemmodell für Vorgänge, Organisationen und Geräte, bei welchen geregelte Flüsse, insbesondere Nachrichtenflüsse, eine Rolle spielen.

Diese Sprache der Netze entstand in der Absicht, eine begriffliche und theoretische Grundlage zu entwickeln, die "möglichst viele Erscheinungen bei der Informationsübertragung und Informationswandlung in einheitlicher und exakter Weise zu beschreiben" [1] gestattet. Wir werden uns auf Anwendungen dieser Theorie im Bereich des Entwurfs und des Einsatzes von Rechensystemen beschränken.

Im Vergleich zu anderen Systemmodellen ist für Petrinetze charakteristisch:

— Kausale Abhängigkeiten und Unabhängigkeiten innerhalb einer Menge von Ereignissen können explizit dargestellt werden. Voneinander unabhängige Ereignisse werden nicht auf eine Zeitachse projiziert; für sie wird vielmehr die Relation der Nebenläufigkeit oder Concurrency eingeführt. Diese Relation ist grundlegend für das gesamte Begriffssystem der Netztheorie.

— Es ist möglich, Aufbau , Arbeitsweise und Eigenschaften von Systemen zu beschreiben, die anderes tun als sequentielle Funktionen berechnen, die beispielsweise als Datenbanken Auskünfte erteilen, als Echtzeitsysteme die Produktion steuern oder als Betriebssysteme Programme abwickeln.

— Systeme können auf verschiedenen Abstraktionsebenen dargestellt werden, ohne die Beschreibungssprache wechseln zu müssen. Diese Abstraktionsebenen reichen von Veränderungen einzelner Bits in Rechnerkernen bis zur Einbettung eines Rechnersystems in seine Benutzerumgebung und darüber hinaus.

— Netzdarstellungen ermöglichen in besonderer Weise, Systemeigenschaften nachzuweisen und Korrektheitsbeweise zu führen. Hat man ein System als Netz modelliert, so kann man Eigenschaften des Systems mit ähnlichen Mitteln wie das System selbst darstellen und Korrektheitsbeweise mit Mitteln der Netztheorie führen. Logische Aussagen ergeben sich als statische Komponenten dynamischer Netzmodelle.

Man mag hier einwenden, daß mit anderen, bereits bekannten und bewährten Verfahren dieselben Ziele verfolgt werden und daß für Prozesse, die in relativer Unabhängigkeit voneinander ablaufen (Beispiel: Kernspeicher- und Ein-/Ausgabeprozesse in einem Rechner) jeweils gleichzeitig vorliegende Zustände und Änderungen zu Gesamtzuständen und Gesamtänderungen zusammengefaßt werden können, daß eine neue Betrachtungsweise also nicht notwendig sei. Aus welchem Grund die spezifischen Denkweisen der Netztheorie so bedeutsam sein sollen, daß dies den Aufbau einer eigenen Theorie rechtfertigt, kann hier nicht erschöpfend diskutiert werden. Es sei lediglich vermerkt, daß die Zusammenfassung "gleichzeitig" vorliegender Zustände und Änderungen das Problem aufwirft, diese "Gleichzeitigkeit" festzustellen und daß ein streng sequentielles Modell das reale kausale Gefüge von Prozessen kaum noch wiederspiegelt. Es ist dann nicht ersichtlich, ob zwei Ereignisse nacheinander eintreten, weil das erste eine Voraussetzung für das zweite ist oder ob diese zeitliche Ordnung nur zufällig besteht. Die kausalen Beziehungen sind es aber, die ein System charakterisieren.

(b) Im ersten Kapitel werden wir anhand von Beispielen verschiedene Netzmodelle vorstellen, die einen ersten Einblick in die für Netze typischen Struktur- und Darstellungsmuster geben.

Systeme aus Bedingungen und Ereignissen, die im ersten Teil des Textes untersucht werden, sind die detaillierteste Darstellungsebene markierter Netze. Hier studieren wir die grundlegenden Begriffe nichtsequentieller Prozesse: Die Relationen der kausalen Abhängigkeit und Unabhängigkeit zwischen Ereignissen; die Beziehung nichtsequentieller Prozesse zur Menge ihrer sequentiellen Ausführungsmöglichkeiten; die Metrik der Synchronieabstände als ein Maß für den Zusammenhang zwischen Ereignissen; schließlich die Formulierung von Systemeigenschaften in der Sprache der Logik und ihre Integration in den Netzkalkül.

Im zweiten Teil betrachten wir Netze aus Stellen und Transitionen. Solche Netze sind insbesondere zur Formulierung von Blockierungsproblemen geeignet. Zur Untersuchung solcher Netze führen wir Überdeckungsgraphen ein, die einige Rückschlüsse auf das Systemverhalten erlauben. Den Schwerpunkt bilden Untersuchungsmethoden, die nicht auf der Menge der sequentiellen Ausführungen beruhen. Dazu gehört insbesondere der Invariantenkalkül mit seinen Methoden aus der linearen Algebra. An mehreren Beispielen zeigen wir, wie er zum Beweis von Systemeigenschaften verwendet werden kann. Für spezielle Stellen/Transitionen-Netze leiten wir besondere Analyseverfahren her.

Mit dem Übergang zu Individuen, Prädikaten und Relationen erreichen wir im dritten Teil schließlich eine Ebene, die Netze in Verbindung zur allgemeinen Algebra bringt.

Wir zeigen, wie auch auf dieser Ebene Systemeigenschaften, die in der Sprache der Logik formuliert sind, im Netzkalkül selbst dargestellt werden können. Der Beweis solchermaßen repräsentierter Eigenschaften wird durch einen von Stellen/Transitionen-Netzen verallgemeinerten Invariantenkalkül unterstützt.

# Kapitel 1 Einführende Beispiele und grundlegende Definitionen

## 1.1 Beispiele aus verschiedenen Bereichen

Im Vorwort und in der Einleitung wurden bereits die Begriffe "Systemorganisation", "Systemmodell", "Bedingung", "Ereignis" und "Informationswandlung" verwendet, ohne sie zu präzisieren. Auch wenn diese und andere Begriffe grundlegend für die Netztheorie sind, werden wir sie, als Gegenstände der realen Welt, nicht zu definieren versuchen sondern an die Intuition und das Vorverständnis des Lesers appellieren. Wir werden aber über Eigenschaften solcher Dinge und ihre Beziehung untereinander zu sprechen haben: Systemmodelle repräsentieren reale Systeme mehr oder weniger angemessen; Ereignisse finden statt; Bedingungen sind in manchen Fällen erfüllt, in manchen unerfüllt usw..

(a) Beginnen wir mit Systemen, die aus Bedingungen und Ereignissen zusammengesetzt sind. Abb. 1 zeigt ein System aus den vier Bedingungen "es ist Winter", "es ist Frühling" usw. und den vier Ereignissen "der Frühling beginnt", "der Sommer beginnt" usw.. Jede Bedingung wird durch einen Kreis, jedes Ereignis durch ein Rechteck dargestellt. Ist eine Bedingung erfüllt, so wird sie mit einem Punkt (einer Marke) gekenn-

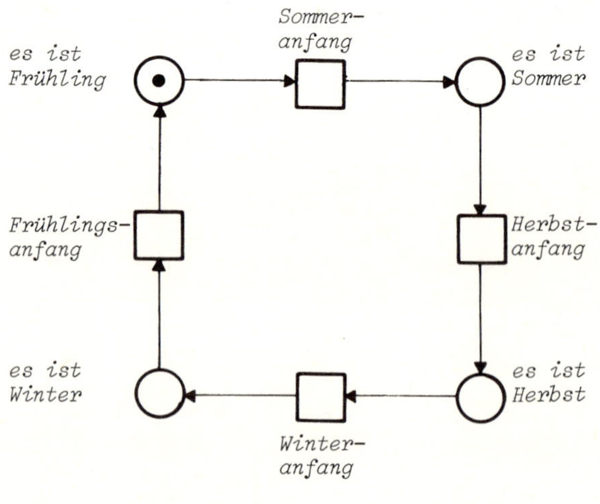


*Abb. 1 Die vier Jahreszeiten und ihr Wechsel*

zeichnet (in Abb. 1: "es ist Frühling"). Die Menge der in einer gegebenen Konfiguration erfüllten Bedingungen ist ein Fall. In Abb. 1 interessieren uns die einelementigen Fälle, also diejenigen, in welchen genau eine der vier Bedingungen erfüllt ist. Wenn ein Ereignis eintritt, entsteht ein neuer Fall. Bedingungen b und Ereignisse e können auf dreierlei Weise aufeinander bezogen sein:

(1) Durch den Eintritt von e wird b erfüllt. b heißt dann Nachbedingung von e. Graphisch wird diese Beziehung als Pfeil von e nach b dargestellt.

(2) Durch den Eintritt von e wird b unerfüllt. b heißt dann Vorbedingung von e. Graphisch wird diese Beziehung als Pfeil von b nach e dargestellt.

(3) Durch den Eintritt von e ändert sich b nicht.

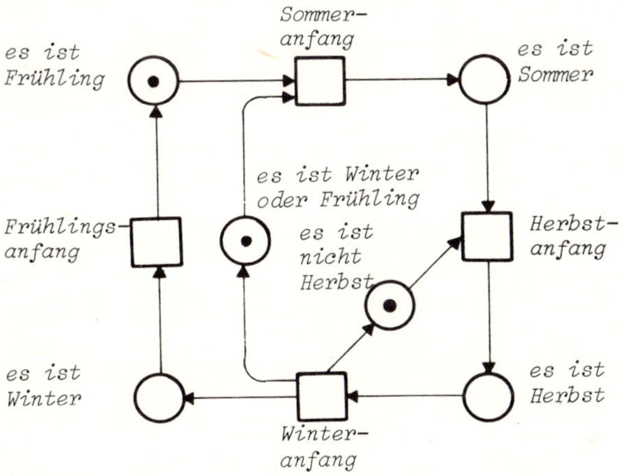


*Abb. 2 Ergänzung von Abb. 1 um zwei Bedingungen*

Für unser System der vier Jahreszeiten wird also beim Übergang zu einer neuen Jahreszeit in der graphischen Darstellung die Marke zur im Uhrzeigersinn nächsten Bedingung verschoben.

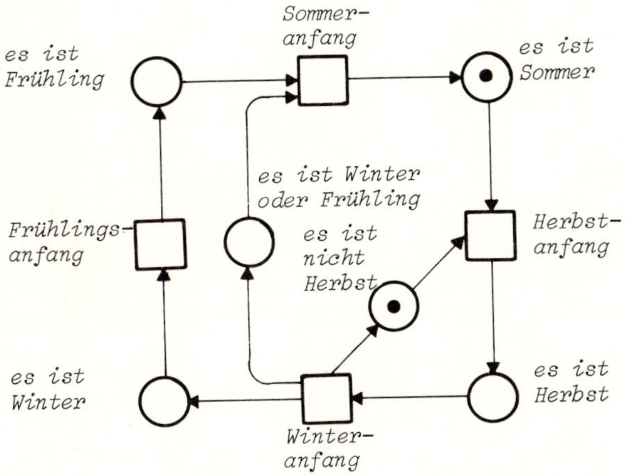


*Abb. 3 Das System von Abb. 2 nach Sommeranfang*

Welche weiteren Bedingungen oder Ereignisse können von Bedeutung sein, wenn man die Jahreszeiten und ihren Wechsel modelliert? Abb. 2 ergänzt beispielsweise Abb. 1 um die Bedingungen "es ist Winter oder Frühling" und "es ist nicht Herbst".

In der Konfiguration von Abb. 2 kann das Ereignis "Sommeranfang" eintreten, weil seine Vorbedingungen ("es ist Frühling" und "es ist Frühling oder Winter") erfüllt sind und seine Nachbedingung ("es ist Sommer") unerfüllt ist. Durch den Eintritt dieses Ereignisses entsteht die Konguration von Abb. 3. Abb. 4 skizziert die Voraussetzungen und die Wirkung des Eintritts eines Ereignisses im allgemeinen.

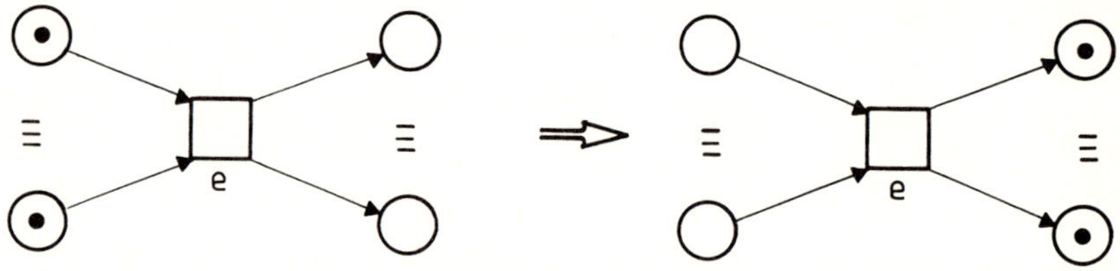


*Abb. 4 Das Stattfinden eines Ereignisses e*

Daß der Winter endet, ist sicherlich ein interessantes Ereignis, es sollte aber vom Frühlingsbeginn nicht unterschieden werden. Denn niemals findet eines dieser Ereignisse ohne das andere statt. Winterende und Frühlingsanfang sind koinzident; sie werden mit nur einem einzigen Kästchen dargestellt.

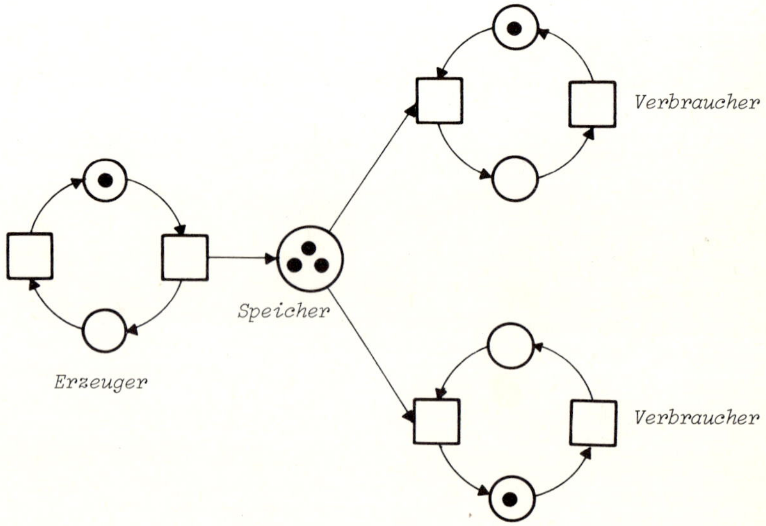


*Abb. 5 System aus einem Erzeuger und zwei Verbrauchern*

(b) Nicht auf allen Ebenen ist die Beschreibung von Systemen mit den Begriffen "Bedingung" und "Ereignis" angemessen. Um beispielsweise in Industrieanlagen Engpässe zu suchen, ist oftmals nur die Anzahl produzierter Güter und nicht jedes einzelne

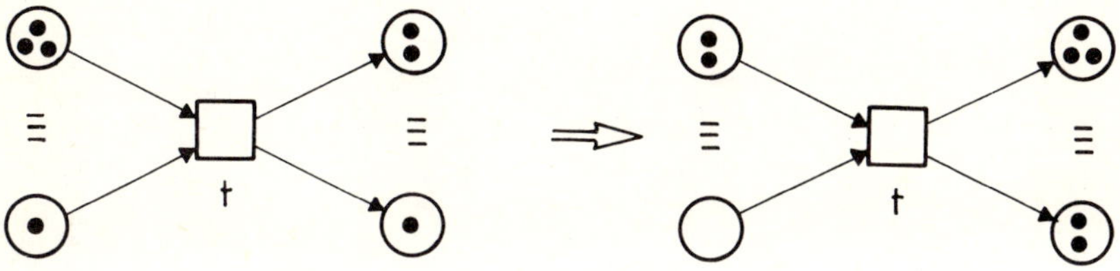


*Abb. 6 Das Schalten einer Transition t*

Stück von Bedeutung. In der Darstellung eines Warenlagers kann dann eine Menge von Bedingungen ("die Lagerplätze $s_1, \ldots, s_n$ sind belegt") zusammengefaßt werden zu einer n-fach markierten Einheit ("es sind n Lagerplätze belegt"). Abb.5 zeigt ein System aus einem Erzeuger und zwei Verbrauchern. Die vom Erzeuger hergestellten Dinge werden, dargestellt durch Marken, in einem Speicher gesammelt und können von den Verbrauchern dort weggenommen werden. In einem solchen Netz aus Stellen ○ und Transitionen □ können Stellen (im Gegensatz zu Bedingungen) mehr als eine Marke tragen. Pfeile bezeichnen den Fluß von Marken, der sich kalkülmäßig in naheliegender Weise ergibt: Eine Transition schaltet, indem sie jeder Vorstelle eine Marke entnimmt und jeder Nachstelle eine Marke hinzufügt (Abb.6). Wenn man auf jeder Stelle höchstens eine Marke zuläßt, entspricht diese Schaltregel dem oben beschriebenen Effekt beim Eintritt von Ereignissen.

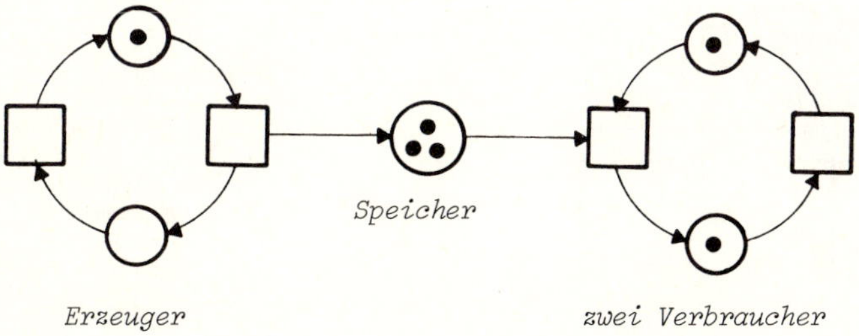


*Abb. 7 Zusammenfassung der beiden Verbraucher aus Abb. 5 in ein Netzteil*

In Abb. 7 sind die beiden Verbraucher als zwei Marken in einem Netzteil zusammengefaßt. Sie können hier jedoch als Individuen nicht mehr unterschieden werden.

(c) Netze aus Stellen und Transitionen modellieren solche Systemeigenschaften, die sich mit der Zahl, der Verteilung und dem Fluß von Dingen befassen, die ansonsten nicht weiter unterschieden werden. Wenn es auf individuelle Eigenschaften dieser Dinge selbst ankommt, müssen wir die Marken des Netzes identifizieren können. Abb. 8 zeigt einen Ausschnitt eines industriellen Produktionssystems, dessen Wirkungsweise intuitiv klar ist. Abb. 8 verdeutlicht den prinzipiellen Aufbau von Netzen: Runde Knoten (Stel-

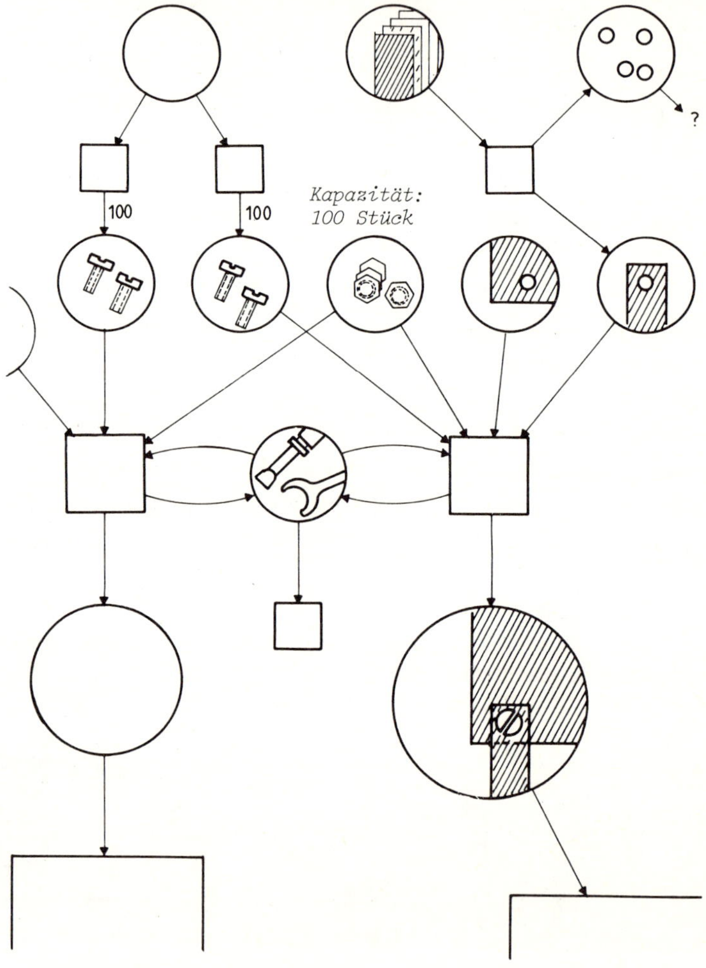


*Abb.8 Teil eines industriellen Produktionssystems*

len) bezeichnen passive Systemteile, die lagern, speichern, Zustände annehmen und Dinge sichtbar machen können. Rechteckige Knoten (Transitionen) bezeichnen aktive Systemteile, die für die Produktion, den Transport und die Veränderung von Dingen verantwortlich sind. Pfeile zeigen, welche Systemteile unmittelbar miteinander gekoppelt sind und in welcher Richtung Dinge durch das Netz "fließen" können. Diese Dinge selbst werden als Marken dargestellt.

(d) Nicht immer hat die Verbindung von Systemteilen eine Richtung, nicht durch jedes System fließen Dinge. Am Prinzip der Zerlegung in aktive und passive Komponenten halten wir jedoch immer fest, auch wenn dies im allgemeinen auf verschiedene Weise möglich ist. Beispielsweise kann man eine Schachpartie in erster Näherung als ein Handlungsgefüge t darstellen, an dem zwei Spieler (Zustandsträger) $s_1$ und $s_2$ teilnehmen. Abb.9 zeigt neben dieser Darstellung $N_1$ eine weitere: Für das Spielbrett s sind zwei Zugriffsarten erlaubt: die Züge $t_1$ bzw. $t_2$ der beiden Spieler. Die beiden Zerlegungen betonen verschiedene Aspekte desselben Systems. Beide können so weiter verfeinert werden, daß auch die jeweils anderen Aspekte dargestellt werden.

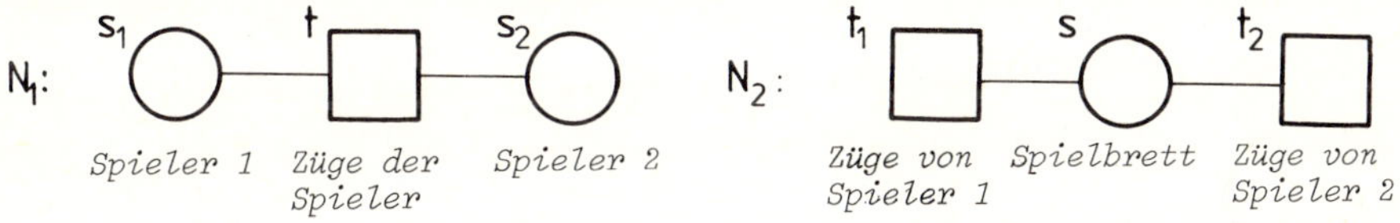


*Abb. 9* Verschiedene Darstellungen einer Schachpartie

So zeigt Abb. 10 die "gröbste gemeinsame Verfeinerung" von Abb. 9.

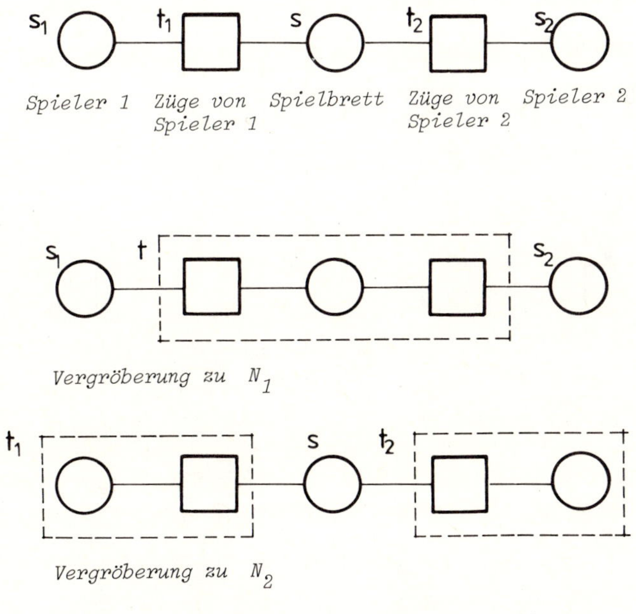


*Abb. 10* Gemeinsame Verfeinerung zu Abb. 9

## 1.2 Beispiele zur Schaltlogik und zu Betriebssystemen

(a) Beginnen wir mit einem Problem der Schaltlogik: x und y seien zwei Variablen, die die Werte "wahr" und "falsch" annehmen können. Beiden wird unabhängig voneinander einer dieser Werte zugewiesen. Anschließend werden sie so verknüpft, daß der Wert $x \wedge y$ der Variablen x und der Wert $x \vee y$ der Variablen y zugewiesen wird. Diese neuen Werte sind solange verfügbar, bis sie - unabhängig voneinander - gelöscht werden und wieder die Anfangskonfiguration entsteht, in der den Variablen neue Werte zugewiesen werden können. Abb.11 zeigt dieses System als Netz aus Bedingungen und Ereignissen.

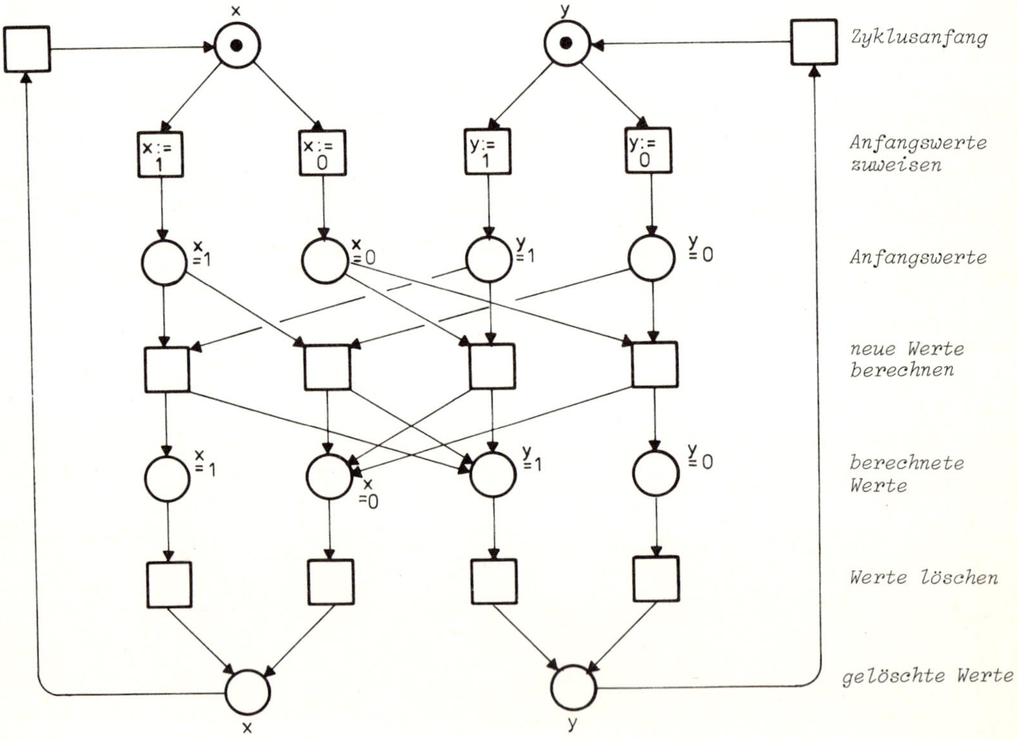


*Abb. 11* *Ein System zur Berechnung von* $x:=x \wedge y$ *und* $y:=x \vee y$

(b) In Betriebssystemen treten häufig verschiedene Prozesse auf, die einen Kernspeicherbereich beschreiben oder lesen können. Als Beispiel wählen wir eine Konfiguration mit zwei schreibberechtigten und vier leseberechtigten Prozessen. Der Speicher-

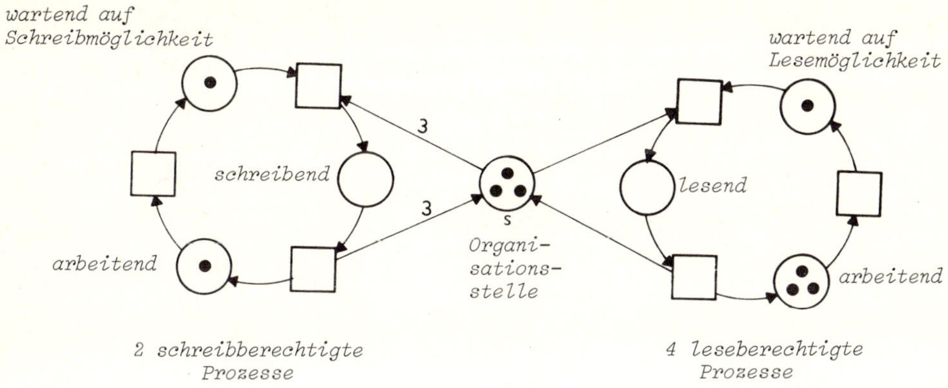


*Abb. 12* *Organisation der Zugriffsrechte von sechs Prozessen auf einen Kernspeicherbereich*

bereich darf überlappend von jeweils höchstens drei Prozessen gelesen werden. Solange ein schreibberechtigter Prozeß den Speicher ändert, darf kein anderer Prozeß zugreifen.

Abb. 12 zeigt dieses System als Netz: An zwei Transitionen endet bzw. beginnt ein mit "3" beschrifteter Pfeil. Wenn diese Transitionen schalten, wird die Markenzahl auf s um drei vermindert bzw. erhöht.

## 1.3 Nichtsequentielle Programme

Im Bereich der Software-Entwicklung sind nichtsequentielle Programme beispielsweise in der Systemprogrammierung und der Prozeßsteuerung notwendig. Aber auch schon bei kleinen Programmieraufgaben kann der Effekt entstehen, daß die tatsächlichen Anforderungen an das Programm mit rein sequentiellen Mitteln nicht genau darstellbar sind. Vielmehr muß eine Überspezifizierung in Kauf genommen werden. Sie mag (bezüglich derzeit verfügbarer Rechenanlagen) aus ökonomischen Gründen geboten und vergleichsweise einfach erscheinen, weil anderenfalls ja auch das nichtsequentielle Verhalten spezifiziert werden muß. Die Konstruktion von Reihenfolgen auf die wirklich notwendigen oder gewünschten Situationen beschränken zu können, ist jedoch ein prinzipieller Vorteil. Dies soll nun anhand zweier Beispiele gezeigt werden.

(a) Es sei ein Programm für die Addition zweier, in den Variablen x und y gespeicherter natürlicher Zahlen so zu konstruieren, daß im Endzustand die Variable x den Wert 0 und die Variable y den Wert x+y hat. Erlaubte Operationen sind die Addition und die Subtraktion um den Wert 1 und der Test auf 0 .

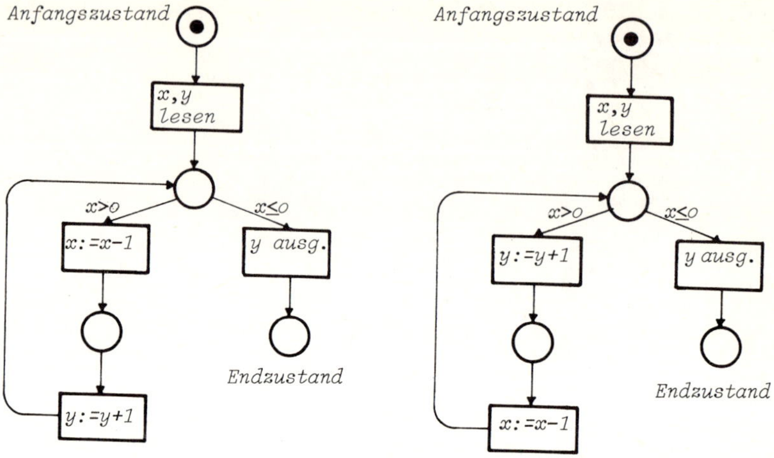


*Abb. 13 Zwei sequentielle Programme für das Additionsproblem*

Zwei sequentielle Lösungen des Problems zeigt Abb. 13 in Form von Netzen, die den für Programme üblichen Flußdiagrammen ähneln. Anweisungen werden als Ereignisse

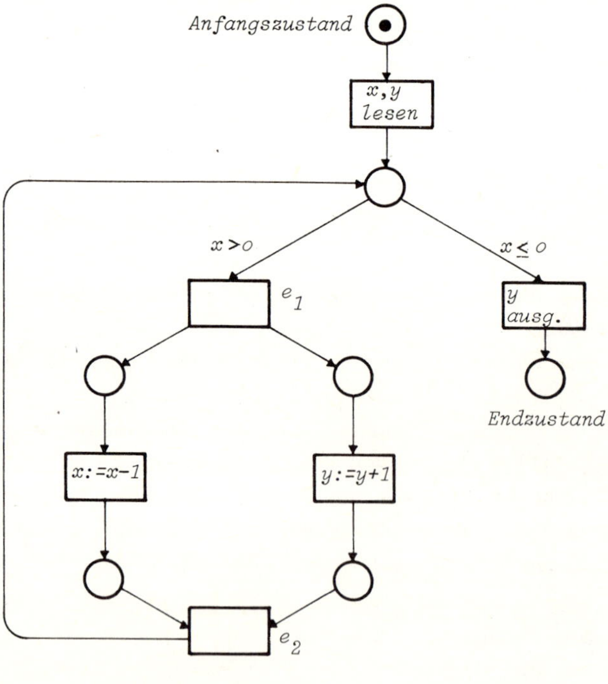


*Abb. 14 Ein nichtsequentielles Programm für das Additionsproblem*

geschrieben und potentielle Programmzustände als Bedingungen dargestellt, wobei der aktuelle Zustand mit einer Marke gekennzeichnet wird. Da jedes Ereignis genau eine Vor- und genau eine Nachbedingung hat, befindet sich in jedem der beiden Netze gemäß der oben erklärten Schaltregel immer genau eine Marke.
Die beiden Programme in Abb. 13 sind fast identisch. Sie unterscheiden sich nur in der Reihenfolge der Anweisungen x:=x-1 und y:=y+1 . Es ist offensichtlich, daß es auf ihre Reihenfolge nicht ankommt; bei ihrer Ausführung muß überhaupt keine Reihenfolge eingehalten werden, weil sie voneinander logisch unabhängig sind.

Abb. 14 zeigt ein nichtsequentielles Programm zur Lösung der Additionsaufgabe, wobei nun $e_1$ und $e_2$ die Markenzahl von eins auf zwei bzw. von zwei auf eins ändern.

(b) Das Programm in Abb. 15 löst folgendes Umordnungsproblem: Seien A und B zwei nichtleere, endliche, disjunkte Mengen natürlicher Zahlen. $A \cup B$ ist so in zwei Teilmengen A' und B' umzuordnen, daß gilt: $|A'| = |A|$ , $|B'| = |B|$ und $\max(A') < \min(B')$ .

Nichtsequentielle Programme dieser Art sind keinesfalls spezielle nichtdeterministische Programme. In einem konkreten Programmlauf muß nicht entschieden werden, in welcher Reihenfolge nebenläufige Anweisungen ausgeführt werden. Wenn dennoch ein Rechensystem Reihenfolgen festlegt, erbringt es eine Leistung, die über die im Programm spezifizierten Anforderungen hinausgeht.

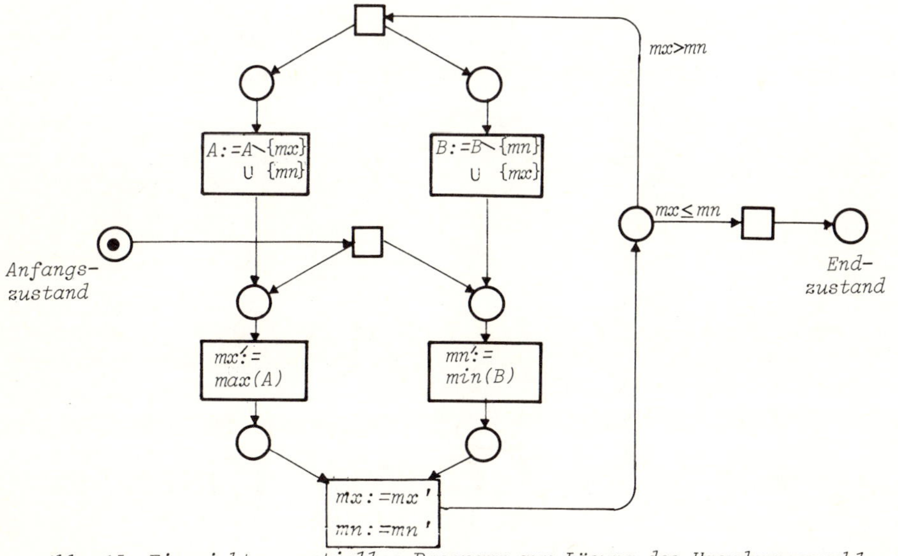


*Abb. 15 Ein nichtsequentielles Programm zur Lösung des Umordnungsproblems*

## 1.4 Ein Beispiel zur Systemanalyse

Überall dort, wo Rechner zur Lösung praktischer Probleme eingesetzt werden, muß von nichtformalen Problembeschreibungen zu Programmsystemen übergegangen werden. Netzdarstellungen nichtformaler Systeme führen erste Strukturmerkmale ein; durch fortgesetzte, allmähliche Verfeinerungsschritte gelangt man schließlich zu programmierbaren Systemteilen und erhält auf diese Weise eine Beschreibung, wie diese Teile in ihre technisch-soziale Umgebung eingebettet sind.

Als Beispiel wählen wir die Organisation der Ausleihe und der Rückgabe von Büchern in einer Bibliothek. Eine eindeutige und intuitiv leicht verständliche Darstellung dieser Organisation ist auf verschiedenen Ebenen und in verschiedenen Ausschnitten notwendig: für Bibliothekare, Benutzer, Lieferanten neuer Bücher, Hausmeister, Verwaltung, bei der Einrichtung der Bibliothek eventuell auch für die Konstrukteure einer rechnergestützen Verwaltung oder eines Buchtransportsystems.

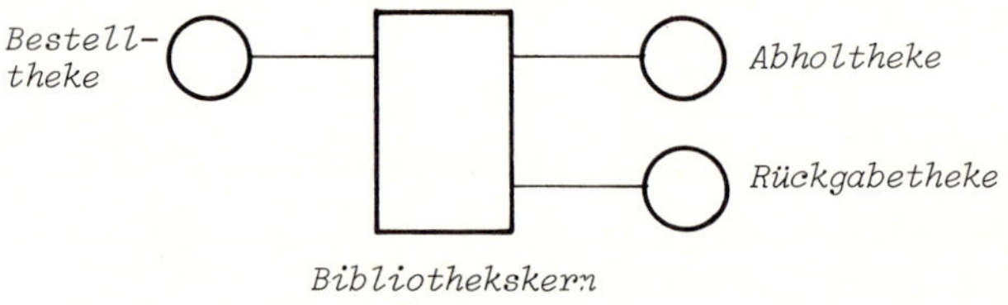


*Abb. 16 Grobstruktur einer Bibliothek*

Abb. 16 zeigt eine erste grobe Struktur der Bibliothek: Sie ist für Benutzer über die drei Theken zur Bestellung, Entgegennahme und Rückgabe der Bücher zugänglich.

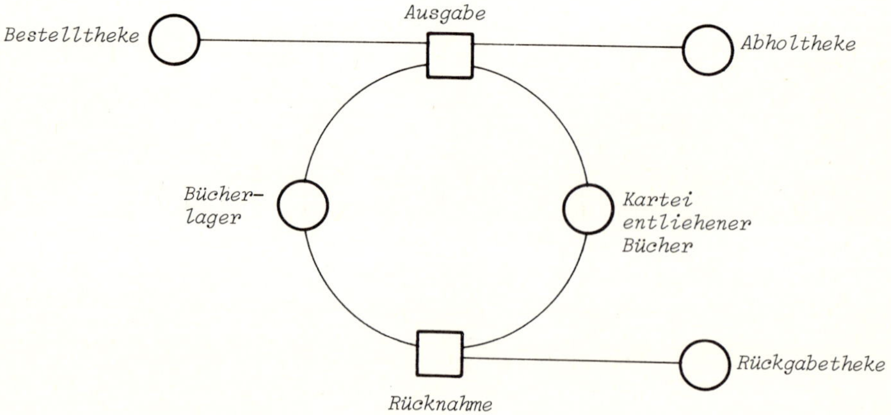


*Abb. 17 Verfeinerung von Abb. 16*

Einen ersten Verfeinerungsschritt des Bibliothekskernes zeigt Abb. 17 mit den beiden aktiven Instanzen, die Ausgabe und Rücknahme der Bücher organisieren sowie dem Bücherlager und der Kartei entliehener Bücher als passive Komponenten.

Ein sehr einfaches Organisationsschema einer Bibliothek zeigt Abb. 18. Die Marken in diesem Netz sind Bestellzettel, Bücher und Karteikarten. Die Beschriftung an den Pfeilen zeigt Richtung und Art des Transports dieser Gegenstände. Jedes Buch hat eine Nummer und zu jedem Buch gibt es eine Karteikarte mit derselben Nummer. Um ein Buch zu entleihen, gibt man einen Bestellzettel mit der Nummer des gewünschten Buches an der Bestelltheke ab. Das Buch und seine Karteikarte werden aus dem Bücherlager geholt; das Buch wird dann bei der Ausgabetheke und seine Karteikarte in der Kartei der entliehenen Bücher abgelegt. Falls das Buch entliehen ist, wird der Bestellzettel mit einem entsprechenden Vermerk an die Ausgabetheke gegeben. Bei der Rücknahme wird jedes Buch zusammen mit seiner Karteikarte im Bücherlager abgelegt.

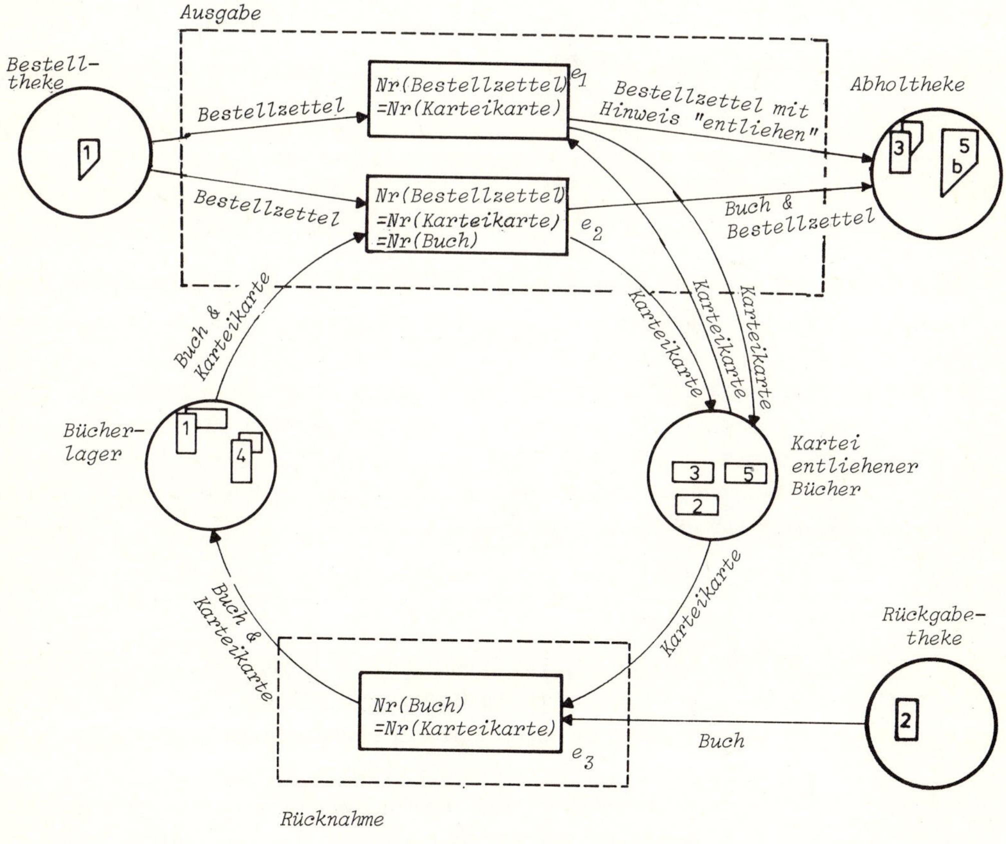


*Abb. 18 Eine einfache Bibliotheksorganisation*

Abb. 18 stellt eine typische Situation der Bibliothek dar: Buch Nr. 1 wird bestellt (ein entsprechender Bestellzettel liegt auf der Bestelltheke). Auf der Ausgabetheke liegt Buch 3 mit dem dazugehörigen Bestellzettel zur Abholung bereit; dort liegt außerdem ein Bestellzettel mit dem Hinweis, daß Buch 5 entliehen ist. Buch 2 ist zurückgegeben und liegt noch auf der Rückgabetheke. Im Bücherlager befinden sich die Bücher 1 und 4 mit ihren Karten. Entliehen sind die Bücher 2, 3 und 5.

Der Übergang zu einer neuen Situation ist durch den Eintritt eines der drei Ereignisse $e_i$ möglich. Dabei muß die Beschriftung der zu $e_i$ führenden Pfeile durch geeignete Objekte aus den dazugehörenden Kreisen so ersetzt werden, daß die in $e_i$ stehende logische Formel wahr wird. Wenn $e_i$ eintritt, fließen die entsprechenden Marken analog zur Übergangsregel für Netze aus Bedingungen und Ereignissen.

Solche Netze heißen <u>Prädikat/Ereignis-Netze</u>. Sie ermöglichen einerseits eine übersichtliche, der Intuition entsprechende Systemdarstellung; sie sind andererseits bereits mathematisch eindeutig. Eigenschaften der Systeme können aus dieser Darstellung berechnet und Korrektheitsbeweise geführt werden.

## 1.5 Einige grundlegende Definitionen

Alle Konstruktionen der letzten Abschnitte besitzen als gemeinsames Grundmuster eine Struktur aus zwei Sorten von Objekten und einigen Beziehungen der Objekte untereinander. Solange wir nicht über spezielle Interpretationen der Objekte (z.B. als Bedingungen, Zustände, Speicher oder Ereignisse, Übergänge, Anweisungen) sprechen, nennen wir sie <u>S-Elemente</u> und <u>T-Elemente</u>. Diese Bezeichnung rührt von der Stellen/Transitionen-Interpretation her, die bislang am gründlichsten untersucht und am häufigsten angewendet wurde. Die durch Pfeile dargestellten Beziehungen zwischen S- und T-Elementen fassen wir in der <u>Flußrelation</u> zusammen. Es ist nicht zufällig in den bisherigen Beispielen, sondern eine prinzipielle Eigenschaft von Netzen, daß die Flußrelation nie Elemente derselben Sorte verbindet.

Unsere bisherigen Überlegungen präzisieren wir nun mit folgender Definition:

(a) <u>Definition</u> Ein Tripel $N = (S,T;F)$ heißt <u>Netz</u>, falls gilt:

- (i) $S$ und $T$ sind disjunkte Mengen
- (ii) $F \subseteq (S \times T) \cup (T \times S)$ ist eine zweistellige Relation, die <u>Flußrelation</u> von $N$.

Graphisch repräsentieren wir S-Elemente als Kreise und T-Elemente als Kästchen (Merkregel: Ⓢ, [T]). Die Flußrelation wird mit Pfeilen zwischen den entsprechenden Kreisen und Kästchen dargestellt.

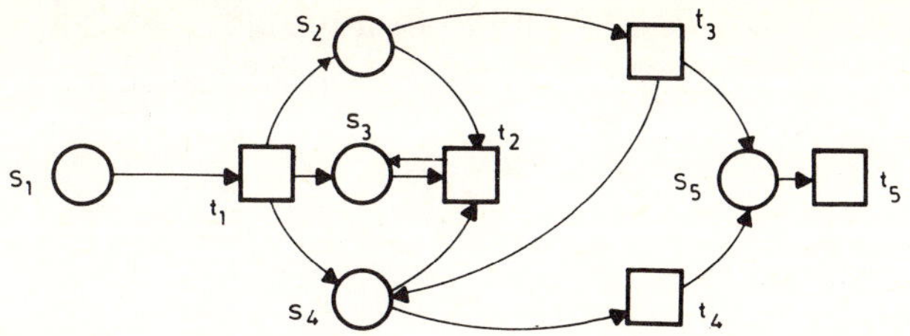


$S=\{s_1,\dots,s_5\}$

$T=\{t_1,\dots,t_5\}$

$F=\{(s_1,t_1),(t_1,s_2),(t_1,s_3),(t_1,s_4),(s_3,t_2),(t_2,s_3),(s_2,t_2),(s_2,t_3),(s_4,t_2),(s_4,t_4)$
$(t_3,s_4),(t_3,s_5),(t_4,s_5),(s_5,t_5)\}$

*Abb. 19 Graphische Darstellung eines Netzes*

(b) Schreibweisen Sei $N=(S,T;F)$ ein Netz. Für die drei Komponenten $S$, $T$ und $F$ schreiben wir auch $S_N, T_N$ und $F_N$. Wo keine Verwechslung möglich ist, schreiben wir $N$ für $S\cup T$.

(c) Definition Sei $N$ ein Netz.

(i) Für $x\in N$ heißt
$\bullet x:=\{y\mid yF_Nx\}$ der Vorbereich und
$x\bullet:=\{y\mid xF_Ny\}$ der Nachbereich von $x$.
Für $X\subseteq N$ sei $\bullet X:=\bigcup_{x\in X}\bullet x$ und $X\bullet:=\bigcup_{x\in X} x\bullet$
Insbesondere gilt also für $x,y\in N$ : $x\in\bullet y \iff y\in x\bullet$.

(ii) Ein Paar $(s,t)\in S_N\times T_N$ heißt Schlinge, falls $sF_Nt \wedge tF_Ns$. $N$ heißt rein, falls $F_N$ keine Schlingen enthält.

(iii) $x\in N$ heißt isoliert, falls $\bullet x\cup x\bullet=\emptyset$
$N$ heißt schlicht, falls verschiedene Elemente nicht denselben Vor- und Nachbereich besitzen, falls also gilt:
$(x,y\in N \wedge \bullet x=\bullet y \wedge x\bullet=y\bullet) \Rightarrow x=y$.

Abb. 19 zeigt ein schlichtes, aber nicht reines Netz ohne isolierte Elemente.

(d) Definition Zwei Netze $N$ und $N'$ heißen $\beta$-isomorph (kurz: isomorph) $:\iff$ $\beta: N\to N'$ ist eine Bijektion, so daß $s\in S_N \iff \beta(s)\in S_{N'}$ und $xF_Ny \iff \beta(x)F_{N'}\beta(y)$ (dies impliziert $t\in T_N \iff \beta(t)\in T_{N'}$).

Graphische Netzdarstellungen ohne explizite Benennung der Elemente bezeichnen Netze eindeutig bis auf Isomorphie. Solche Darstellungen verwenden wir immer dann, wenn die Benennung der Elemente unerheblich ist.

## 1.6 Zusammenfassung und Ausblick

Die Beispiele dieses Kapitels lassen sich im wesentlichen in drei Klassen einteilen: Netze aus Bedingungen und Ereignissen, Netze aus Stellen und Transitionen und Netze mit Individuen als Marken. Formal besteht diese Unterscheidung im wesentlichen in der Art ihrer Markierung: Ein S-Element ist im ersten Fall markiert oder unmarkiert, im zweiten Fall mit einer Anzahl nicht weiter unterscheidbarer Marken ausgestattet, im dritten Fall mit individuellen Objekten belegt. Diesen drei Interpretationsmustern entsprechen die drei Teile dieses Buches. Andere Interpretationen (beispielsweise die in 1.1(d) diskutierte Schachpartie) werden nicht weiter behandelt.

### Aufgaben zu Kapitel 1

1. Konstruiere in Abb. 1 zwei weitere Bedingungen, die "es ist nicht Winter und nicht Frühling" und "es ist Frühling oder Herbst" bedeuten.

2. Ändere Abb. 12 so ab, daß in jedem Fall die Zahl zugleich lesender Prozesse entweder gleich null oder größer als eins ist.

# Erster Teil: Bedingungs/Ereignis-Systeme

Dieser erste Teil handelt vom grundlegenden Systembegriff der Netztheorie, den Bedingungs/Ereignis-Systemen. Diese Systeme werden in Kapitel 2 eingeführt. In Kapitel 3 wird untersucht, wie einzelne Prozesse aussehen, die auf solchen Systemen ablaufen können. Kapitel 4 erläutert Begriffe zur Darstellung und Beschreibung einiger Eigenschaften von Bedingungs/Ereignis-Systemen.

## Kapitel 2 Netze aus Bedingungen und Ereignissen

Für Netze aus Bedingungen und Ereignissen wird zunächst präzisiert, was der Eintritt eines einzelnen oder mehrerer voneinander unabhängiger Ereignisse bedeutet und es wird dafür der Begriff des Schrittes eingeführt. Dieser Begriff wird benötigt, um dann Bedingungs/Ereignis-Systeme zu erklären. Für sie wird ein Äquivalenzbegriff eingeführt und gezeigt, wie jedes System in eine äquivalente kontaktfreie Normalform transformierbar ist. Zuletzt diskutieren wir den Fallgraphen eines B/E-Systems. Dieser Graph liefert einen Überblick über alle Fälle und Schritte des Systems.

### 2.1 Fälle und Schritte

Über Systeme aus Bedingungen und Ereignissen ist im ersten Kapitel schon mehrfach gesprochen worden. Bedingungen werden als S-Elemente, Ereignisse als T-Elemente dargestellt. Wir wissen bereits, daß Bedingungen erfüllt oder unerfüllt sind und daß dies Veränderungen unterliegt, wenn Ereignisse eintreten. In jeder Situation eines solchen Systems ist eine Teilmenge der Bedingungen erfüllt, der Rest unerfüllt. Die Menge der in einer Situation erfüllten Bedingungen nennen wir einen Fall. Ein Ereignis $e$ kann in einem Fall $c$ eintreten, wenn die Vorbedingungen von $e$ zu $c$ und die Nachbedingungen von $e$ nicht zu $c$ gehören. Wenn $e$ dann eintritt, werden die Vorbedingungen von $e$ unerfüllt, die Nachbedingungen erfüllt.

Wenn S- bzw. T-Elemente als Bedingungen bzw. Ereignisse zu interpretieren sind, schreiben wir im weiteren $(B,E;F)$ anstelle von $(S,T;F)$ .

(a) Definition Sei $N = (B,E;F)$ ein Netz.

(i) Eine Teilmenge $c \subseteq B$ heißt ein Fall (engl. case).

(ii) Sei $e \in E$ und $c \subseteq B$. $e$ heißt aktiviert unter c (kurz: c-aktiviert) $:\Leftrightarrow {}^\bullet e \subseteq c \wedge e^\bullet \subseteq B \setminus c$.

(iii) Sei $e \in E$ , sei $c \subseteq B$ und sei $e$ c-aktiviert. $c' := (c \setminus {}^\bullet e) \cup e^\bullet$ heißt Folgefall von c unter e ($c'$ entsteht durch den Eintritt von e im Fall c) und wir schreiben: $c\,[e\rangle\, c'$ .

Um einen Fall c graphisch darzustellen, zeichnen wir einen Punkt (eine Marke) in jeden Kreis, der zu c gehört.

Die Abbildungen 1-3 zeigen Netze aus Bedingungen und Ereignissen mit jeweils einem ausgezeichneten Fall.

Ein Ereignis e kann also nur eintreten, wenn keine Bedingung in seinem Nachbereich erfüllt ist. Wenn lediglich erfüllte Nachbedingungen den Eintritt von e verhindern, d.h. wenn in einem Fall c gilt: ${}^\bullet e \subseteq c \wedge e^\bullet \cap c \neq \emptyset$ , liegt eine Kontaktsituation vor. Daß dann e nicht eintreten kann, mag zunächst nicht völlig einsichtig sein: Man könnte vorschlagen, daß beim Eintritt von e jede bereits erfüllte Nachbedingung erfüllt bleibt. Was soll es aber beispielsweise bedeuten, daß der Frühling anfängt, wenn es bereits Frühling ist, daß ein bereits beschriebener Speicherplatz beschrieben, ein volles Glas gefüllt, ein reservierter Platz nochmals reserviert wird oder ein Auto auf eine Stelle fährt, wo bereits ein Auto steht? Solche Ereignisse sind teils unmöglich, teils durchaus beabsichtigt, teils möglich aber unerwünscht. Wir werden später sehen, wie solche Ereignisse beschrieben, entdeckt oder verhindert werden können. Auf der untersten und detailiertesten Beschreibungsebene, um die es uns hier geht, schließen wir sie aus. Dafür gibt es auch formale Gründe: Wenn wir einen Übergang  zulassen und in einer Situation  jedes der beiden Ereignisse genau einmal eintritt, hängt es von ihrer Reihenfolge ab, ob der Fall  oder der Fall  entsteht. Ob zwischen Ereignissen eine Reihenfolge vorgesehen ist, ob sie in beliebiger Reihenfolge oder unabhängig eintreten, möchten wir aber explizit unterscheiden, darstellen und nachvollziehen können.

Wenn ein Ereignis einen Fall in einen neuen Fall überführt hat, können weitere Ereignisse eintreten und es entstehen neue Fälle. Diese Ereignisse sind in verschiedener Weise voneinander abhängig: In Abb. 20 muß $e_1$ vor $e_3$ und $e_4$ eintreten. $e_3$ und $e_4$ einerseits und $e_2$ andererseits treten alternativ ein. Wenn $e_3$ und $e_4$ stattfinden, können sie zu einem Schritt zusammengefaßt werden.

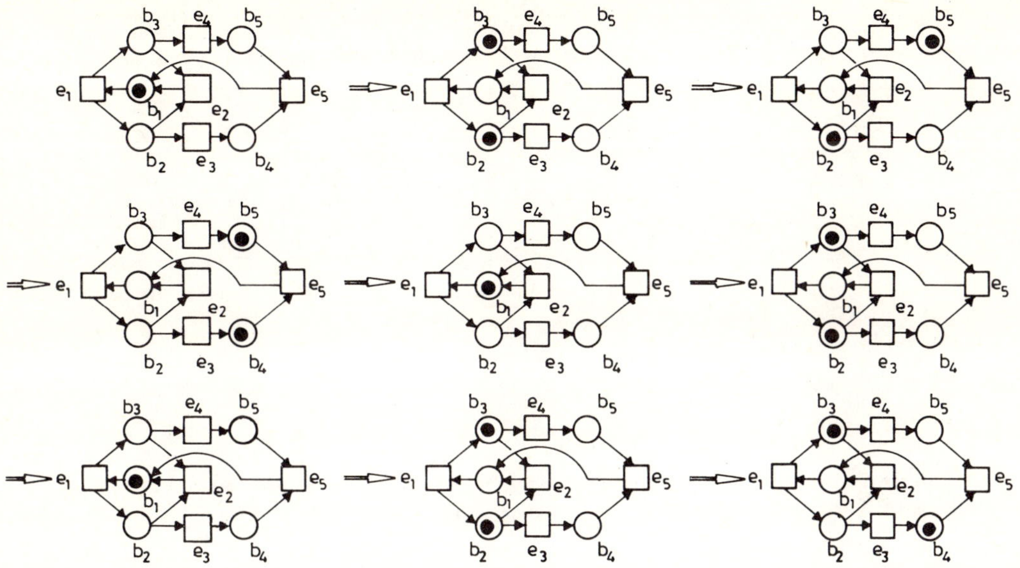


*Abb. 20 Die Veränderungen von Fällen durch den Eintritt von Ereignissen*

Eine Menge G von Ereignissen kann genau dann in einem Schritt eintreten, wenn alle Ereignisse in G aktiviert sind und wenn sie paarweise disjunkte Vor- und Nachbereiche haben.

(b) Definition Sei N = (B,E;F) ein Netz.

(i) Eine Menge $G \subseteq E$ von Ereignissen heißt unabhängig, falls $\forall e_1, e_2 \in G: e_1 \neq e_2 \Rightarrow \cdot e_1 \cap \cdot e_2 = \emptyset = e_1^{\cdot} \cap e_2^{\cdot}$.

(ii) Seien c und c' Fälle von N und sei $G \subseteq E$ unabhängig. G heißt Schritt von c nach c' (Schreibweise: c[G> c'), falls jedes Ereignis $e \in G$ c-aktiviert ist und falls $c' = (c \setminus \cdot G) \cup G^{\cdot}$.

In einem Schritt c[G> c' überführt G den Fall c in den Fall c'. Offenbar gilt für einelementige Ereignismengen G = {e}: c[G> c' $\Leftrightarrow$ c[e>c'.

Das folgende Lemma zeigt einige Beziehungen zwischen c, G, und c' auf.

(c) Lemma Sei N ein Netz, sei $G \subseteq E_N$ unabhängig und seien c, c' Fälle von N. Dann gilt:

c[G>c' $\Leftrightarrow c \setminus c' = \cdot G \wedge c' \setminus c = G^{\cdot}$.

Beweis

Falls $c[G> c'$ , sind alle $e \in G$ c-aktiviert und $c' = (c \setminus {}^\bullet G) \cup G^\bullet$ . Somit gilt ${}^\bullet G \subseteq c$ und $G^\bullet \cap c = \emptyset$ . Es folgt nun

$$\begin{aligned} c \setminus c' &= c \setminus ((c \setminus {}^\bullet G) \cup G^\bullet) \\ &= (c \setminus (c \setminus {}^\bullet G)) \cap (c \setminus G^\bullet) \quad \text{nach A3(v) (siehe Anhang)} \\ &= (c \cap {}^\bullet G) \cap (c \setminus G^\bullet) \quad \text{nach A3(ii)} \\ &= (c \cap {}^\bullet G), \quad \text{da } c \cap G^\bullet = \emptyset \\ &= {}^\bullet G \text{ , da } {}^\bullet G \subseteq c \text{ .} \end{aligned}$$

$$\begin{aligned} c' \setminus c &= ((c \setminus {}^\bullet G) \cup G^\bullet) \setminus c \\ &= ((c \setminus {}^\bullet G) \setminus c) \cup (G^\bullet \setminus c) \quad \text{nach A3(iii)} \\ &= \emptyset \cup (G^\bullet \setminus c) \\ &= G^\bullet \text{ , da } G^\bullet \cap c = \emptyset \text{ .} \end{aligned}$$

Umgekehrt gilt: Falls $c \setminus c' = {}^\bullet G$ , so ${}^\bullet G \subseteq c$ , und falls $c' \setminus c = G^\bullet$ , so $G^\bullet \cap c = \emptyset$ . Somit sind alle $e \in G$ c-aktiviert. Außerdem gilt:

$$\begin{aligned} (c \setminus {}^\circ G) \cup G^\bullet &= (c \setminus (c \setminus c')) \cup (c' \setminus c) \\ &= (c \cap c') \cup (c' \setminus c) \quad \text{nach A3(ii)} \\ &= c' \text{ , somit } c[G> c' \text{ .} \end{aligned}$$ ■

Es gibt im allgemeinen mehrere Möglichkeiten, Ereignisse zu Schritten zusammenzufassen: In Abb. 21 ergibt sowohl $\{e_1, e_2\}$ als auch $\{e_1, e_3\}$ einen Schritt. Wenn Fälle fortlaufend durch Schritte verändert werden, entsteht ein Prozeß (dieser Begriff wird später präzisiert).

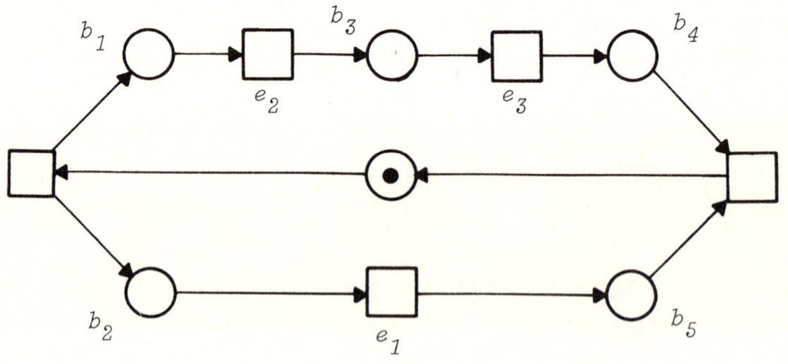


*Abb.21* $\{e_1, e_2\}$ *ist ein Schritt von* $\{b_1, b_2\}$ *nach* $\{b_3, b_5\}$. $\{e_1, e_3\}$ *ist ein Schritt von* $\{b_2, b_3\}$ *nach* $\{b_4, b_5\}$

Ist ein Schritt endlich, so kann er durch beliebiges Hintereinanderschalten seiner Elemente realisiert werden:

(d) Lemma Sei N ein Netz, seien c und c' Fälle von N und sei G ein endlicher Schritt von c nach c'. Sei $(e_1,\ldots,e_n)$ eine beliebige Anordung der Elemente von G, sodaß $G = \{e_1,\ldots,e_n\}$. Dann gibt es Fälle $c_o,\ldots,c_n$, so daß $c = c_o, c' = c_n$ und $c_{i-1}[e_i>c_i$ $(i=1,\ldots,n)$.

Beweis

Seien $e,e' \in G, e \neq e'$ und sei c ein Fall, in dem e und e' beide aktiviert sind. Falls $c[e>c'$, so gilt: $\cdot e \cap \cdot e' = \emptyset \wedge \cdot e' \subseteq c \Rightarrow \cdot e' \subseteq (c \setminus \cdot e) \cup e\cdot = c'$. Entsprechend zeigt man: $e'\cdot \subseteq B \setminus c'$. e' ist also c'-aktiviert. Für $i=1,\ldots,n$ folgt daraus, daß $e_i$ durch das sukzessive Eintreten von $e_1,\ldots,e_{i-1}$ aktiviert bleibt unter den entsprechenden Fällen $c_1,\ldots,c_{i-1}$ und daher $c_{i-1}$ nach $c_i$ überführen kann. ■

Manchmal können aktivierte Ereignisse in einem gemeinsamen Schritt eintreten; manchmal sind sie nur alternativ möglich, weil sie gemeinsame Vor- oder Nachbedingungen besitzen. Solche Ereignisse stehen in einem Konflikt miteinander. Manchmal ist es unklar, ob Konflikte eintreten: Wenn in Abb. 22, ausgehend vom dargestellten Fall, $e_1$ vor $e_2$

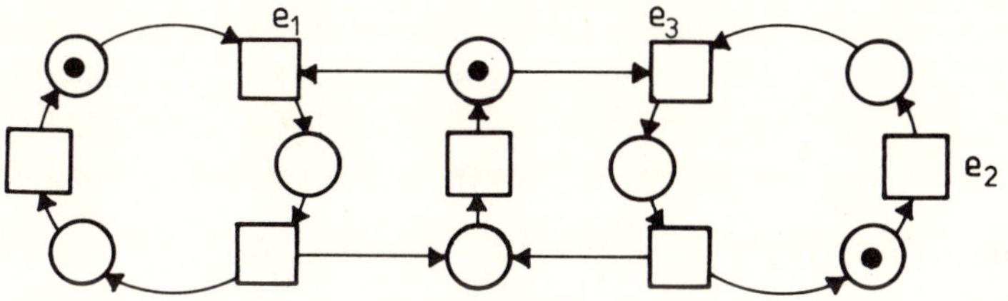


*Abb. 22 Eine konfuse Situation*

eintritt, entsteht zwischen $e_1$ und $e_3$ kein Konflikt. Tritt $e_2$ vor $e_1$ ein, so entsteht ein solcher Konflikt. Eine Reihenfolge ist zwischen $e_1$ und $e_2$ nicht spezifiziert; die Situation ist konfus.

## 2.2 Bedingungs/Ereignis-Systeme

Wir werden nun solche Netze einführen, die die Begriffe "Bedingung" und "Ereignis" modellieren und abgeleitete Begriffe, beispielsweise "Fall" und "Schritt", für die Beschreibung realer Systeme verwendbar machen sollen.

Vollständig ist ein System aus Bedingungen und Ereignissen erst dann beschrieben, wenn wir neben einem Netz (B,E;F) auch angeben, welche Fälle wir betrachten wollen. (Das Netz der vier Jahreszeiten aus Abb. 1 würde mit einem zweielementigen Fall keinen Sinn ergeben.) Eine solche Fallmenge C soll folgende Eigenschaften besitzen:

1) Wenn ein Schritt $G \subseteq E$ in einem Fall $c \in C$ möglich ist, so entsteht durch G wiederum ein Fall aus C (Schritte führen nicht aus C hinaus).
2) Wenn ein Fall $c \in C$ durch einen Schritt $G \subseteq E$ entstehen kann, so lag vorher ebenfalls ein Fall aus C vor. (Wenn wir rückwärts schließen und nach dem Zustandekommen eines Falles fragen, so finden wir nur Fälle aus C.)
3) Alle Fälle in C können (durch Vorwärts- und Rückwärtsschluß) ineinander überführt werden. Dies ist eine schwache Bedingung; sie verlangt nicht, daß für zwei Fälle $c_1, c_2 \in C$ eine Schrittfolge von $c_1$ nach $c_2$ oder von $c_2$ nach $c_1$ existiert. Sie verlangt nur, daß es einen erschließbaren Zusammenhang zwischen beiden Fällen gibt.
4) C soll so groß sein, daß es zu jedem Ereignis $e \in E$ einen Fall aus C gibt, in dem e eintreten kann und daß jede Bedingung $b \in B$ zu mindestens einem Fall aus C gehört und zu mindestens einem Fall aus C nicht gehört. Dies schließt Schlingen und isolierte Bedingungen aus. Isolierte Ereignisse schließen wir ebenfalls aus, weil sichtbar sein soll, wann ein Ereignis eintritt.

Weiterhin werden wir ausschließen, daß zwei Bedingungen $b_1$ und $b_2$ denselben Vor- und Nachbereich besitzen. Denn in jedem Fall sind entweder beide oder keine erfüllt (anderenfalls könnten sie sich nie ändern). Die beiden Bedingungen sind also in dem durch das Netz dargestellten Zusammenhang ununterscheidbar; sie sind Repräsentanten <u>einer</u> Bedingung. Es reicht aus, in ein Netz jede Bedingung einmal aufzunehmen.

Ähnliches gilt für Ereignisse mit gleichem Vor- und Nachbereich. Zwei solche Ereignisse sind in jedem Fall entweder beide aktiviert oder beide nicht aktiviert und beide schalten zum selben Fall. Wenn alle in einem gegebenen Kontext wichtigen Aspekte eines Systems dargestellt sind, ist die Bedeutung eines Ereignisses durch seinen Vor- und Nachbereich eindeutig bestimmt.

Wir fassen alle diese Anforderungen in folgender Definition zusammen:

(a) <u>Definition</u> Ein Viertupel $\Sigma=(B,E;F,C)$ heißt <u>Bedingungs/Ereignis-System</u> (kurz <u>B/E-System</u>), falls gilt:

(i) $(B,E;F)$ ist ein schlichtes Netz ohne isolierte Elemente, und $B \cup E \neq \emptyset$.

(ii) $C \subseteq \mathcal{P}(B)$ ist eine Äquivalenzklasse der <u>Erreichbarkeitsrelation</u> $R_\Sigma := (r_\Sigma \cup r_\Sigma^{-1})^*$. Dabei ist $r_\Sigma \subseteq \mathcal{P}(B) \times \mathcal{P}(B)$ erklärt als $c_1 r_\Sigma c_2 :\Leftrightarrow \exists G \subseteq E \;\; c_1[G>c_2$. C heißt <u>Fallklasse</u> von $\Sigma$.

(iii) $\forall e \in E \;\; \exists c \in C$, so daß e c-aktiviert ist.

Offenbar ist die Fallklasse C eines B/E-Systems $\Sigma$ durch ein beliebiges Element aus C vollständig bestimmt.

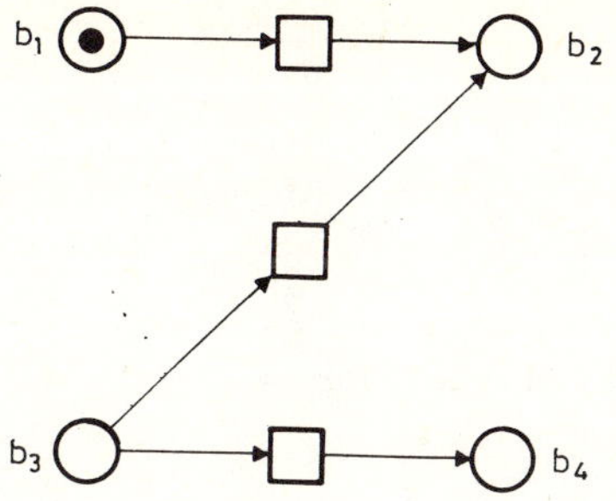


Abb. 23 *Ein B/E-System mit der Fallklasse* $C = \{\{b_1\},\{b_2\},\{b_3\},\{b_4\}\}$

(b) Schreibweise Sei $\Sigma=(B,E;F,C)$ ein B/E-System. Analog zu 1.5(b) schreiben wir für $B,E,F$ und $C$ auch $B_\Sigma, E_\Sigma, F_\Sigma$ und $C_\Sigma$. Wo keine Verwechslung möglich ist, schreiben wir $\Sigma$ für $B\cup E$ oder auch für das Netz $(B,E;F)$.

(c) Korollar Sei $\Sigma$ ein B/E-System.

(i) $B_\Sigma \neq \emptyset \wedge E_\Sigma \neq \emptyset \wedge F_\Sigma \neq \emptyset \wedge |C_\Sigma| > 1$ .

(ii) Für $c \in C_\Sigma$, $c' \subseteq B_\Sigma$ und $G \subseteq E_\Sigma$ gilt:
$c[G> c' \Rightarrow c' \in C_\Sigma$ und
$c'[G> c \Rightarrow c' \in C_\Sigma$ .

(iii) $\forall b \in B_\Sigma \; \exists c,c' \in C_\Sigma$ mit $b \in c \wedge b \notin c'$ .

(iv) $\Sigma$ ist rein .

Beweis

(i) $B_\Sigma \cup E_\Sigma$ enthält mindestens ein Element, das zudem nicht isoliert ist. Somit gibt es Elemente $x,y$ mit $xF_\Sigma y$ . Entweder $x$ oder $y$ ist eine Bedingung bzw. ein Ereignis. Dieses Ereignis kann nach 2.2(a)(iii) eintreten und überführt einen Fall $c$ in einen anderen Fall $c'$ .

(ii) folgt direkt aus 2.2(a)(iii).

(iii) Da $b$ nicht isoliert ist, gibt es ein Ereignis $e$ in $^\bullet b \cup b^\bullet$. Somit gibt es Fälle $c,c' \in C_\Sigma$ mit $c[e> c'$ und da $b \in c \cup c'$ und $b \notin c \cap c'$ , folgt die Behauptung.

(iv) Ein an einer Schlinge beteiligtes Ereignis wäre niemals aktiviert. ∎

(d) Korollar Sei $\Sigma$ ein B/E-System und sei $\hat{r} \subseteq P(B_\Sigma) \times P(B_\Sigma)$ definiert durch $c_1 \hat{r} c_2 \; :\Leftrightarrow \; \exists e \in E_\Sigma : c_1 [e> c_2$ . Falls $E_\Sigma$ endlich ist, gilt: $R_\Sigma = (\hat{r} \cup \hat{r}^{-1})^*$ .

Beweis

Mit $\hat{R} := (\hat{r} \cup \hat{r}^{-1})^*$ gilt $\hat{R} \subseteq R_\Sigma$ trivialerweise.

Da mit $E_\Sigma$ auch jeder Schritt von $\Sigma$ endlich ist, folgt aus Lemma 2.1(e): $r_\Sigma \subseteq \hat{r}^*$ und $r_\Sigma^{-1} \subseteq (\hat{r}^{-1})^*$ . Aus A7(iii) folgt die Behauptung.

∎

## 2.3 Zyklische und lebendige Systeme

Die Forderungen an die Fallmenge $C_\Sigma$ eines B/E-Systems $\Sigma$ mögen nicht unmittelbar einsichtig sein; man erwartet vielleicht eher die der Folgefälle eines Anfangsfalls. Diese Fallmenge ist identisch mit $C_\Sigma$, wenn alle Fälle reproduzierbar sind.

(a) Definition Ein B/E-System $\Sigma$ heißt zyklisch $:\Leftrightarrow$
$\forall c_1, c_2 \in C_\Sigma \quad c_1(r_\Sigma{}^*)c_2$.

(b) Korollar Sei $\Sigma$ ein zyklisches B/E-System und sei $c \in C_\Sigma$ beliebig. Dann gilt:
$C_\Sigma = \{c' \mid c(r_\Sigma{}^*)c'\}$.

Beweis
Da $\Sigma$ zyklisch ist, gilt $r_\Sigma^{-1} \subseteq r_\Sigma{}^*$. Dann folgt mit A7(iv) $R_\Sigma \subseteq r_\Sigma{}^*$. ■

Die Abbildungen 1,2,20,21,22 zeigen zyklische B/E-Systeme.

In einem zyklischen System kann jedes Ereignis immer wieder eintreten.

(c) Definition Ein B/E-System $\Sigma$ heißt lebendig, falls gilt:
$\forall c \in C_\Sigma \quad \forall e \in E_\Sigma \quad \exists\, c' \in C_\Sigma \quad c(r_\Sigma{}^*)c' \wedge e$ ist c'-aktiviert.

(d) Korollar Jedes zyklische B/E-System ist lebendig.

Beweis
Sei $c \in C_\Sigma$, $e \in E_\Sigma$. Nach 2.2(a) gibt es ein $c' \in C_\Sigma$, so daß e c'-aktiviert ist. Nach 2.3(a) gilt: $c(r_\Sigma{}^*)c'$. ■

Daß nicht jedes lebendige System zyklisch ist, zeigt Abb. 24.

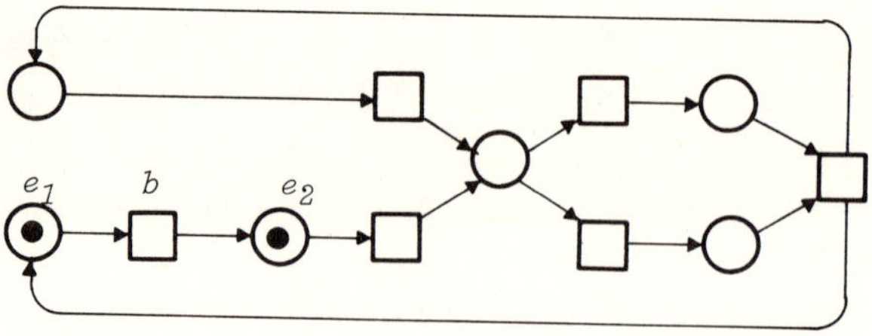


*Abb. 24 Ein lebendiges, nicht zyklisches B/E-System*

## 2.4 Äquivalenz

Die Systeme aus Abb. 1 und Abb. 2 verhalten sich recht ähnlich: In beiden ergibt die fortlaufende Veränderung von Fällen einen zyklischen Wechsel der vier Jahreszeiten. Wir nennen zwei B/E-Systeme äquivalent, wenn sich ihre Fälle und Schritte entsprechen:

(a) Definition Ein B/E-System $\Sigma$ heißt $\gamma$-$\varepsilon$-äquivalent (kurz: äquivalent) zu einem B/E-System $\Sigma'$, falls $\gamma: C_\Sigma \to C_{\Sigma'}$ und $\varepsilon: E_\Sigma \to E_{\Sigma'}$ bijektive Abbildungen sind, so daß für alle Fälle $c_1, c_2 \in C_\Sigma$ und alle Ereignismengen $G \subseteq E_\Sigma$ gilt:
$c_1[G> c_2 \iff \gamma(c_1)[\varepsilon(G)> \gamma(c_2)$.

(b) Schreibweise $\Sigma \sim \Sigma' :\iff$ die B/E-Systeme $\Sigma$ und $\Sigma'$ sind äquivalent.

(c) Korollar $\sim$ ist eine Äquivalenzrelation.

(d) Korollar Äquivalente B/E-Systeme haben jeweils gleich viele Fälle, Ereignisse und Schritte. Die Zahl ihrer Bedingungen kann verschieden sein.

Man sieht leicht, daß die Systeme in Abb.1 und 2 äquivalent sind; sie sind auch äquivalent zu dem System aus Abb. 25.

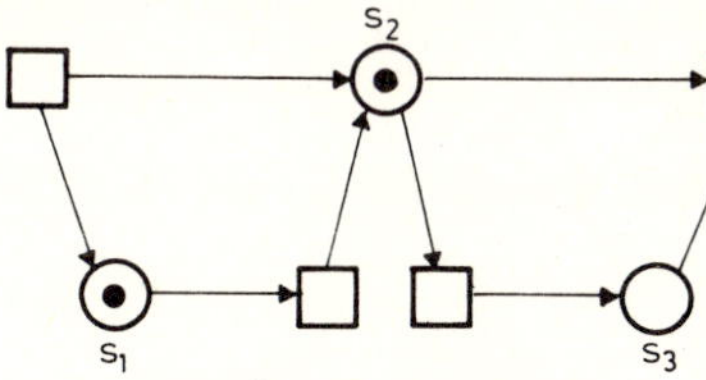


*Abb. 25 Ein zu Abb. 1 und Abb. 2 äquivalentes B/E-System mit den Fällen $\{s_1, s_2\} \equiv$ Frühling, $\{s_1, s_3\} \equiv$ Sommer, $\{s_2, s_3\} \equiv$ Herbst und $\emptyset \equiv$ Winter.*

(e) Korollar Seien $\Sigma$ und $\Sigma'$ äquivalente B/E-Systeme.
  (i) $\Sigma$ zyklisch $\iff$ $\Sigma'$ zyklisch.
  (ii) $\Sigma$ lebendig $\iff$ $\Sigma'$ lebendig.

Endliche B/E-Systeme mit einelementigen Fällen (beispielsweise Abb. 1) entsprechen endlichen Automaten. Für Systeme mit einelementigen Fällen ist der Äquivalenzbegriff nicht interessant: Er fällt mit der Isomorphie (1.5(d)) zusammen.

(f) Lemma Seien $\Sigma$ und $\Sigma'$ B/E-Systeme, so daß $\forall c \in C_\Sigma \cup C_{\Sigma'} : |c| = 1$. $\Sigma$ und $\Sigma'$ sind genau dann äquivalent, wenn sie isomorph sind.

Beweis

"⇒" Sei $\Sigma$ $\gamma$-$\varepsilon$-äquivalent zu $\Sigma'$. Da jeder Fall einelementig ist, bildet nach Kor. 2.2(c)(iii) jede Bedingung b einen Fall $\{b\}$. $\gamma : C_\Sigma \to C_{\Sigma'}$ induziert somit eine Bijektion $\beta' : B_\Sigma \to B_{\Sigma'}$ durch $\beta'(b) = b' \Leftrightarrow \gamma(\{b\}) = \{b'\}$. $\beta : \Sigma \to \Sigma'$ definiert durch $\beta(x) = \beta'(x)$ für $x \in B_\Sigma$ und $\beta(x) = \varepsilon(x)$ für $x \in E_\Sigma$ ist bijektiv.

Da alle Ereignisse eintreten können, gilt $|\bullet e| = |e \bullet| = 1$ für alle $e \in E_\Sigma$. Mit $b F_\Sigma e$ gilt also: e ist $\{b\}$-aktiviert, somit ist $\varepsilon(e)$ $\beta(b)$-aktiviert und es gilt $\beta(b) F_{\Sigma'} \varepsilon(e)$. Entsprechend folgt $\varepsilon(e) F_{\Sigma'} \beta(b)$ aus $e F_\Sigma b$.

"⇐" ist trivial. ∎

## 2.5 Kontaktfreie B/E-Systeme

In Abschnitt 2.1 haben wir diskutiert, daß Ereignisse in Kontaktsituationen nicht aktiviert sind. Wir werden zeigen, daß solche Situationen durch äquivalente Transformationen von B/E-Systemen vermeidbar sind. Man ergänzt dafür jede Bedingung b um ihr Komplement $\hat{b}$, so daß zu jedem Fall entweder b oder $\hat{b}$ gehört.

(a) Definition Sei $\Sigma$ ein B/E-System und seien $b, b' \in B_\Sigma$.

(i) b' ist Komplement von b, falls $\bullet b = b' \bullet$ und $b \bullet = \bullet b'$.

(ii) $\Sigma$ ist vollständig, falls jede Bedingung $b \in B_\Sigma$ ein Komplement $b' \in B_\Sigma$ hat.

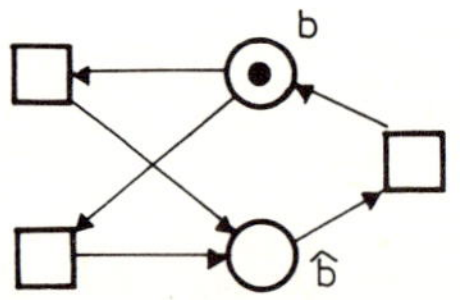


*Abb. 26 Eine Bedingung b und ihr Komplement $\hat{b}$*

(b) Lemma Sei $\Sigma$ ein B/E-System und sei $b \in B_\Sigma$.

(i) b hat höchstens ein Komplement. Es wird im weiteren mit $\hat{b}$ bezeichnet.

Falls b ein Komplement $\hat{b}$ besitzt, gilt:

(ii) $\hat{b}$ hat ein Komplement und $\hat{\hat{b}} = b$,

(iii) $\forall c \in C_\Sigma$ : entweder $b \in c$ oder $\hat{b} \in c$.

Falls $\Sigma$ vollständig ist, gilt

(iv) $\forall e \in E_\Sigma : |\bullet e| = |e \bullet|$.

(v) $\forall c \in C_\Sigma : |c| = {}^1/_2 \cdot |B_\Sigma|$.

Beweis

(i) folgt aus der Schlichtheit von $\Sigma$ .

(ii) folgt aus der Definition des Komplementes.

(iii) ist notwendig, weil andernfalls die Ereignisse in $\cdot b$ und $b\cdot$ nicht aktiviert sind.

(iv) folgt aus der Definition des Komplementes, da $b \in \cdot e \Leftrightarrow \hat{b} \in e\cdot$

(v) folgt aus (iii) .

(c) Definition Sei $\Sigma$ ein B/E-System und sei $B \subseteq B_\Sigma$ die Menge derjenigen Bedingungen, die kein Komplement in $B_\Sigma$ haben. Für jedes $b \in B$ sei $\tilde{b}$ ein neues Element. Sei $F = \{(e,\tilde{b}) \mid (b,e) \in F_\Sigma \wedge b \in B\} \cup \{(\tilde{b},e) \mid (e,b) \in F_\Sigma \wedge b \in B\}$.

Für $c \in C_\Sigma$ sei $\varphi(c) = c \cup \{\tilde{b} \mid b \in B \wedge b \notin c\}$ . Dann heißt das B/E-System $\hat{\Sigma} = (B_\Sigma \cup \{\tilde{b} \mid b \in B\}, E_\Sigma ; F_\Sigma \cup F , \varphi(C_\Sigma))$ die Vervollständigung von $\Sigma$ . $\varphi(c)$ heißt Vervollständigung von $c$ .

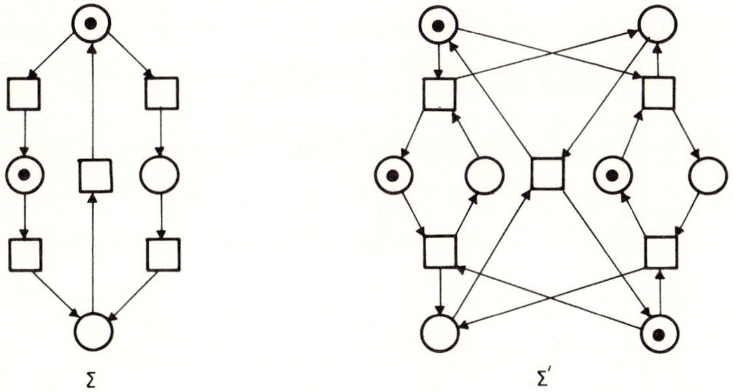

*Abb. 27 Ein B/E-System* $\Sigma$ *und seine Vervollständigung* $\Sigma'$

Offensichtlich bezeichnet $\tilde{b}$ das Komplement von b.

(d) Korollar Sei $\Sigma$ ein B/E-System und sei $c \in C_\Sigma$ .

(i) $\hat{\hat{\Sigma}} = \Sigma$ .

(ii) $\forall b \in B_\Sigma \quad \forall c \in C_\Sigma \quad b \in \varphi(c) \Leftrightarrow \hat{b} \notin \varphi(c)$.

(iii) $c = \varphi(c) \cap B_\Sigma$ .

(e) Lemma Die Funktion $\varphi : C_\Sigma \to C_{\hat{\Sigma}}$ , wie in 2.5(c) definiert, ist bijektiv.

Beweis

$\varphi$ ist surjektiv: Für $c \in C_{\hat{\Sigma}}$ gilt $c' := c \cap B_\Sigma \in C_\Sigma$ und $\varphi(c') = c$ .

$\varphi$ ist injektiv: Falls $\varphi(c_1) = \varphi(c_2)$ , gilt: $c_1 = \varphi(c_1) \cap B_\Sigma = \varphi(c_2) \cap B_\Sigma = c_2$ .

Für den Rest dieses Abschnittes treffen wir folgende schreibtechnische Vereinbarung:

Notation Sei $\Sigma$ ein B/E-System und sei $e \in E_\Sigma$ . Mit $-e$ und $e-$ bezeichnen wir den Vor- bzw. Nachbereich von $e$ in $\hat{\Sigma}$ . $\circ e$ und $e\circ$ bezeichnen wie üblich den Vor- bzw. Nachbereich von $e$ in $\Sigma$ .

(f) Korollar Sei $\Sigma$ ein B/E-System, sei $G \subseteq E_\Sigma$ und sei $B$ die Menge derjenigen Bedingungen, die kein Komplement in $B_\Sigma$ haben.

(i) $-G = \circ G \cup \{\tilde{b} \mid b \in B \wedge b \in G\bullet\}$ , und $G- = G\bullet \cup \{\tilde{b} \mid b \in B \wedge b \in \bullet G\}$ .

(ii) $\bullet G = -G \cap B_\Sigma$ , und $G\bullet = G- \cap B_\Sigma$ .

Wir können nun zeigen, daß die Vervollständigung eines B/E-Systems ein äquivalentes, kontaktfreies System ist.

(g) Satz Ist $\hat{\Sigma}$ die Vervollständigung eines B/E-Systems $\Sigma$ , so ist $\hat{\Sigma}$ äquivalent zu $\Sigma$ .

Beweis

Da $\varphi : C_\Sigma \to C_{\hat{\Sigma}}$ bijektiv ist (Lemma 2.5(e)), reicht es, zu zeigen:
$\forall c_1, c_2 \in C_\Sigma \quad \forall G \subseteq E_\Sigma : c_1 [G> c_2 \iff \varphi(c_1)[G> \varphi(c_2)$ . Nach Lemma 2.1(c) reicht es, stattdessen zu zeigen:

$$(c_1 \setminus c_2 = \bullet G \wedge c_2 \setminus c_1 = G\bullet) \iff (\varphi(c_1) \setminus \varphi(c_2) = -G \wedge \varphi(c_2) \setminus \varphi(c_1) = G-) .$$

Nach 2.5(d) und 2.5(e) gilt:

$c_1 = \varphi(c_1) \cap B_\Sigma$ , $c_2 = \varphi(c_2) \cap B_\Sigma$ , $\bullet G = -G \cap B_\Sigma$ , und $G\bullet = G- \cap B_\Sigma$ .

Somit gilt: $c_1 \setminus c_2 = (\varphi(c_2) \cap B_\Sigma) = (\varphi(c_1) \setminus \varphi(c_2)) \cap B_\Sigma$ (A3(vi)) $= -G \cap B_\Sigma = \bullet G$ .

Entsprechend zeigt man: $c_2 \setminus c_1 = G\bullet$ .

Umgekehrt, sei $B$ definiert wie in 2.5(c), sei $\tilde{B}_1 := \{\tilde{b} \mid b \in B \setminus c_1\}$ und sei $\tilde{B}_2 := \{\tilde{b} \mid b \in B \setminus c_2\}$. Dann gilt insbesondere: $\varphi(c_1) = c_1 \cup \tilde{B}_1$ und $\varphi(c_2) = c_2 \cup \tilde{B}_2$ .

Wir erhalten damit:

$$\begin{aligned}
\varphi(c_1) \setminus \varphi(c_2) &= (c_1 \cup \tilde{B}_1) \setminus (c_2 \cup \tilde{B}_2) \\
&= (c_1 \setminus (c_2 \cup \tilde{B}_2)) \cup (\tilde{B}_1 \setminus (c_2 \cup \tilde{B}_2)) \quad \text{nach A3(iii)} \\
&= (c_1 \setminus c_2) \cup (\tilde{B}_1 \setminus \tilde{B}_2) \text{ , da } c_1 \cap \tilde{B}_2 \text{ und } \tilde{B}_1 \cap c_2 \text{ leer sind} \\
&= \bullet G \cup (\{\tilde{b} \mid b \in B \setminus c_1\} \setminus \{\tilde{b} \mid b \in B \setminus c_2\}) \\
&= \bullet G \cup \{\tilde{b} \mid b \in B \setminus c_1 \wedge b \notin (B \setminus c_2)\} \\
&= \bullet G \cup \{\tilde{b} \mid b \in B \wedge b \notin c_1 \wedge b \in c_2\}
\end{aligned}$$

$= {}^\bullet G \cup \{\tilde{b} \mid b \in B \wedge b \in c_2 \setminus c_1\}$

$= {}^\bullet G \cup \{\tilde{b} \mid b \in B \wedge b \in G^\bullet\}$

$= {}^-G$ nach 2.5(e).

$\varphi(c_2) \setminus \varphi(c_1) = G^-$ zeigt man entsprechend. ■

(h) <u>Definition</u> Sei $\Sigma$ ein B/E-System.

$\Sigma$ heißt <u>kontaktfrei</u> falls für jedes $e \in E_\Sigma$ und jedes $c \in C_\Sigma$ : (1) ${}^\bullet e \subseteq c \Rightarrow e^\bullet \subseteq B_\Sigma \setminus c$ und

(2) $e^\bullet \subseteq c \Rightarrow {}^\bullet e \subseteq B_\Sigma \setminus c$ .

Die Bedingung (2) in dieser Definition folgt nicht immer aus der Bedingung (1). Ein Beispiel dafür ist  .

(i) <u>Satz</u> (i) Jedes vollständige B/E-System ist kontaktfrei.

(ii) Zu jedem B/E-System gibt es ein äquivalentes kontaktfreies B/E-System.

(iii) Falls $\Sigma$ ein kontaktfreien B/E-System ist, gilt für jedes $e \in E_\Sigma$:

${}^\bullet e \neq \emptyset$ und $e^\bullet \neq \emptyset$ .

<u>Beweis</u>

(i) Sei $\Sigma$ vollständig, sei $b \in B_\Sigma$ , $e \in E_\Sigma$ und $c \in C_\Sigma$ . Dann gilt:

$b \in e^\circ \cap c \Rightarrow \hat{b} \in {}^\bullet e \cap (B_\Sigma \setminus c) \Rightarrow {}^\bullet e \not\subseteq c$ und

$b \in e^\bullet \cap c \Rightarrow \hat{b} \in e^\bullet \cap (B_\Sigma \setminus c) \Rightarrow e^\bullet \not\subseteq c$ .

(ii) Ist $\Sigma$ ein B/E-System, so ist $\hat{\Sigma}$ vollständig (2.5(d)(i)), kontaktfrei (ii) und äquivalent zu $\Sigma$ (2.5(g)).

(iii) Seien $c_1, c_2 \in C_\Sigma$ mit $c_1[e\rangle c_2$ . Falls ${}^\bullet e = \emptyset$ , gilt $e^\bullet \neq \emptyset$ , da $e$ nicht isoliert ist. Offenbar gilt: $e^\bullet \not\subseteq B_\Sigma \setminus c_2$ , aber ${}^\bullet e \subseteq c_2$ . Entsprechend gilt, falls $e^\bullet = \emptyset$ , ${}^\bullet e \neq \emptyset$, da $e$ nicht isoliert ist. Somit erhalten wir: ${}^\bullet e \subseteq B_\Sigma \setminus c_1$ , aber $e^\bullet \subseteq c_1$ .
$\Sigma$ ist in beiden Fällen nicht kontaktfrei.

Offensichtlich ist nicht jedes kontaktfreie B/E-System vollständig. Beispiele dafür zeigen die Abbildungen 1, 2, 20, 21 und 22.

## <u>2.6 Fallgraphen</u>

Um in einem B/E-System einen Überblick über alle Fälle und alle Schritte zu erhalten, ist die Konstruktion eines Fallgraphen zweckmäßig. Seine Knoten sind die Fälle, seine Pfeile die Schritte des Systems.

(a) <u>Definition</u> Sei $\Sigma$ ein B/E-System, sei $G$ die Schrittmenge von $\Sigma$ und sei $P := \{(c_1, G, c_2) \in C_\Sigma \times G \times C_\Sigma \mid c_1[G\rangle c_2\}$ . Dann heißt der Graph $\Phi_\Sigma = (C_\Sigma, P)$ der <u>Fallgraph</u> von $\Sigma$ (zur Darstellung von Graphen vgl. A12-A14).

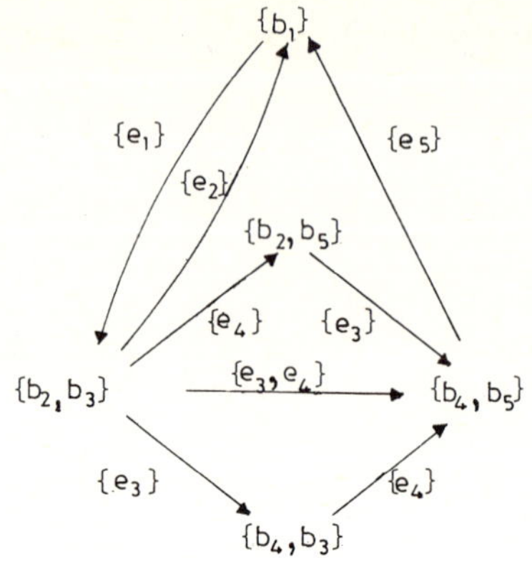


*Abb. 28 Der Fallgraph zu Abb. 20*

(b) Satz Ein B/E-System ist genau dann zyklisch, wenn sein Fallgraph stark zusammenhängend ist.

Beweis

Sei $\Sigma$ ein B/E-System mit der Schrittmenge $G$. $\Sigma$ ist zyklisch $\Leftrightarrow \forall c,c' \in C_\Sigma \; c(r_\Sigma{}^*)c'$
$\Leftrightarrow \forall c,c' \in C_\Sigma \; \exists G_1,\ldots,G_n \in G \; \exists c_o,\ldots,c_n \in C_\Sigma \; c_o[G_1>c_1\ldots[G_n>c_n \wedge c_o = c \wedge c_n = c'$
$\Leftrightarrow \Phi_\Sigma$ ist stark zusammenhängend. ■

(c) Satz Ein B/E-System $\Sigma$ ist genau dann lebendig, wenn es für jedes $c_o \in C_\Sigma$ und jedes $e \in E_\Sigma$ einen Weg $c_o l_1 c_1 \ldots l_n c_n$ in $\Phi_\Sigma$ gibt mit $l_n = e$.

Beweis

$\Sigma$ lebendig $\Leftrightarrow \forall c_o \in C_\Sigma \; \forall e \in E_\Sigma \; \exists c, c' \in C_\Sigma \; c_o r_\Sigma{}^* c \wedge c[e>c' \Leftrightarrow \exists$ Weg $c_o l_1 c_1 \ldots c_{n-1} l_n c_n$ mit $c_{n-1} = c$, $l_n = \{e\}$, $c_n = c'$. ■

(d) Satz B/E-Systeme sind genau dann äquivalent, wenn ihre Fallgraphen isomorph sind.

Beweis

Seien $\Sigma$ und $\Sigma'$ B/E-Systeme mit den Fallgraphen $\Phi_\Sigma = (C_\Sigma, P)$ bzw. $\Phi_{\Sigma'} = (C_{\Sigma'}, P')$ und sei $G$ die Schrittmenge von $\Sigma$.

$\Sigma$ ist $\gamma$-$\varepsilon$-äquivalent zu $\Sigma'$
$\Leftrightarrow (\forall c_1, c_2 \in C_\Sigma \; \forall G \in G \;\; c_1[G>c_2 \Leftrightarrow \gamma(c_1)[\varepsilon(G)>\gamma(c_2))$
$\Leftrightarrow (\forall c_1, c_2 \in C_\Sigma \; \forall G \in G \;\; (c_1,G,c_2) \in P \Leftrightarrow (\gamma(c_1),\varepsilon(G),\gamma(c_2)) \in P')$
$\Leftrightarrow \Phi_\Sigma$ ist $\gamma$-$\varepsilon$-isomorph zu $\Phi_{\Sigma'}$. ■

Nicht jeder Graph kann als Fallgraph eines B/E-Systems interpretiert werden, wie Abb.29 zeigt: Im Fall $c_1$ sind $e_1$ und $e_2$ aktiviert. Wenn in $c_1$ zwischen $e_1$ und $e_2$ ein Konflikt besteht, ist $e_2$ nicht $c_2$-aktiviert und damit der Pfeil $(c_2, \{e_2\}, c_4)$ ausgeschlossen. Wenn im Fall $c_1$ kein Konflikt zwischen $e_1$ und $e_2$ besteht, ist $e_1$ auch in $c_3$ aktiviert und damit der Pfeil $(c_3, \{e_1\}, c_4)$ erforderlich.

Fallgraphen werden in stark nebenläufigen B/E-Systemen schnell unübersichtlich. Ein Schritt aus $n$ Ereignissen erzeugt $2^n$ Knoten im Fallgraph.

Folgendes Korollar wird später benötigt:

(e) Korollar Sei $\Sigma$ ein B/E-System, sei $c_1, c_2, c_3 \in C_\Sigma$ und $G_1, G_2 \subseteq E_\Sigma$.

(i) Ist $c_1 G_1 c_2 G_2 c_3$ ein Weg in $\Phi_\Sigma$, so gilt: $G_1 \cap G_2 = \emptyset$.

(ii) Sei $G_1 \cap G_2 = \emptyset$. Ist $c_1(G_1 \cup G_2)c_3$ ein Pfeil in $\Phi_\Sigma$, dann gibt es ein $c \in C_\Sigma$, so daß $c_1 G_1 c\, G_2 c_3$ ein Weg in $\Phi_\Sigma$ ist.

Beweis

(i) $e \in G_1 \Rightarrow c_2 \cap {}^\bullet e = \emptyset \Rightarrow e$ ist nicht $c_2$-aktiviert $\Rightarrow e \notin G_2$.

(ii) $c_1 G_1 \cup G_2 c_2$ ist ein Pfeil in $\Phi_\Sigma \Rightarrow c_1[G_1 \cup G_2 > c_2 \Rightarrow$ mit $c := (c_1 \setminus {}^\bullet G_1) \cup G_1{}^\bullet$ gilt $c_1[G_1 > c$ und $c[G_2 > c_2$. ■

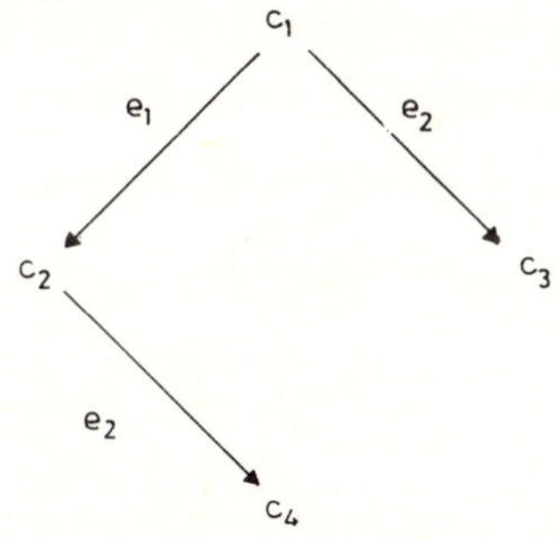


*Abb. 29 Ein Graph, der nicht Fallgraph eines B/E-Systems sein kann*

## Aufgaben zu Kapitel 2

1. Sind folgende B/E-Systeme äquivalent?

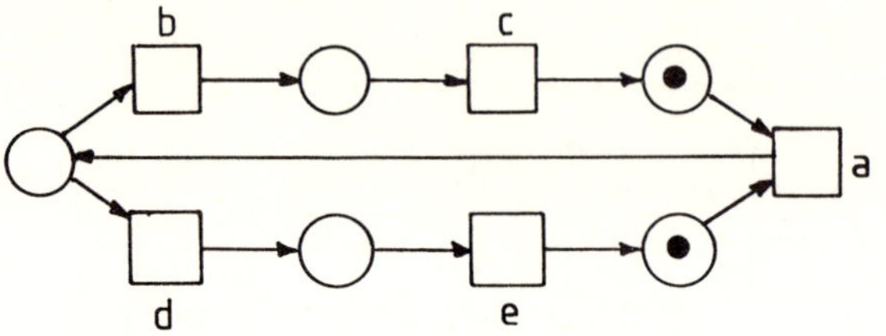


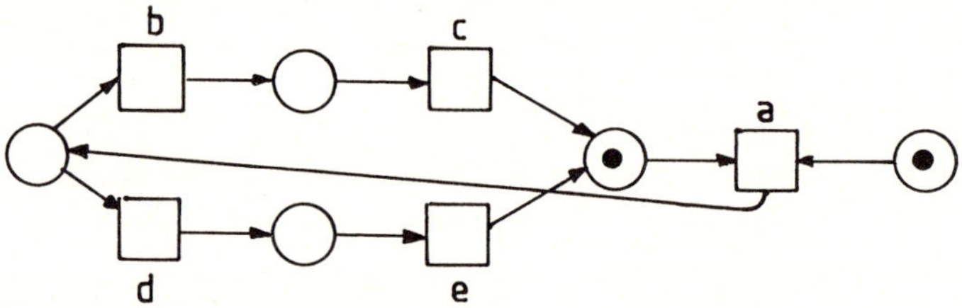


2. Konstruiere zu folgendem B/E-System ein äquivalentes mit möglichst wenigen Bedingungen:

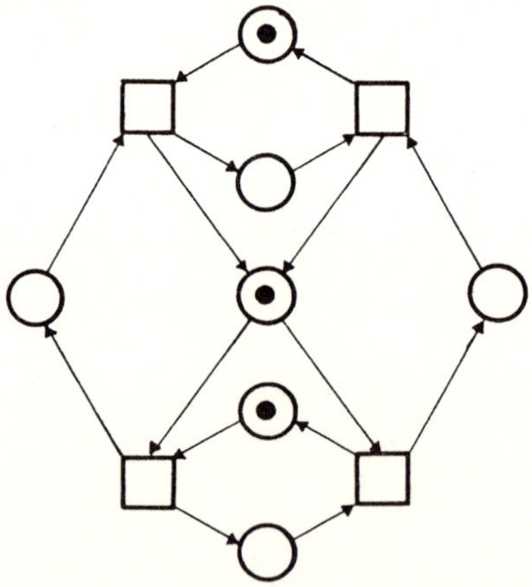

3. Sei $\Sigma = (B,E;F,C)$ ein B/E-System und sei $C' = \{B \setminus c \mid c \in C\}$. Zeige, daß $\Sigma' = (B,E;F,C')$ ebenfalls ein B/E-System ist. Sind $\Sigma$ und $\Sigma'$ äquivalent?

4. Welche der folgenden B/E-Systeme sind kontaktfrei? Abb. 1, Abb. 2, Abb. 21, Abb. 22, Abb. 24, Abb. 25, Abb. 27 ?

5. Konstruiere die Vervollständigung des folgenden B/E-Systems:

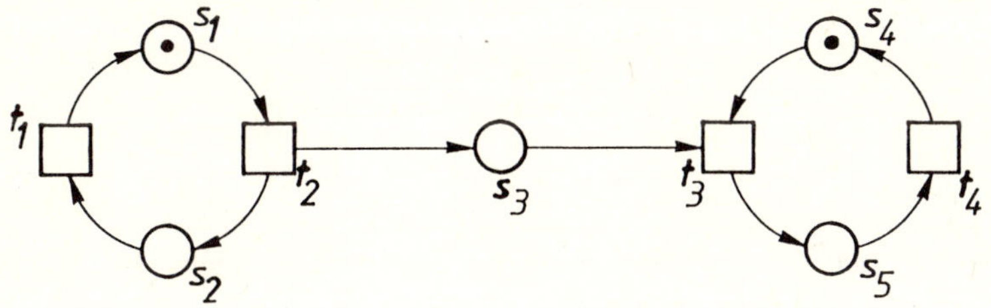


6. Konstruiere den Fallgraphen des B/E-Systems aus Aufgabe 5.

7. Ein Fährmann soll eine Ziege, einen Wolf und einen Kohlkopf über einen Fluß bringen. Außer dem Fährmann selbst paßt jeweils höchstens einer der drei genannten Gegenstände in das Boot. Stelle die Organisation der Überquerung unter der Bedingung dar, daß
a) Wolf und Ziege b) Ziege und Kohlkopf nie alleine an einem Ufer sind.

8. Wie kann man die Bedingungen $s_1, s_2$ und $s_3$ in Abb. 25 intuitiv deuten?

*9. Seien $\Sigma$ und $\Sigma'$ zwei B/E-Systeme.
(i) Sei $\gamma : C_\Sigma \to C_{\Sigma'}$ eine bijektive Abbildung. $\Sigma'$ <u>$\gamma$-simuliert</u> $\Sigma$, falls $\forall G \subseteq E_\Sigma \;\; \exists G' \subseteq E_{\Sigma'}$, so daß $c_1[G>c_2 \Rightarrow \gamma(c_1)[G'>\gamma(c_2)$.
(ii) Sei $\varepsilon : E_\Sigma \to E_{\Sigma'}$ eine bijektive Abbildung. $\Sigma'$ <u>$\varepsilon$-simuliert</u> $\Sigma$, falls $\forall c_1, c_2 \in C_\Sigma \;\; \exists c_1', c_2' \in C_{\Sigma'}$, so daß $c_1[G>c_2 \Rightarrow c_1'[\varepsilon(G)>c_2'$.
(a) $\Sigma'$ $\gamma$-simuliere $\Sigma$ und $\Sigma$ $\gamma^{-1}$-simuliere $\Sigma'$.
(b) $\Sigma'$ $\varepsilon$-simuliere $\Sigma$ und $\Sigma$ $\varepsilon^{-1}$-simuliere $\Sigma'$.

Sind $\Sigma$ und $\Sigma'$ unter den in (a) bzw. in (b) genannten Bedingungen äquivalent?

# Kapitel 3 Prozesse auf Bedingungs/Ereignis-Systemen

Dieses Kapitel handelt von den Prozessen, die auf B/E-Systemen ablaufen können. Man mag versucht sein, einen Prozeß eines B/E-Systems als Weg aus seinem Fallgraphen zu definieren. Das, was - intuitiv - ein "Prozeß" ist, beschreibt ein solcher Weg jedoch nur unvollkommen: Die Totalordnung seiner Elemente gibt keinen Aufschluß darüber, ob Ereignisse tatsächlich nacheinander eintreten oder ob sie voneinander unabhängig sind. Die Halbordnung, in der Ereignisse eintreten, wird im Fallgraph als die Menge aller Ausführungsmöglichkeiten in Form von Schrittfolgen nur indirekt repräsentiert.

Wir suchen deshalb nach einer günstigeren Prozeßbeschreibung, die insbesondere eindeutig ist und explizit angibt, wann Ereignisse unabhängig voneinander eintreten. Eine solche Beschreibung protokolliert fortlaufend, welche Ereignisse eintreten und welche Bedingungen sich ändern. Die Eintragungen in diesem Protokoll sind durch die Relation " a ist kausal Voraussetzung für b" halbgeordnet, da Wiederholungen desselben Ereignisses und derselben Bedingung als neuer Eintrag protokolliert werden. Für derartige Protokolle gibt es nun eine recht übersichtliche Darstellung, wiederum als ein Netz: Die Vorgänge aus Abb.20 werden beispielsweise mit Abb.30 vollständig repräsentiert. Hier stellt ein T-Element den Eintritt desjenigen Ereignisses dar,

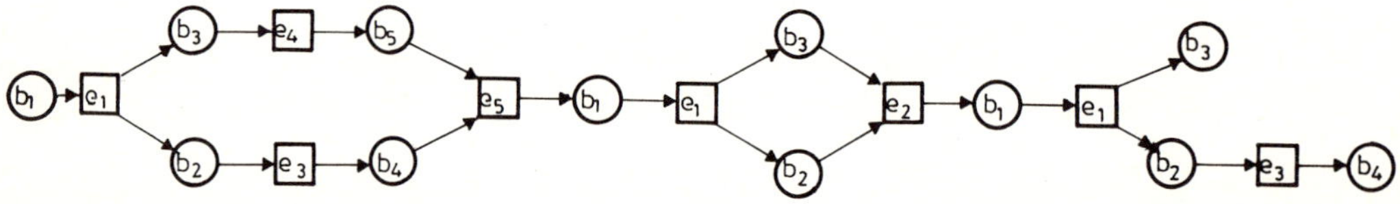


*Abb. 30 Netzdarstellung zu Abb. 20*

das durch seine Anschrift angegeben wird. Verschiedene T-Elemente mit derselben Anschrift bezeichnen wiederholtes Eintreten desselben Ereignisses. Ganz entsprechend zeigt ein S-Element s mit seiner Anschrift b , daß b durch den Eintritt von •s erfüllt und durch s• wieder unerfüllt wurde. Da in den entsprechenden konkreten Situationen die Konflikte gelöst werden, sind nun alle S-Elemente unverzweigt. Um den Umgang mit solchen Prozeßbeschreibungen als halbgeordnete Netze zu erleichtern, studieren wir zunächst einige Eigenschaften halbgeordneter Mengen und anschließend Kausalnetze, d.h. solche halbgeordnete Netze, die zur Prozeßbeschreibung in Frage kommen. Wir führen dann Prozesse ein und zeigen, wie sie komponiert und zerlegt werden können und in welcher Beziehung sie zu Fallgraphen stehen.

## 3.1 Geordnete Mengen

Die Relationen der kausalen Abhängigkeit und Unabhängigkeit werden sich als symmetrische und (per Definition) reflexive, jedoch im allgemeinen nicht transitive Relationen erweisen. Solchen Ähnlichkeitsrelationen gilt zunächst unser Interesse:

(a) Definition Eine zweistellige Relation $\rho \subseteq A \times A$ über einer Menge $A$ heißt Ähnlichkeitsrelation, falls gilt:

(i) $a \in A \Rightarrow a \rho a$ ($\rho$ ist reflexiv).

(ii) $a \rho b \Rightarrow b \rho a$ ($\rho$ ist symmetrisch).

Eine Teilmenge $B \subseteq A$ von $A$ heißt Bezirk einer Ähnlichkeitsrelation $\rho$, falls gilt:

(i) $a,b \in B \Rightarrow a \rho b$ ($\rho$ ist voll auf $B$).

(ii) $a \notin B \Rightarrow \exists b \in B \neg(a \rho b)$ ($B$ ist eine maximale Menge, auf der $\rho$ voll ist).

(b) Korollar Sei $A$ eine Menge und sei $\rho \subseteq A \times A$ eine Ähnlichkeitsrelation.

(i) Jedes Element von $A$ liegt in mindestens einem Bezirk von $\rho$.

(ii) Bezirke sind nicht leer und kein Bezirk ist Teilmenge eines anderen.

(iii) Falls $\rho$ sogar Äquivalenzrelation ist, sind die Bezirke von $\rho$ gerade die Äquivalenzklassen von $\rho$.

(c) Graphische Darstellung Eine endliche Ähnlichkeitsrelation $\rho \subseteq A \times A$ kann eindeutig als ungerichteter Graph mit der Knotenmenge $A$ und der Kantenmenge

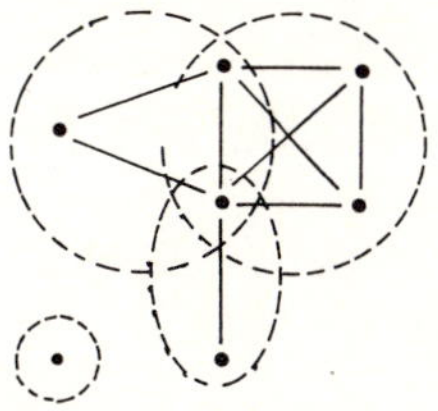

*Abb. 31 Eine Ähnlichkeitsrelation mit 4 Bezirken*

$K := \{(a,b) \mid a \neq b \wedge a \rho b\}$ dargestellt werden. Abb.31 zeigt eine Ähnlichkeitsrelation. Ihre Bezirke sind gestrichelt umkreist.

Für geordnete Mengen (siehe A11) ergeben sich die Relationen $\underline{li}$ (Elemente sind geordnet, liegen auf einer Linie) und $\underline{co}$ (Elemente sind ungeordnet, bestehen "concurrently" nebeneinander) kanonisch:

(d) Definition  Sei $A$ eine geordnete Menge.

(i) Sei $\underline{li} \subseteq A \times A$ gegeben durch $a\,\underline{li}\,b :\Longleftrightarrow a<b \vee b<a \vee a=b$ .

(ii) Sei $\underline{co} \subseteq A \times A$ gegeben durch $a\,\underline{co}\,b :\Longleftrightarrow \neg(a\,\underline{li}\,b) \vee a=b$ .

(e) Korollar  Sei $A$ eine geordnete Menge, seien $a,b \in A$ .

(i) $a\,\underline{li}\,b \vee a\,\underline{co}\,b$ .

(ii) $(a\,\underline{li}\,b \wedge a\,\underline{co}\,b) \Longleftrightarrow a=b$ .

(f) Satz  Für jede geordnete Menge $A$ sind $\underline{li}$ und $\underline{co}$ Ähnlichkeitsrelationen.

Beweis

Reflexivität und Symmetrie von $\underline{li}$ folgen sofort aus der Definition. Das Komplement $A \times A \setminus \rho$ einer symmetrischen Relation $\rho \subseteq A \times A$ ist symmetrisch. Das Komplement von $\underline{li}$ ist somit symmetrisch und wird durch Hinzunahme der Paare $(x,x)$ auch reflexiv. ∎

Abb. 32 zeigt eine geordnete Menge mit ihren Relationen $\underline{li}$ und $\underline{co}$ (die graphische Darstellung von Halbordnungen erläutert A11).

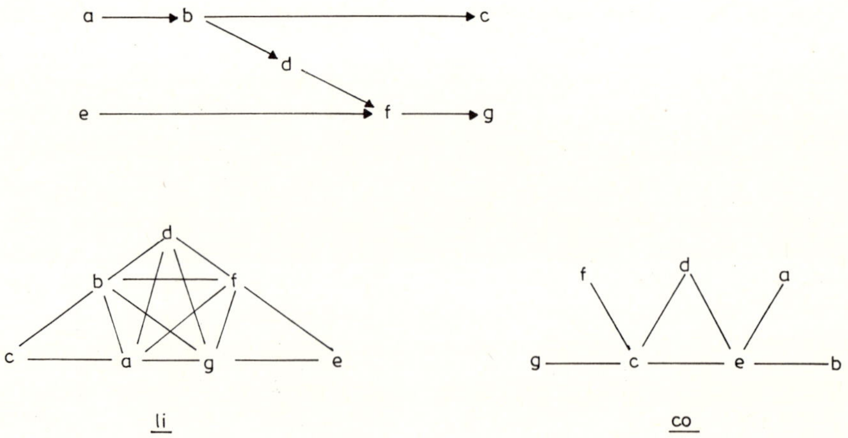


*Abb. 32 Eine geordnete Menge mit ihren Relationen li und co*

(g) Definition Sei $A$ eine geordnete Menge, $B \subseteq A$ .

(i) $B$ heißt Linie $:\Longleftrightarrow$ $B$ ist ein Bezirk von $\underline{li}$ .

(ii) $B$ heißt Schnitt $:\Longleftrightarrow$ $B$ ist ein Bezirk von $\underline{co}$ .

Die Ordnung in Abb. 32 erzeugt somit die Linien $\{a,b,c\}$ , $\{e,f,g\}$ und $\{a,b,d,f,g\}$ , sowie die Schnitte $\{e,a\},\{e,b\},\{e,d,c\},\{f,c\}$ und $\{g,c\}$.

(h) Korollar Sei $A$ geordnet, sei $B \subseteq A$ .

(i) $B$ ist eine Linie $\Longleftrightarrow$

(a) $\forall\, a,b, \in B \quad a<b \ \vee\ b<a \ \vee\ a=b$ und

(b) $\forall a \in A \setminus B \ \ \exists b \in B \ \ \neg(a<b \ \vee\ b<a)$ .

(ii) $B$ ist ein Schnitt $\Longleftrightarrow$

(a) $\forall\, a,b \in B \ \ \neg(a<b \ \vee\ b<a)$ und

(b) $\forall\, a \in A \setminus B \ \ \exists b \in B \ \ a<b \ \vee\ b<a$ .

(i) Definition Sei $A$ eine geordnete Menge, seien $B,C \subseteq A$ .

(i) $A$ heißt beschränkt $:\Longleftrightarrow$ $\exists n \in \mathbb{N}$, so daß für jede Linie $L$ von $A$ gilt: $|L|<n$ .

(ii) $B$ liegt vor $C$ (Schreibweise: $B \leqq C$) $:\Longleftrightarrow$ $\forall b \in B\ \forall c \in C$ gilt: $b<c$ oder $b\,\underline{co}\,c$ .

(Sei $B<C \ :\Longleftrightarrow\ B \leqq C \wedge B \neq C$)

(iii) Sei $B^- := \{a \in A \mid \{a\} \leq B\}$ und $B^+ := \{a \in A \mid B \leq \{a\}\}$ .

(iv) Sei ${}^\circ B := \{b \in B \mid \forall a \in B \ \ a\,\underline{co}\,b \ \vee\ b<a\}$

$B^\circ := \{b \in B \mid \forall a \in B \ \ a\,\underline{co}\,b \ \vee\ a<b\}$.

Insbesondere enthält ${}^\circ A$ die minimalen, $A^\circ$ die maximalen Elemente von $A$ .

(j) Satz Ist $A$ eine geordnete und beschränkte Menge, so sind ${}^\circ A$ und $A^\circ$ Schnitte.

Beweis

Seien $a,b \in {}^\circ A$ beliebig. Da $\neg(a<b \ \vee\ b<a)$ , folgt: $a\,\underline{co}\,b$ . Sei $c \in A \setminus {}^\circ A$ beliebig und sei $L$ eine Linie mit $c \in L$ . Da $L$ endlich ist, gibt es ein $d \in L \cap {}^\circ A$ und es folgt: $d<c$ . Aus Korollar 3.1(h) folgt, daß ${}^\circ A$ ein Schnitt ist. Entsprechend zeigt man, daß $A^\circ$ ein Schnitt ist. ■

Linien und Schnitte haben jeweils höchstens ein Element gemeinsam:

(k) Satz Sei $A$ eine geordnete Menge, sei $L$ eine Linie und $D$ ein Schnitt von $A$ . Dann gilt: $|L \cap D| \leq 1$ .

Beweis

Seien $a,b \in L \cap D$ . Dann gilt: $a\,\underline{li}\,b$ , da $a,b \in L$ und $a\,\underline{co}\,b$ , da $a,b \in D$ . Aus Kor. 3.1(e) folgt: $a=b$ . ■

(1) Definition Eine geordnete Menge A heißt K-dicht :⟺ jede Linie hat mit jedem Schnitt einen nichtleeren Durchschnitt.

Die Ordnung aus Abb. 32 ist K-dicht, wie man leicht nachrechnet. Daß nicht jede Ordnung K-dicht ist, zeigt Abb. 33 .

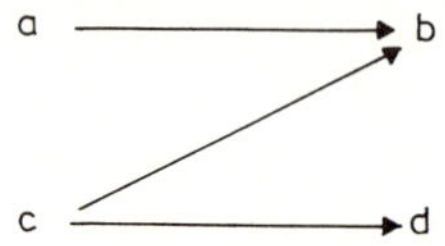


*Abb. 33 Eine geordnete, nicht K-dichte Menge:* $\{c,b\} \cap \{a,d\} = \emptyset$

## 3.2 Kausalnetze

Kausalnetze werden nun als kreisfreie Netze mit unverzweigten S-Elementen eingeführt. So ergibt sich unmittelbar eine Ordnung der Elemente eines Kausalnetzes. Wir zeigen, daß beschränkte Kausalnetze K-dicht sind.

(a) Definition Ein Netz $K = (S_K, T_K; F_K)$ heißt Kausalnetz :⟺

(i) $\forall a,b \in K \quad a(F_K^+)b \Rightarrow \neg(b(F_K^+)a)$ (K ist kreisfrei).

(ii) $\forall s \subset S_K \Rightarrow |{}^\bullet s| \leq 1 \wedge |s^\bullet| \leq 1$ (S-Elemente sind unverzweigt).

(b) Korollar Sei K ein Kausalnetz. Die Relation $<$ , erklärt durch $\forall a,b \in K$ $a<b :\Leftrightarrow a(F_K^+)b$ ist eine Ordnung auf K .

Damit sind alle Begriffe, die für Halbordnungen eingeführt wurden (also Linie, Schnitt, Beschränktheit und K-Dichte) insbesondere für Kausalnetze wohldefiniert.

(c) Definition Eine Scheibe eines Kausalnetzes K ist ein nur aus S-Elementen bestehender Schnitt. sl(K) sei die Menge aller Scheiben (engl.: slices) von K .

(d) Satz Jedes beschränkte, nichtleere Kausalnetz ist K-dicht.

Beweis

Sei K ein beschränktes, nichtleeres Kausalnetz und nehmen wir an, es enthält eine Linie L und einen Schnitt D mit $L \cap D = \emptyset$ . Da L nicht leer und endlich ist, existieren $x_1 := \min(L)$ und $x_2 := \max(L)$ und es gilt offensichtlich (1) $x_1 \in {}^\circ K$ und (2) $x_2 \in K^\circ$ . Da D ein Schnitt ist und $x_1 \notin D$ , gibt es ein $d \in D$ mit $(x_1<d) \vee (d<x_1)$ . Wegen (1) folgt (3) $\exists d \in D : x_1<d$ . Analog gilt mit (2): (4) $\exists d \in D : d<x_2$ .

Sei nun (5) $a_1 := \max\{x \in L \mid \exists d \in D : x<d\}$ und $a_2 = \min\{x \in L \mid \exists d \in D : d<x\}$ . Daß $a_1$ und $a_2$ tatsächlich existieren, folgt aus (3) und (4) und der Endlichkeit von L .

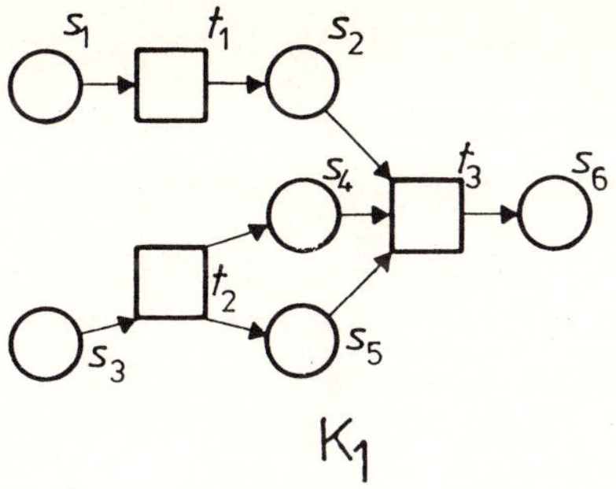


*Ein Kausalnetz mit drei Linien und elf Schnitten. Fünf der Schnitte sind Scheiben.*

*Beispiel einer Linie:*

$\{s_3, t_2, s_4, t_3, s_6\}$

*Beispiel eines Schnittes:*

$\{t_1, s_4, s_5\}$

*Eine Scheibe:*

$\{s_1, s_3\}$

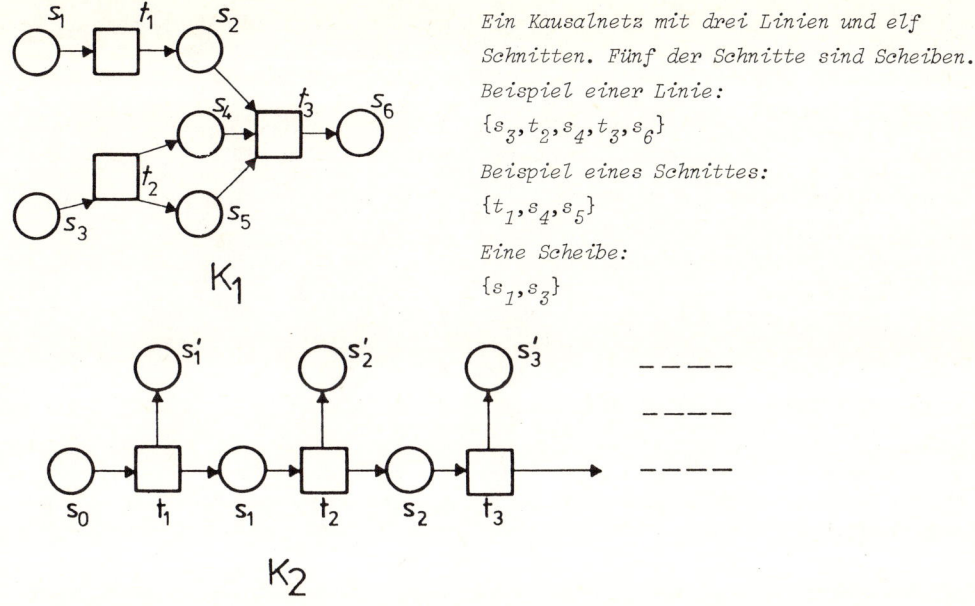

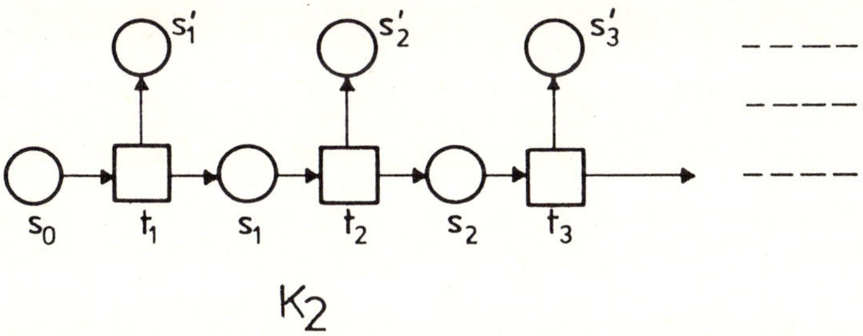


*Ein unbeschränktes, nicht K-dichtes Kausalnetz:*

$\{s_0, t_1, s_1, \ldots\} \cap \{s_1', s_2', \ldots\} = \emptyset$

*Abb. 34 Beispiele für Kausalnetze*

Falls $a_2 \leqq a_1$ , gäbe es $d, d' \in D$ mit $d < a_2 \leqq a_1 < d'$ . Dies ist nicht möglich, da D ein Schnitt ist. $a_1 \;\underline{\text{co}}\; a_2$ ist ausgeschlossen, da $a_1, a_2 \in L$ . Es gilt also (6) $a_1 < a_2$ .

Aus (5) folgt: $\exists b_1 \in a_1^{\bullet}$ $\exists d \in D$ $b_1 \leq d$ und $\exists b_2 \in {}^{\bullet}a_2$ $\exists d' \in D$ $d \leq b_2$ , wobei $b_1, b_2 \notin L$ . Da $a_1, a_2 \in L$ , folgt aus (6): $\exists c_1 \in a_1^{\bullet} \cap L$ und $\exists c_2 \in {}^{\bullet}a_2 \cap L$ . Offenbar gilt $b_1 \neq c_1$ und $b_2 \neq c_2$ . Da S-Elemente unverzweigt sind, folgt $a_1, a_2 \in T_K$ .

$a_1 F_K a_2$ kann deshalb nicht zutreffen. Es muß mindestens ein S-Element $s \in L$ geben mit $a_1 < s < a_2$ . Nach (5) gilt für alle $d \in D$: $s \;\underline{\text{co}}\; d$ . Dies ist unmöglich, wenn D ein Schnitt ist. ■

Abb. 34 zeigt, daß unbeschränkte Kausalnetze nicht immer K-dicht sind.

## 3.3 Prozesse

Wir definieren nun Prozesse von B/E-Systemen auf der Basis von Kausalnetzen. Dabei beschränken wir uns auf kontaktfreie B/E-Systeme (was später motiviert werden soll).

Da jedes B/E-System in ein äquivalentes kontaktfreies System transformierbar ist (Satz 2.5(i)(ii)), ist diese Beschränkung nicht wesentlich.

Prozesse beschreiben wir nun als Abbildungen von Kausalnetzen in B/E-Systeme, die zwei Forderungen erfüllen müssen: Jede Scheibe wird injektiv einem Fall zugeordnet und die Abbildung eines T-Elementes auf ein Ereignis respektiert dessen Umgebung.

(a) Definition Sei K ein beschränktes Kausalnetz und sei $\Sigma$ ein kontaktfreies B/E-System. Eine Abbildung $p:K\rightarrow\Sigma$ heißt Prozeß auf $\Sigma$, falls für jede Scheibe D von K und jedes T-Element $t\in T_K$ gilt:

(i) $p|D$ injektiv $\wedge$ $p(D)\in C_\Sigma$ .

(ii) $p({}^\bullet t) = {}^\bullet p(t)$ $\wedge$ $p(t^\bullet) = p(t)^\bullet$ .

In graphischen Darstellungen von Prozessen $p:K\rightarrow\Sigma$ wird jedes K-Element x mit seinem Bild p(x) beschriftet. Abb.30 ist im Sinne dieser Definition ein Prozeß zu Abb.20.

Daß beschränkte Kausalnetze K-dicht sind, ist eine Eigenschaft, die für die Verwendung von Kausalnetzen zur Beschreibung nichtsequentieller Prozesse wichtigt ist: Bei dieser Verwendung beschreibt jede Linie eine Folge von Elementen, die in einem Ursache/Wirkung-Zusammenhang (einer Kausalkette) stehen. Ein Schnitt ist dann als "Momentaufnahme" des Prozesses durch einen Beobachter zu interpretieren. Dasselbe Element kann in verschiedenen solcher Momentaufnahmen mit verschiedenen anderen Elementen gesehen werden. Die K-Dichte eines Kausalnetzes garantiert nun, daß jede Kausalkette in jeder Momentaufnahme vertreten ist.

Die obige Prozeßdefinition kann nicht für beliebige B/E-Systeme verallgemeinert werden, weil Kontaktsituationen den Eintritt von Ereignissen stärker ordnen, als die Definition verlangt. So kann beispielsweise in Abb. 24 im dargestellten Fall das Ereignis $e_2$ erst eintreten, nachdem $e_1$ eingetreten ist. Ein Prozeß, der dieses Verhalten präzise beschreibt, muß darstellen, daß b unerfüllt wird, bevor $e_1$ eintritt. Dies ist nur möglich, indem das Komplement von b verwendet wird.

Man mag vorschlagen, Prozesse eines beliebigen B/E-Systems $\Sigma$ als diejenigen Prozesse zu definieren, die man nach der obigen Definition für die Vervollständigung $\hat{\Sigma}$ von $\Sigma$ erhält. Dies würde jedoch für kontaktfreie, nicht vollständige B/E-Systeme unnötige zusätzliche S-Elemente in Prozessen zur Folge haben.

(b) Satz Für jeden Prozeß $p:K\to\Sigma$ gilt:

(i) $p(S_K)\subseteq B_\Sigma \wedge p(T_K)\subseteq E_\Sigma$ (p ist sortentreu).

(ii) $xF_Ky \Rightarrow p(x)F_\Sigma p(y)$ (p ist flußtreu).

(iii) $x,y\in K\wedge p(x)=p(y) \Rightarrow x\,\underline{li}\,y$ (Ereignisse und Bedingungen sind nicht nebenläufig zu sich selbst).

(iv) $t\in T_K \Rightarrow {}^\bullet t\neq\emptyset\wedge t^\bullet\neq\emptyset$ (Ereignisse haben Ursachen und Wirkungen).

(v) p ist auf Schnitten injektiv.

Beweis

Zu (i): $p(S_K)\subseteq B_\Sigma$ folgt sofort aus der Definition, da jedes $s\in S_K$ zu mindestens einer Scheibe gehört. Für $t\in T_K$ gibt es ein $x\in\Sigma$ mit $x\in{}^\bullet p(t)\cup p(t)^\bullet$ nach Def. 2.2(a)(i). Aus Def. 3.3(a)(ii) folgt dann die Existenz eines $y\in{}^\bullet t\cup t^\bullet$ mit $p(y)=x$. Da $y\in S_K$, gilt $x\in B_\Sigma$ und $p(t)\in x^\bullet\cup{}^\bullet x\subseteq E_\Sigma$.

Zu (ii): Für $s\in S_K$ und $t\in T_K$ gilt: $sF_Kt \Rightarrow s\in{}^\bullet t \Rightarrow p(s)\in{}^\bullet p(t) \Rightarrow p(s)F_\Sigma p(t)$. Entsprechend gilt für $tF_Ks$ : $s\in t^\bullet \Rightarrow p(s)\in p(t)^\bullet \Rightarrow p(t)F_\Sigma p(s)$.

Zu (iii): Mit $x,y\in S_K$ folgt die Behauptung sofort aus der Definition. Für $x\neq y\in T_K$ gilt mit $p(x)=p(y)$ auch ${}^\bullet p(x)={}^\bullet p(y)$ und $p(x)^\bullet=p(y)^\bullet$. Aus der Definition folgt nun $p({}^\bullet x)=p({}^\bullet y)$ und $p(x^\bullet)=p(y^\bullet)$. Mit $x\,\underline{co}\,y$ gäbe es Scheiben $D_1\supseteq{}^\bullet x\cup{}^\bullet y$ und $D_2\supseteq x^\bullet\cup y^\bullet$. ${}^\bullet x\cup{}^\bullet y$ oder $x^\bullet\cup y^\bullet$ ist nicht leer und ${}^\bullet x\cap{}^\bullet y=\emptyset=x^\bullet\cap y^\bullet$ (S-Elemente von K sind unverzweigt), somit ist $p|D_1$ oder $p|D_2$ nicht injektiv.

Zu (iv): Für $t\in T_K$ gilt nach (i): $p(t)\in E_\Sigma$. Nach Kor. 2.5(h)(iii) gilt: ${}^\bullet p(t)\neq\emptyset\wedge p(t)^\bullet\neq\emptyset$. Die Behauptung folgt aus Def. 3.3(a)(ii).

(v) folgt aus (iii) und Def. 3.3(a)(i). ∎

(c) Satz Sei $p:K\to\Sigma$ ein Prozeß, sei $T\subseteq T_K$, so daß $\forall t_1,t_2\in T\ \ t_1\,\underline{co}\,t_2$. Dann gilt: $\exists c_1,c_2\in C_\Sigma\ \ c_1[p(T)>c_2$.

Beweis

Offenbar gilt $\forall s_1,s_2\in{}^\bullet T\ \ s_1\,\underline{co}\,s_2 \wedge \forall s_1,s_2\in T^\bullet\ \ s_1\,\underline{co}\,s_2$. Dann gibt es eine Scheibe $D\in\underline{sl}(K)$, so daß ${}^\bullet T\subseteq D$. Nach Def. 3.3(a) gilt: $p(D)\in C_\Sigma$ und ${}^\bullet p(T)=p({}^\bullet T)\subseteq p(D)$. $\forall s\in T^\bullet\ \exists s_1\in D\ \ s_1<s$. Somit gilt $T^\bullet\cap D=\emptyset$ und weiterhin $p(D)\cap p(T^\bullet)=p(D)\cap p(T)^\bullet=\emptyset$. $p(T)$ ist also $p(D)$-aktiviert und es folgt die Behauptung. ∎

(d) Definition Zwei Prozesse $p_1:K_1\to\Sigma$ und $p_2:K_2\to\Sigma$ eines B/E-Systems $\Sigma$ heißen isomorph $:\Longleftrightarrow K_1$ ist $\beta$-isomorph zu $K_2$ und $\forall x\in K_1\ \ p_1(x)=p_2(\beta(x))$.

Im weiteren werden wir nicht zwischen isomorphen Prozessen unterscheiden und verstehen unter "Prozeß" gelegentlich auch eine Äquivalenzklasse isomorpher Prozesse oder einen beliebigen Vertreter aus dieser Äquivalenzklasse. Wie in 1.5(d) schon diskutiert, werden dabei in graphischen Darstellungen die Elemente von Kausalnetzen nicht explizit identifiziert. Ein Beispiel dafür zeigt Abb. 30 .

Kontaktfreie B/E-Systeme sind durch die Menge ihrer Prozesse vollständig charakterisiert. (Einen Prozeß $p:K \rightarrow \Sigma$ fassen wir dabei als die Menge $\{(x,p(x)) \mid x \in K\}$ auf.)

(e) Satz Seien $\Sigma_i$ zwei kontaktfreie B/E-Systeme und sei $P_i$ die Menge der Prozesse von $\Sigma_i (i=1,2)$ . Dann gilt: $P_1 = P_2 \Leftrightarrow \Sigma_1 = \Sigma_2$ .

Beweis

Seien $\Sigma_i = (B_i, E_i; F_i, C_i)(i=1,2)$ und sei $\Sigma_1 \neq \Sigma_2$ . Dann gibt es ein $b \in B_1 \cup B_2$ oder ein $e \in E_1 \cup E_2$ oder ein $c \in C_1 \cup C_2$ , so daß o.B.d.A. $b \in B_1 \setminus B_2$ oder $e \in E_1 \setminus E_2$ oder $(b,e) \in F_1 \setminus F_2$ oder $(e,b) \in F_1 \setminus F_2$ oder $c \in C_1 \setminus C_2$ . Dann gibt es einen Übergang $c_1 [e'> c_2$ in $\Sigma_1$ , der in $\Sigma_2$ nicht möglich ist (wähle $b \in c_1 \cup c_2$ bzw. $e' = e$ bzw. $c = c_1$ oder $c = c_2$) . Mit $K = (S, \{t\}; F)$ sei $p:K \rightarrow \Sigma_1$ ein Prozeß, so daß $p({}^\circ K) = c_1 \wedge p(K^\circ) = c_2 \wedge p(t) = e'$ . Es folgt $p \in P_1 \setminus P_2$ . ∎

## 3.4 Beschränkte Prozesse und ihre Komposition

Für Prozesse $p_1, p_2$ über beschränkten Kausalnetzen erklären wir die Komposition $p_1 \circ p_2$ , wenn $p_1$ mit demjenigen Fall endet, mit dem $p_2$ beginnt.

(a) Lemma Ist $p:K \rightarrow \Sigma$ ein Prozeß, so sind ${}^\circ K$ und $K^\circ$ Scheiben von $K$ .

Beweis

Nach Satz 3.1(j) sind ${}^\circ K$ und $K^\circ$ Schnitte. Da $\Sigma$ kontaktfrei ist (Def. 3.3(a)) und deshalb für jedes Ereignis $e \in E_\Sigma$ ${}^\bullet e \neq \emptyset \wedge e^\bullet \neq \emptyset$ (Kor. 2.5(h)(iii)), folgt aus Def. 3.3(a)(ii): ${}^\circ K \cup K^\circ \subseteq S_K$ . ∎

(b) Lemma Seien $p_i : K_i \rightarrow \Sigma$ zwei beschränkte Prozesse $(i = 1,2)$ , so daß $p_1(K_1{}^\circ) = p_2({}^\circ K_2)$ . Dann gibt es (bis auf Isomorphie) genau ein Kausalnetz $K$ mit einer Scheibe $D$ und einem Prozeß $p:K \rightarrow \Sigma$ , so daß $p \mid D^- = p_1$ und $p \mid D^+ = p_2$ . $p$ heißt Komposition von $p_1$ mit $p_2$ (Schreibweise: $p = p_1 \circ p_2$) .

Beweis

Mit $K_i = (S_i, T_i; F_i)$ $(i = 1,2)$ sei o.B.d.A $(S_1 \cup T_1) \cap (S_2 \cup T_2) = K_1{}^\circ = {}^\circ K_2$ . $K := (S_1 \cup S_2, T_1 \cup T_2; F_1 \cup F_2)$ , $D := K_1{}^\circ (= {}^\circ K_2)$ und $p$ definiert durch $p(x) = p_i(x) \Leftrightarrow x \in K_i$ $(i = 1,2)$ erfüllen die Forderungen. ∎

(c) Definition Seien $p_1, p_2$ und $p$ Prozesse wie in Lemma (b). Dann heißt $p$ die Komposition von $p_1$ mit $p_2$ und wir schreiben $p = p_1 \circ p_2$ .

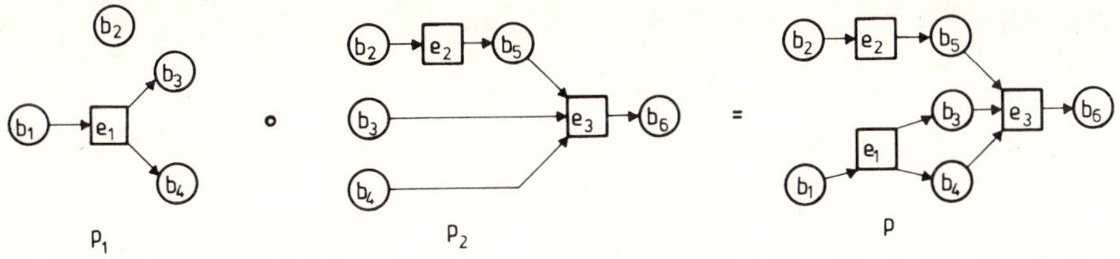


*Abb. 35 Komposition von Prozessen* $p_1 \circ p_2 = p$

Jede Scheibe zerlegt einen Prozeß in komponierbare Teilprozesse:

(d) Korollar Sei $p: K \to \Sigma$ ein Prozeß und sei $D$ eine Scheibe von $K$. Seien $p^- := p \mid D^-$ und $p^+ := p \mid D^+$. $p^-$ und $p^+$ sind Prozesse und es gilt: $p = p^- \circ p^+$.

Die Komposition von Prozessen ist assoziativ:

(e) Korollar Seien $p_1, p_2, p_3$ Prozesse, so daß $p_1 \circ p_2$ und $p_2 \circ p_3$ definiert sind. Dann sind $p_1 \circ (p_2 \circ p_3)$ und $(p_1 \circ p_2) \circ p_3$ isomorph.

Wenn ein Prozeß einen einzelnen Schritt beschreibt, nennen wir ihn elementar. Beschränkte Prozesse sind in endlich viele elementare Prozesse zerlegbar.

(f) Definition Ein Prozeß $p: K \to \Sigma$ heißt elementar, falls $S_K = {}^\circ K \cup K^\circ$.

(g) Korollar (i) $p: K \to \Sigma$ ist ein elementarer Prozeß $\iff$ $p({}^\circ K)[\, p(T_K) \rangle p(K^\circ)$ ist ein Schritt in $\Sigma$.

(ii) Ein Prozeß $p: K \to \Sigma$ ist genau dann elementar, wenn für alle $t_1, t_2 \in T_K$: $t_1 \underline{co}\, t_2$.

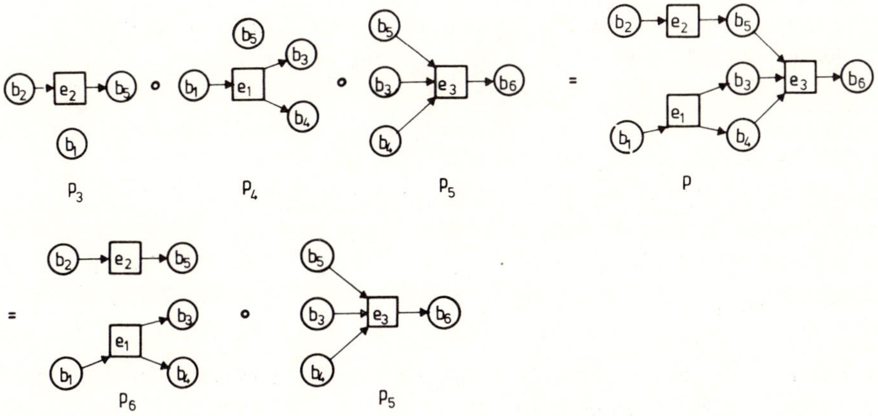


*Abb. 36 Komposition des Prozesses* $p$ *in Abb. 35 aus den elementaren Prozessen* $p_3, p_4, p_5$ *oder aus den elementaren Prozessen* $p_6$ *und* $p_5$

(h) Definition Ein Prozeß $p:K\rightarrow\Sigma$ heißt leer, falls $T_K = \emptyset$ .

(i) Korollar (i) Jeder leere Prozeß ist elementar.

(ii) Ist $p'$ ein leerer Prozeß und ist $p\circ p'$ definiert, so gilt:

$p = p\circ p'$ bzw. $p = p'\circ p$ .

(j) Satz Ist $p:K\rightarrow\Sigma$ ein beschränkter Prozeß, so gibt es endlich viele elementare Prozesse $p_1,\ldots,p_n$ , so daß $p = p_1\circ\ldots\circ p_n$ .

Sei $m$ die größte Zahl von T-Elementen auf einer Linie von $K$ . Wir beweisen die Behauptung durch Induktion über $m$ . Falls $m=0$ , gilt $T_K=\emptyset$ und $p$ ist leer, somit selbst elementar. Falls eine längste Linie von $K$ $m+1$ T-Elemente enthält, ist $p$ in $p'$ und $p''$ zerlegbar, so daß $p = p'\circ p''$ , wobei die längsten Linien von $p'$ $m$ T-Elemente enthalten und $p''$ elementar, aber nicht leer ist. Nach Induktionshypothese ist $p'$ in $m$ elementare Prozesse $p_1,\ldots,p_m$ als $p' = p_1\circ\ldots\circ p_m$ zerlegbar und mit $p = p_1\circ\ldots\circ p_m\circ p''$ gilt die Behauptung. ■

## 3.5 Prozesse und Fallgraphen

In diesem Abschnitt wird das Verhältnis zwischen Prozessen und Wegen in Fallgraphen untersucht.

Zunächst zeigen wir, daß sich elementare Prozesse und Pfeile unmittelbar entsprechen. Danach geht es um die Menge der Wege im Fallgraph, die denselben Prozeß beschreiben. Es zeigt sich, daß durch systematisches "Zerlegen" und "Verschmelzen" von Pfeilen alle solche Wege ineinander überführt werden können.

(a) Lemma Sei $\Sigma$ ein kontaktfreies B/E-System.

$p:K\rightarrow\Sigma$ ist ein elementarer Prozeß $\Leftrightarrow$ es gibt genau einen Pfeil $v=(c_1,G,c_2)$ in $\Phi_\Sigma$ , so daß $p({}^\circ K)=c_1$ , $p(K^\circ)=c_2$ und $p(T_K)=G$ .

Beweis

"$\Rightarrow$" $p:K\rightarrow\Sigma$ elementar $\Rightarrow$ $p({}^\circ K)[p(T_K)>p(K^\circ)$ ist ein Schritt in $\Sigma$

$\Rightarrow$ $(p({}^\circ K),p(T_K),p(K^\circ))$ ist ein Pfeil in $\Phi_\Sigma$ .

"$\Leftarrow$" $(c_1,G,c_2)$ ist Pfeil in $\Phi_\Sigma$ $\Rightarrow$ $c_1[G>c_2$ $\Rightarrow$ mit $K:=(c_1\cup c_2,\ G;\ F_\Sigma\cap(c_1\cup c_2\cup G)^2)$ folgt für $id:K\rightarrow\Sigma$ die Behauptung. ■

Dieses Lemma erklärt also eine eindeutige Entsprechung zwischen elementaren Prozessen und Pfeilen und wir definieren:

(b) Definition  Sei $\Sigma$ ein kontaktfreies B/E-System.

(i) Ist $v$ ein Pfeil in $\Phi_\Sigma$, so sei $\underset{\sim}{v}$ der gemäß Lemma 3.5(a) eindeutig $v$ zugeordnete Prozeß. $\underset{\sim}{v}$ heißt Prozeß von $v$; $v$ heißt Pfeil von $\underset{\sim}{v}$.

(ii) Seien $v_1,\ldots,v_n$ Pfeile und sei $w = v_1 \ldots v_n$ ein Weg in $\Phi_\Sigma$. Dann heißt $\underset{\sim}{w} := \underset{\sim}{v}_1 \circ \ldots \circ \underset{\sim}{v}_n$ der Prozeß von $w$; $w$ ist ein Weg von $\underset{\sim}{w}$.

(iii) Mit $v = (c_1, G, c_2)$ und $e \in G$ sei $t(v,e) := \underset{\sim}{v}^{-1}(e)$ und es sei $T(v) := \{t(v,e) \mid e \in G\}$.

Zu jedem Weg eines Fallgraphen gibt es genau einen Prozeß. Umgekehrt gibt es im allmeinen mehrere Wege eines Prozesses, wie Abb.37 zeigt. $t(v,e)$ und $T(v)$ bezeichnen

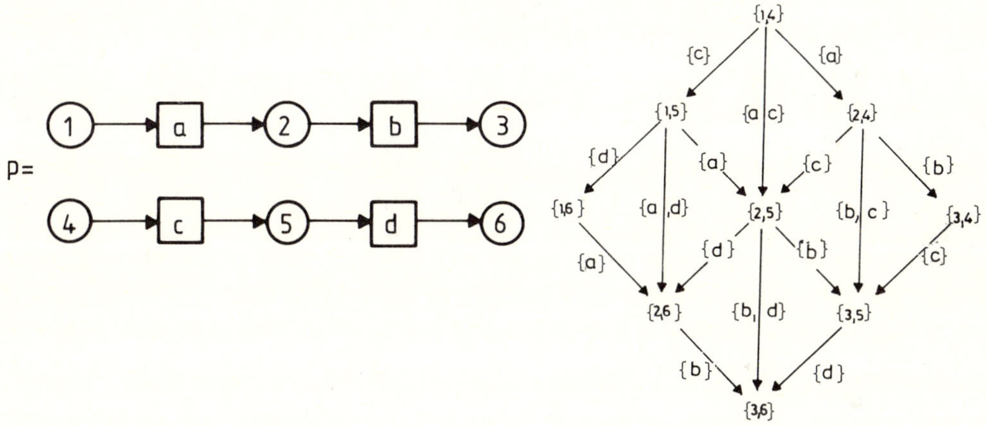


*Abb.37 Ein Prozeß und ein Ausschnitt aus einem Fallgraphen: Jeder der 13 Wege von {1,4} nach {3,6} ist Weg des Prozesses p*

ein einzelnes bzw. eine Menge von T-Elementen eines Kausalnetzes.

(c) Definition  Sei $\Sigma$ ein B/E-System, seien $c_1, c_2, c_3 \in C_\Sigma$ und $G_1, G_2 \subseteq E_\Sigma$.

(i) Falls $u_1 = c_1 G_1 c_3$, $u_2 = c_3 G_2 c_2$ und $v = c_1(G_1 \cup G_2)c_2$ Pfeile in $\Phi_\Sigma$ sind, so heißt der Weg $u_1 u_2$ Zerlegung von $v$; $v$ heißt Verschmelzung von $u_1 u_2$.

(ii) Seien $w, w'$ Wege in $\Phi_\Sigma$. $w'$ heißt Umordnung von $w$, falls es Wege $u_1,\ldots,u_4$ gibt, so daß $w = u_1 u_2 u_3$, $w' = u_1 u_4 u_3$ und $u_4$ eine Zerlegung oder eine Verschmelzung von $u_2$ ist.

(iii) Seien $w_1,\ldots,w_n$ Wege in $\Phi_\Sigma$. $(w_1,\ldots,w_n)$ heißt Umordnungsfolge, falls für $i = 1,\ldots,n-1$ gilt: $w_{i+1}$ ist eine Umordnung von $w_i$.

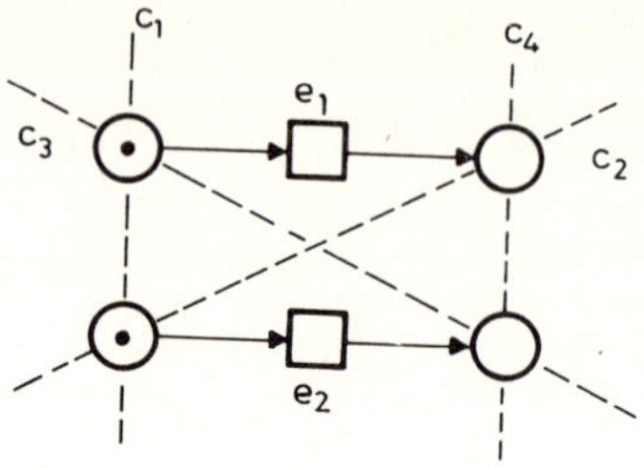


*Abb. 38* $(c_1\{e_1\}c_2\{e_2\}c_4 \ , \ c_1\{e_1,e_2\}c_4 \ , \ c_1\{e_2\}c_3\{e_1\}c_4)$ *ist eine Umordnungsfolge*

(d) Korollar Sei $\Sigma$ ein kontaktfreies B/E-System, seien $c_1,c_2,c_3 \in C_\Sigma$ und $G_1,G_2 \subseteq E_\Sigma$ disjunkt und beide nicht leer.

(i) Ist $v = c_1G_1 \cup G_2c_2$ ein Pfeil in $\Phi_\Sigma$, so gibt es eine Zerlegung von $v$ der Form $c_1G_1c_3G_2c_2$ .

(ii) Seien $u_1 = c_1G_1c_3$ und $u_2 = c_3G_2c_2$ Pfeile in $\Phi_\Sigma$, sei $\underset{\sim}{u}_1 \circ \underset{\sim}{u}_2 : K \to \Sigma$ . Dann gilt: $\forall t_1,t_2 \in T_K \ t_1 \ \underline{co} \ t_2 \iff c_1G_1 \cup G_2c_2$ ist ein Pfeil in $\Phi_\Sigma$ .

Beweis

(i) folgt sofort aus Korollar 2.6(e)(ii).

zu (ii): $\forall t_1,t_2 \in T_K \ t_1 \ \underline{co} \ t_2 \iff$ es gibt einen elementaren Prozeß $p: K \to \Sigma$ mit $p(°K) = c_1$ , $p(K°) = c_2$ und $p(T_K) = G_1 \cup G_2 \iff c_1G_1 \cup G_2c_2$ ist ein Pfeil in $\Phi_\Sigma$ (Lemma 3.5(a)).■

(e) Lemma Sei $w$ ein Weg eines beschränkten, nichtleeren Prozesses $\underset{\sim}{w}: K \to \Sigma$ . Dann gibt es einen Weg $w'$ und einen Pfeil $v$ mit $T(v) = \{t \in T_K \mid {}^\bullet t \subseteq °K\}$ sowie eine Umordnungsfolge von $w$ nach $vw'$ .

Beweis

durch Induktion über die Länge $n$ von $w$ .

$n = 1$: $w$ ist ein Pfeil und die Behauptung folgt sofort mit $v := w$ und dem Weg $w'$ der Länge $0$ .

Falls $n > 1$ , gibt es Pfeile $v_1, v_2$ und einen Weg $w'$ , so daß $w = w'v_1v_2$ . Sei $A := \{t \in T(v_2) \mid {}^\bullet t \subseteq °K\}$ und sei $B := T(v_2) \setminus A$ (Abb.39).

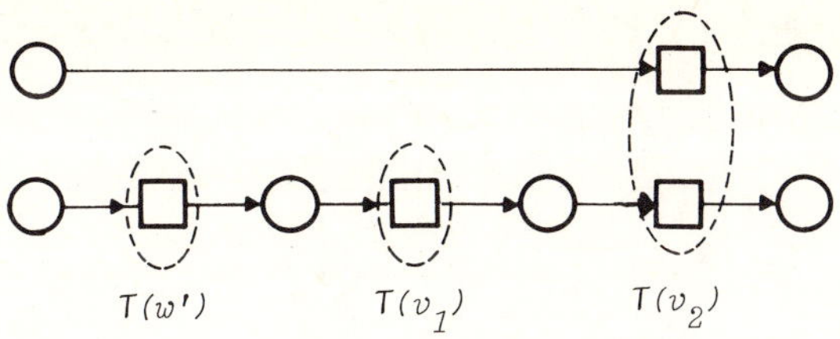


*Abb. 39* *Zum Beweis von Lemma 3.5(e)*

Falls $A \neq \emptyset$ und $B \neq \emptyset$ gibt es nach Korollar 3.5(d)(i) eine Zerlegung $v_3v_4$ von $v_2$ mit $T(v_3)=A$ und $T(v_4)=B$. Da für alle $t \in A$ und alle $t' \in T(v_1)$ gilt: $t\ \underline{co}\ t'$, kann nun $v_1$ mit $v_3$ zu einem Pfeil $v_5$ verschmolzen werden (Kor. 3.5(d)(ii)). $w'v_5v_4$ ist nun eine Umordnung von $w$ der Länge $n$. Nach Induktionsvoraussetzung kann $w'v_5$ zu einem Weg $v'w''$ mit $T(v') = \{t \in T_K \mid {}^\bullet t \subseteq {}^\circ K\}$ umgeordnet werden und $v'w''v_4$ ist die gesuchte Umordnung.

Falls $B = \emptyset$, kann $v_1$ unmittelbar mit $v_2$ verschmolzen werden.

Falls $A = \emptyset$, folgt die Behauptung aus der Induktionsvoraussetzung durch das Umordnen von $w'v_1$. ■

(f) Satz Zwei Wege $w$ und $w'$ sind Wege desselben beschränkten Prozesses
$\Longleftrightarrow$ es gibt eine Umordnungsfolge von $w$ nach $w'$.

Beweis

"$\Rightarrow$" Seien $w$ und $w'$ Wege desselben Prozesses $p:K \to \Sigma$. Wir führen den Beweis durch Induktion über die Länge $n$ von $w$.

$n = 1$: $w$ ist ein Pfeil. Für alle $t \in T(w)$ gilt: ${}^\bullet t \subseteq {}^\circ K$. Ordnet man $w$ gemäß Lemma 3.5(e) um, so entsteht $w'$.

Sei die Behauptung für $n-1$ bewiesen. Ordne $w$ und $w'$ gemäß Lemma 3.5(e) so zu $vw_1$ und $v'w_1'$ um, daß $T(v) = \{t \in T_K \mid {}^\bullet t \subseteq {}^\circ K\} = T(v')$. Nach Induktionsvoraussetzung gibt es eine Umordnungsfolge von $w_1$ nach $w_1'$ und die Behauptung folgt, da $v = v'$.

"$\Leftarrow$" Ist $u_1u_2$ eine Zerlegung eines Pfeiles $v$, so sind die Prozesse von $u_1u_2$ und von $v$ gleich (Kor. 3.5(d)). Daher sind die Prozesse von Umordnungen und von allen Gliedern einer Umordnungsfolge gleich. ■

Aufgaben zu Kapitel 3

1. Konstruiere die Bezirke folgender Ähnlichkeitsrelation:

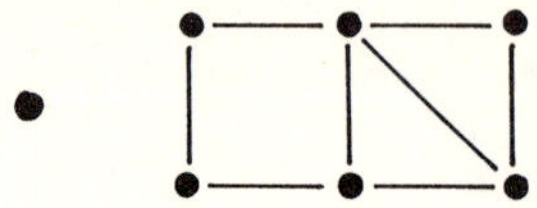

2. Wieviele Schnitte, Scheiben und Linien hat folgendes Kausalnetz?

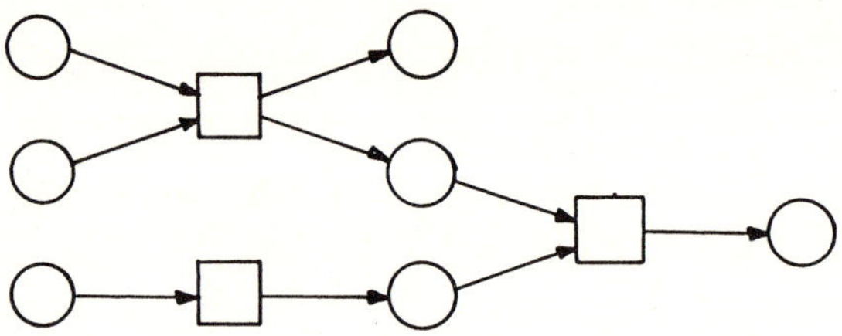

*3. Zwei Kausalnetze K und K' heißen ähnlich wenn es eine bijektive Abbildung $\tau : T_K \to T_{K'}$ gibt, so daß $\forall t_1, t_2 \in T_K : t_1 < t_2 \Rightarrow \tau(t_1) < \tau(t_2)$.

a) Konstruiere zu folgendem Kausalnetz ein ähnliches mit möglichst wenigen S-Elementen:

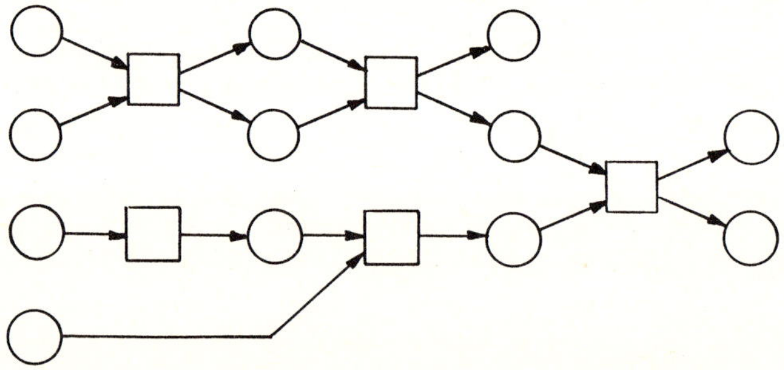

b) Seien K und K' ähnliche, endliche Kausalnetze. Gibt es dann eine Bijektion $\beta : \underline{sl}(K) \to \underline{sl}(K')$, so daß $\forall D_1, D_2 \in \underline{sl}(K)\ D_1 < D_2 \Rightarrow \beta(D_1) < \beta(D_2)$?

c) Gibt es eine wie in b) charakterisierte Bijektion auch dann, wenn K und K' nicht endlich sind?

4. Zerlege folgenden Prozeß in eine möglichst kleine Menge elementarer Prozesse:

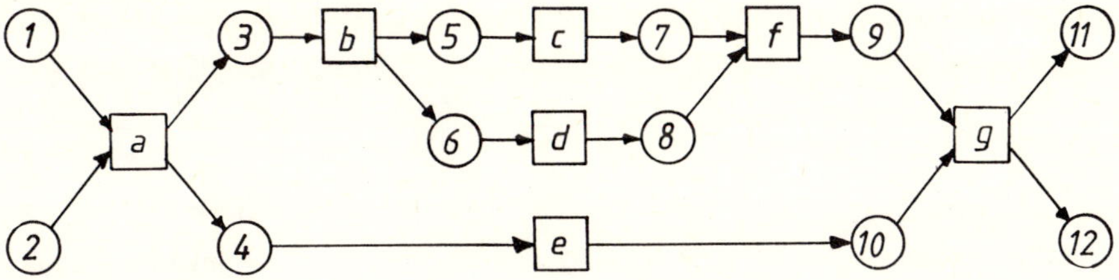


5. Konstruiere einen Prozeß zu folgendem B/E-System:

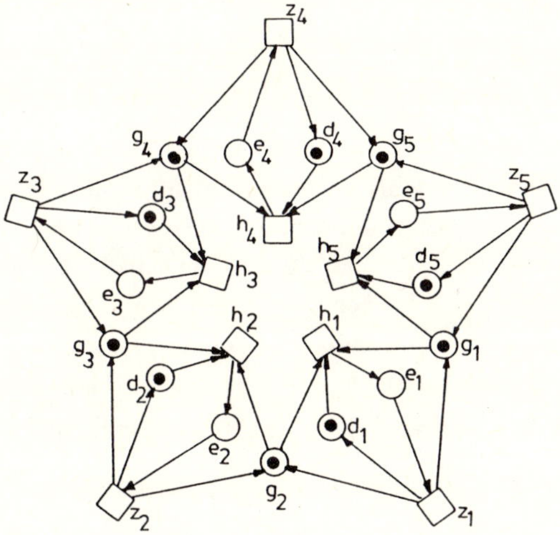


6. Sei K ein beschränktes Kausalnetz und sei $\Sigma$ ein B/E-System. Zeige: Eine Abbildung $p: K \to \Sigma$ ist genau dann ein Prozeß, wenn

i) $p \mid {}^{\circ}K$ injektiv ist und $p({}^{\circ}K) \in C_{\Sigma}$, und

ii) $\forall t \in T_K \;\; p({}^{\bullet}t) = {}^{\bullet}p(t) \wedge p(t^{\bullet}) = p(t)^{\bullet} \wedge p$ ist injektiv auf ${}^{\bullet}t$ und auf $t^{\bullet}$.

# Kapitel 4 Systemeigenschaften

In den beiden letzten Kapiteln wurde diskutiert, wie B/E-Systeme aussehen und wie ihr dynamisches Verhalten erklärt und analysiert werden kann. Wir beschäftigen uns nun mit Eigenschaften solcher Systeme und werden sehen, wie über solche Eigenschaften mit Mitteln des Netzkalküls selbst gesprochen werden kann.

## 4.1 Synchronieabstände

Auf welche Weise der Eintritt eines Ereignisses davon abhängt, ob und wie oft ein anderes Ereignis stattfindet, kennzeichnet eine wichtige Eigenschaft eines Systems. In Abschnitt 1.1(a) wurde beispielsweise erwähnt, daß Winterende und Frühlingsanfang zwei besonders eng zusammenhängende (eng "synchronisierte") Ereignisse sind. Keines davon kann ohne das andere eintreten; sie sind koinzident. Weniger eng synchronisiert sind Ereignisse, die abwechselnd ($e_2$ und $e_3$ in Abb.22), nebeneinander ($e_1$ und $e_2$ in Abb.21) oder in beliebiger Reihenfolge eintreten. Völlig unabhängig voneinander treten beispielsweise $e_1$ und $e_2$ in Abb. 22 ein.

Wir suchen nun ein Maß für die Synchronisation von Ereignissen. Dazu verallgemeinern wir die obigen Überlegungen auf Paare von Ereignismengen $E_1, E_2$ und beobachten in jedem Prozeß $p$ des Systems, wie oft die Ereignisse aus $E_1$ bzw. $E_2$ eintreten. Wir bezeichnen die Differenz ihres Eintretens als die Varianz von $E_1$ und $E_2$ in $p$. Das Supremum über die Varianzen aller Prozesse ist der Synchronieabstand $\sigma(E_1,E_2)$ zwischen $E_1$ und $E_2$. Es wird sich herausstellen, daß $\sigma$ eine Metrik ist. Synchronieabstände liefern damit quantitative Aussagen über das dynamische Systemverhalten auch ohne Einführung eines Zeitbegriffes.

Um für ein B/E-System $\Sigma$ den Synchronieabstand $\sigma(E_1,E_2)$ zweier Ereignismengen $E_1,E_2 \subseteq E_\Sigma$ zu definieren, betrachten wir die Prozesse $p: K \to \Sigma$ und zählen $p^{-1}(E_1)$ bzw. $p^{-1}(E_2)$. Da wir die maximale Differenz im Auftreten von $E_1$ und $E_2$ suchen, zählen wir für alle Scheiben $D_1, D_2$ von $K$, wie viele Elemente aus $p^{-1}(E_1)$ zwischen $D_1$ und $D_2$ liegen. Dazu definieren wir für Teilmengen $M$ von $T_K$ das Maß $\mu(M,D_1,D_2)$. Falls $D_1 < D_2$, sei $\mu(M,D_1,D_2) = |D_1^+ \cap D_2^- \cap M|$; falls $D_2 < D_1$ sei $\mu(M,D_1,D_2) = |D_1^- \cap D_2^+ \cap M|$. Scheiben können sich jedoch auch überschneiden; deshalb definieren wir allgemein $\mu$ wie folgt:

(a) Definition  Für ein Kausalnetz $K$, zwei Scheiben $D_1, D_2$ von $K$ und eine endliche T-Teilmenge $M \subseteq T_K$ sei $\mu(M,D_1,D_2) := |D_1^+ \cap D_2^- \cap M| - |D_1^- \cap D_2^+ \cap M|$.

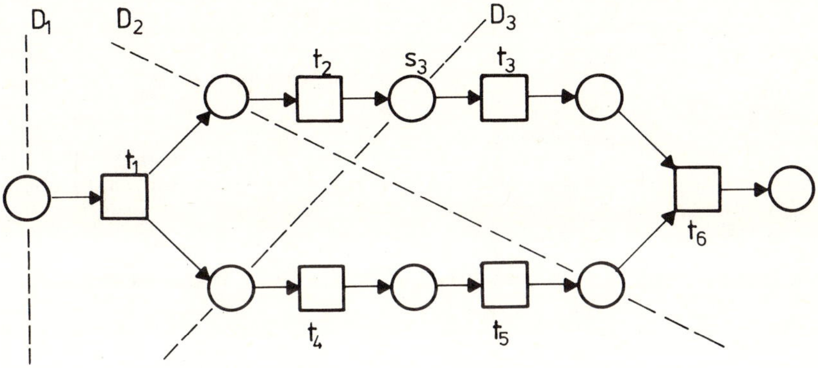


$\mu(\{t_1\},D_1,D_2) = 1$
$\mu(\{t_4,t_5\},D_2,D_3) = -2$
$\mu(\{t_2,t_3\},D_2,D_3) = 1$
$\mu(\{t_2,t_3\},D_3,D_2) = -1$
$\mu(\{t_2,t_4\},D_3,D_2) = 0$

*Abb. 40 Beispiel für das Maß μ*

(b) Korollar  Für alle endlichen T-Teilmengen $M$ und alle Scheiben $D_1, D_2$ eines Kausalnetzes gilt: $\mu(M,D_1,D_2) = -\mu(M,D_2,D_1)$.

Mit dem Maß $\mu$ definieren wir nun die Varianz $\nu$, mit der zwei Ereignismengen in einem Prozeß eintreten.

(c) Definition  Sei $\Sigma$ ein kontaktfreies B/E-System. Dann sei $\pi_\Sigma$ die Menge aller Prozesse $p:K \to \Sigma$ mit $|T_K| \in \mathbb{N}$.

$\nu(p,\{e_0\},\{e_3\}) = 1$
$\nu(p,\{e_0\},\{e_1,e_2\}) = 2$
$\nu(p,\{e_0,e_1\},\{e_2\}) = 2$
$\nu(p,\{e_1\},\{e_2\}) = 2$

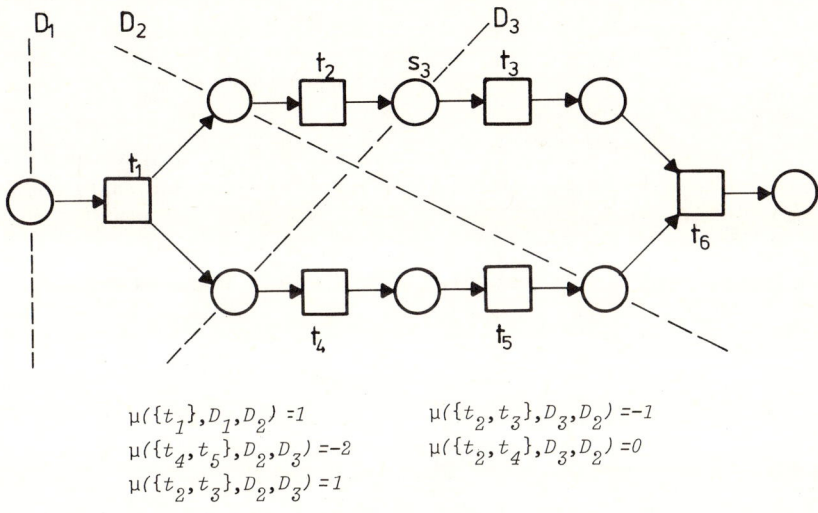

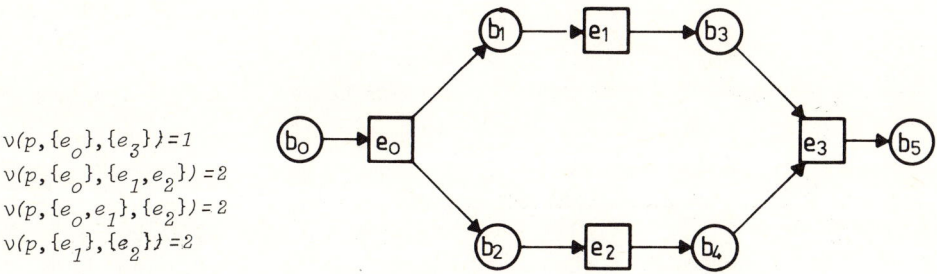

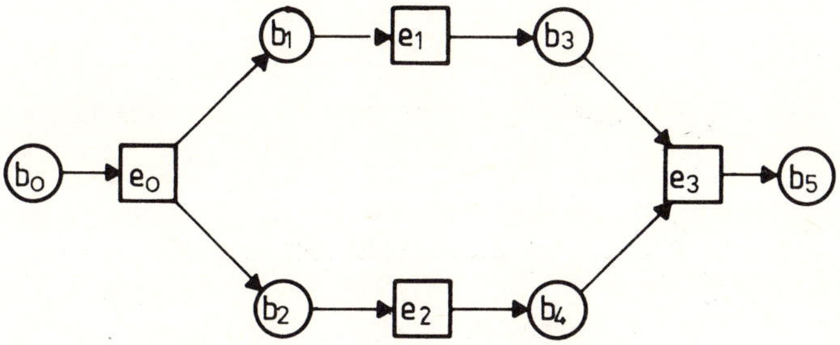


*Abb. 41 Beispiele für die Varianz ν*

(d) <u>Definition</u> Sei $\Sigma$ ein kontaktfreies B/E-System.

Sei $p \in \pi_\Sigma$ und $E_1, E_2 \subseteq E_\Sigma$ .

$\nu(p,E_1,E_2) := \underline{\max}\{\mu(p^{-1}(E_1),D_1,D_2) - \mu(p^{-1}(E_2),D_1,D_2) \mid D_1,D_2 \in \underline{sl}(K)\}$

heißt <u>Varianz</u> von $E_1$ und $E_2$ in p .

(e) <u>Korollar</u> Für jeden Prozeß $p:K \to \Sigma$ und jedes Paar $E_1,E_2$ von Ereignismengen von $\Sigma$ gilt: $\nu(p,E_1,E_2) = \nu(p,E_2,E_1)$ .

Der Synchronieabstand zweier Ereignismengen ist dann das Supremum über die Varianzen aller endlichen Prozesse.

(f) <u>Definition</u> Sei $\Sigma$ ein kontaktfreies B/E-System. Die Funktion

$$\sigma: \mathcal{P}(E_\Sigma) \times \mathcal{P}(E_\Sigma) \to \mathbb{N} \cup \{\omega\}$$

sei dann erklärt durch

$$\sigma(E_1,E_2) := \underline{\sup}\{\nu(p,E_1,E_2) \mid p \in \pi_\Sigma\} .$$

$\sigma(E_1,E_2)$ heißt <u>Synchronieabstand zwischen $E_1$ und $E_2$</u> .

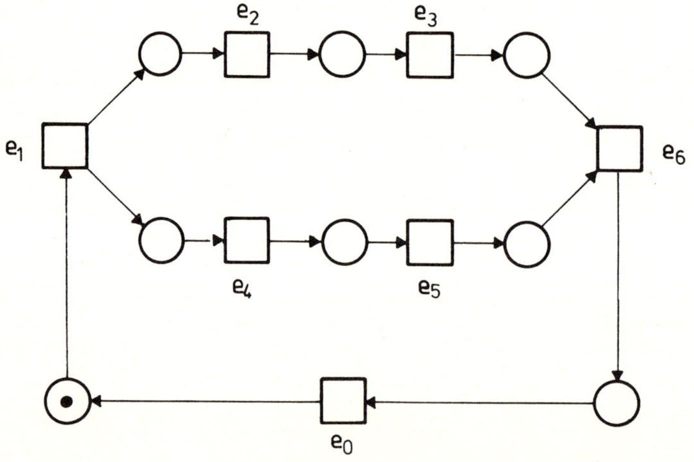


$\sigma(\{e_4\},\{e_0\}) = 1$
$\sigma(\{e_2\},\{e_4\}) = 2$
$\sigma(\{e_2,e_3\},\{e_4,e_5\}) = 4$
$\sigma(\{e_2,e_4\},\{e_3,e_5\}) = 2$
$\sigma(\{e_4,e_5\},\{e_3\}) = \omega$

*<u>Abb. 42</u> Synchronieabstände zwischen Ereignismengen*

(g) <u>Bemerkung</u> Wo nicht eindeutig ist, auf welches System sich $\sigma$ bezieht, wird $\sigma$ entsprechend indiziert. Synchronieabstände zwischen einelementigen Ereignismengen schreiben wir als $\sigma(e_1,e_2)$ statt $\sigma(\{e_1\}, \{e_2\})$ .

(h) <u>Graphische Darstellung von Synchronieabständen</u>

Synchronieabstände $\sigma(E_1,E_2)$ zwischen Ereignismengen $E_1$ und $E_2$ eines B/E-Systems $\Sigma$ veranschaulicht ein zusätzliches S-Element s mit $^\bullet s = E_1$ und $s^\bullet = E_2$ . s ist keine Bedingung von $\Sigma$ , sondern kann beliebig viele Marken tragen.

In jedem Fall c von $\Sigma$ befindet sich auf s eine Anzahl Marken. Tritt ein Ereignis aus $E_1$ bzw. $E_2$ ein, so erhöht bzw. vermindert sich diese Anzahl um 1. $\sigma(E_1,E_2)$ ist dann die maximale Differenz der Markenzahl auf s . In graphischen Netzdarstellungen zeichnen wir s und die neuen Pfeile gestrichelt und beschriften s mit "$\sigma = x$" , falls $\sigma(\bullet s, s\bullet) = x$ .

Auf Einzelheiten dieser Konstruktion gehen wir hier nicht ein, weil mit dem neu eingeführten Element s zu einer allgemeineren Netzklasse übergegangen wird, die erst im nächsten Kapitel studiert werden soll. Zur hier angesprochenen Fragestellung kommen wir dann in Aufgabe 9 zu Kapitel 5 zurück.

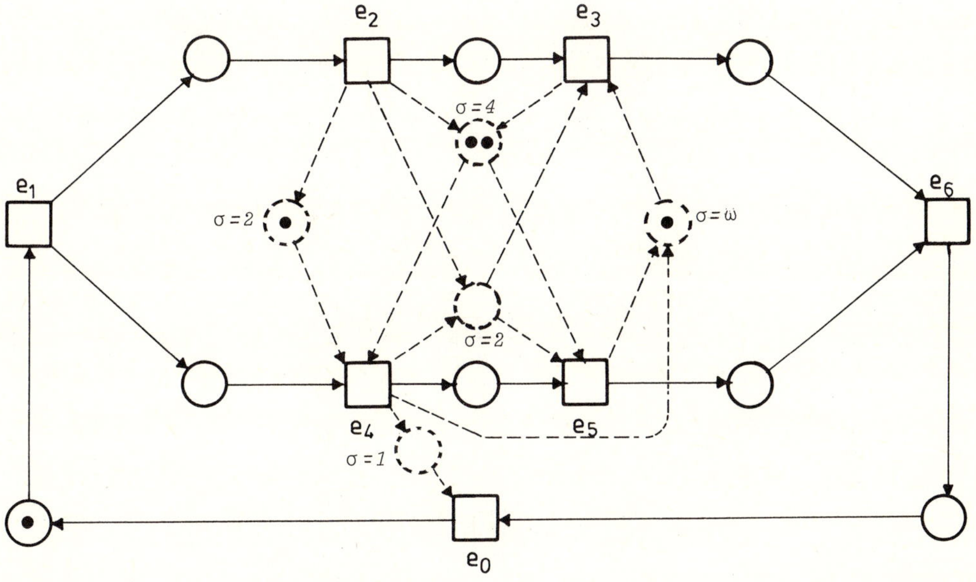


*Abb. 43 Graphische Darstellung der in Abb. 42 beschriebenen Synchronieabstände*

(i) Einige spezielle Synchronieabstände

Einen Synchronieabstand $\sigma(e_1,e_2) = 0$ erhalten wir offenbar genau dann, wenn $e_1 = e_2$, wenn also $e_1$ und $e_2$ (wie Winterende und Frühlingsanfang in 1.1(a)) koinzident eintreten.

Wir betrachten nun die B/E-Systeme $\Sigma$ und $\Sigma'$ in Abb. 44 bzw. Abb. 45 genauer. Die beiden Ereignisse $e_1$ und $e_2$ treten in $\Sigma$ unabhängig voneinander ein, ihr Synchronieabstand beträgt gemäß der obigen Definition $\sigma(e_1,e_2) = 2$ . In Abb. 45 wird ein zusätzlicher Mechanismus eingeführt, der eine beliebige Ordnung zwischen $e_1$ und

$e_2$ erzwingt. Dies wird an den Prozessen von $\Sigma$ bzw. $\Sigma'$ deutlich: In Prozessen von $\Sigma$ liegen $p^{-1}(e_1)$ und $p^{-1}(e_2)$ nicht auf einer Linie (Abb. 44), im Gegensatz zu Prozessen von $\Sigma'$ (Abb. 45). Der konzeptionelle Unterschied zwischen $\Sigma$ und $\Sigma'$ kann durch den in beiden Systemen verschiedenen Synchronieabstand zwischen $e_1$ und $e_2$ präzisiert werden. Er hat in $\Sigma$ den Wert zwei, aber in $\Sigma'$ nur den Wert eins.

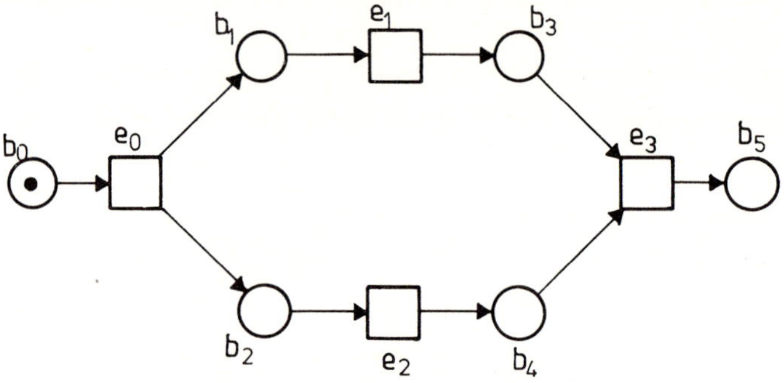


*B/E-System* $\Sigma$

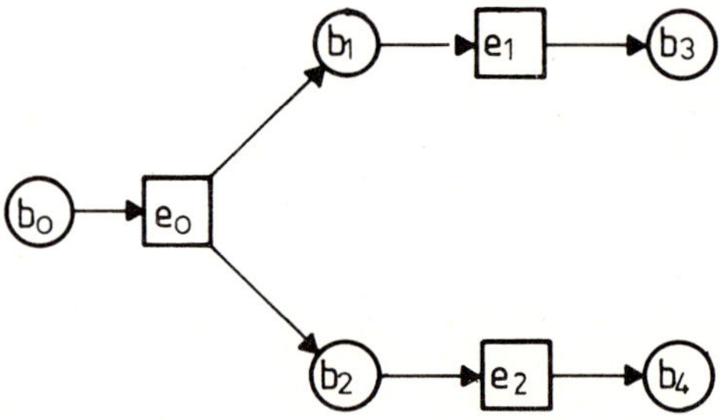


*Prozeß p von* $\Sigma$

*Abb. 44 Ein B/E-System, in dem* $e_1$ *und* $e_2$ *nebeneinander eintreten* $(\sigma(e_1,e_2)=2)$

Wenn zwei Ereignisse $e_1,e_2$ nebeneinander eintreten $(\sigma(e_1,e_2)=2)$, so heißt dieses nicht, daß sie entweder koinzident oder nacheinander eintreten $(\sigma(e_1,e_2)\leq 1)$ .

In Abb.46 haben gleiche Ereignispaare von $\Sigma_1$ und $\Sigma_2$ jeweils denselben Synchronieabstand: $\sigma(e_1,e_2)=\sigma(e_3,e_4)=\omega$ und $\sigma(e_1,e_3)=\sigma(e_2,e_4)=1$ . Intuitiv ist $\Sigma_2$ aber "enger" synchronisiert als $\Sigma_1$ , da in $\Sigma_2$ keine zwei Ereignisse nebeneinander eintreten können. Dies kommt zum Ausdruck durch den Synchronieabstand zwischen den Mengen $\{e_1,e_2\}$ und $\{e_3,e_4\}$ , der in $\Sigma_1$ den Wert 2 und in $\Sigma_2$ den Wert 1 hat (Abb.47).

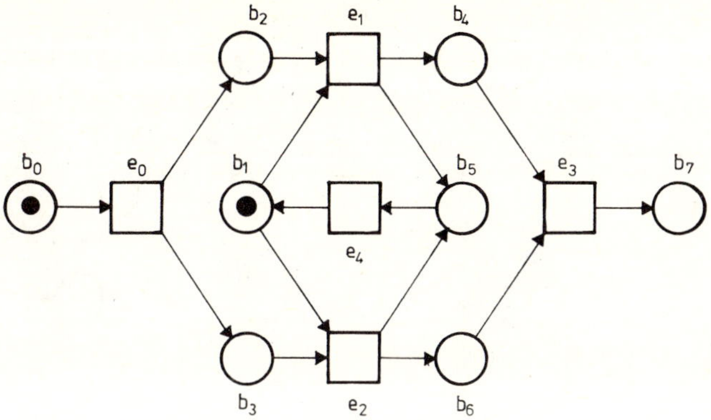


B /E-System Σ'

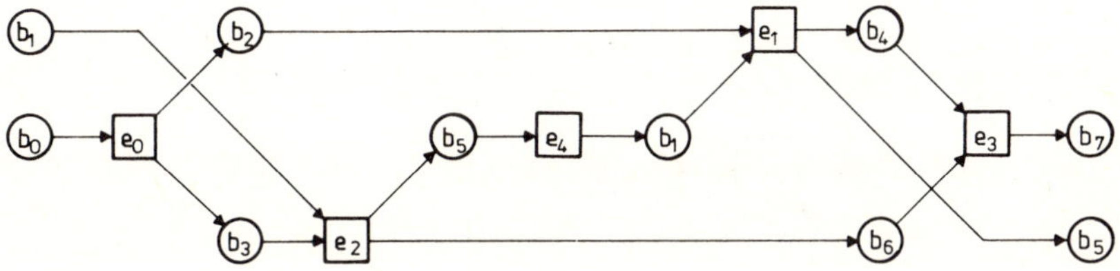


Prozeß $p_1$

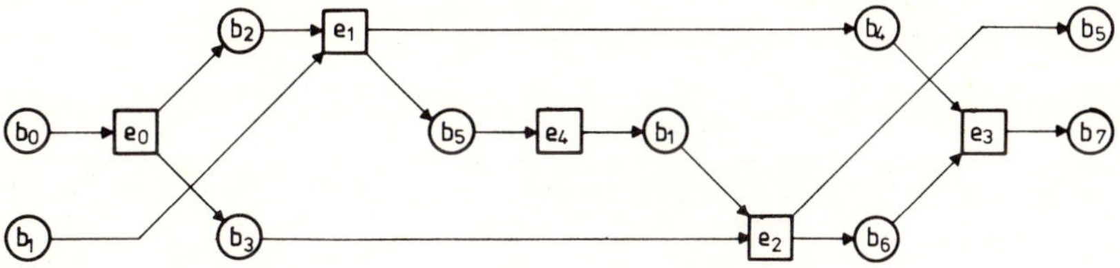


Prozeß $p_2$

*Abb. 45* Ein B /E-System, in dem die zwei Ereignisse $e_1$ und $e_2$ in beliebiger Reihenfolge eintreten $(\sigma(e_1,e_2)=1)$

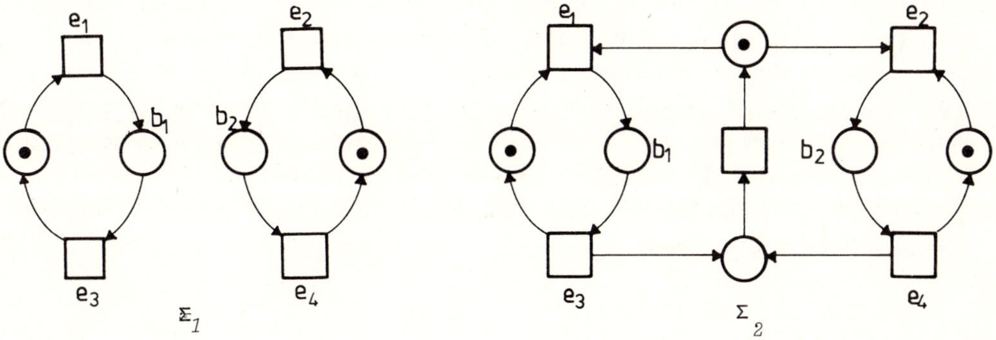


*Abb. 46* Zwei B/E-Systeme $\Sigma_1, \Sigma_2$ mit $\sigma_{\Sigma_1}(e,e') = \sigma_{\Sigma_2}(e,e')$ für $e,e' \in \{e_1,\ldots,e_4\}$

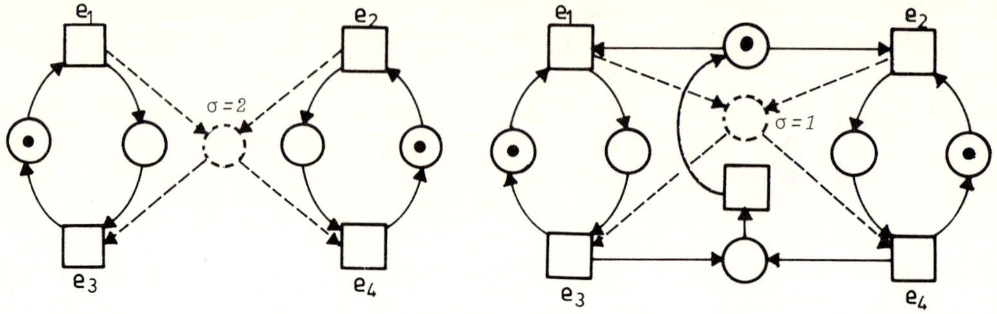


*Abb. 47* *Weitere Synchronieabstände zu Abb. 46*

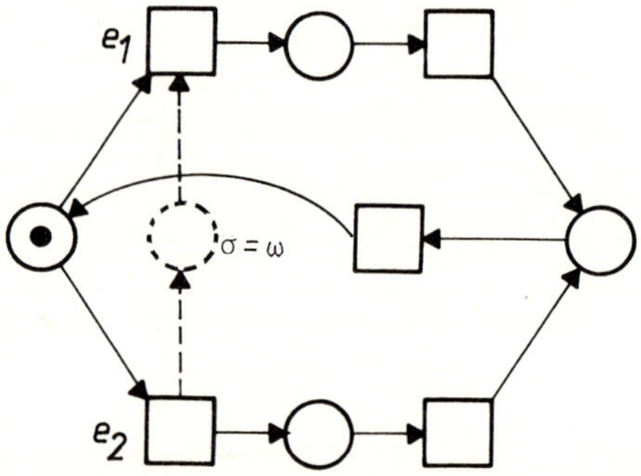


*Abb. 48* *Unendlicher Synchronieabstand aufgrund eines Konfliktes*

Wenn zwei Ereignisse unbeschränkt oft in einen Konflikt geraten können, ergibt sich ein unendlicher Synchronieabstand (Abb.48). Unendlich wird der Synchronieabstand auch zwischen $e_1$ und $e_2$ in Abb.49. Im Gegensatz zu Abb. 48 sind $e_1$ und $e_2$ hier in ihrem Auftreten voneinander abhängig: $e_1$ tritt doppelt so oft ein wie $e_2$ . Um dies auszudrücken, verallgemeinern wir das Konzept der Synchronieabstände und verlangen hier, daß bei Eintritt von $e_2$ die Markenzahl des neuen S-Elementes um zwei vermindert wird. In der graphischen Darstellung "gewichten" wir den entsprechenden Pfeil mit "2" (Abb.49). Auf dieses Konzept der gewichteten Synchronieabstände gehen wir hier nicht näher ein.

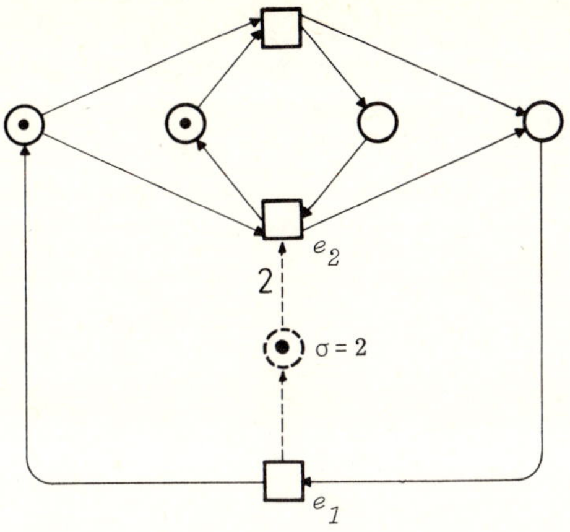


*Abb. 49 Gewichteter Synchronieabstand*

## 4.2 Einige numerische Eigenschaften von Synchronieabständen

Wir zeigen zunächst, daß Synchronieabstände auf den Ereignismengen eines B/E-Systems eine Metrik erzeugen. Danach leiten wir einige weitere Eigenschaften von Synchronieabständen her.

(a) Satz Sei $\Sigma$ ein kontaktfreies B/E-System, seien $E_1, E_2, E_3 \subseteq E_\Sigma$. Dann gilt:

(i) $\sigma(E_1, E_2) = 0 \iff E_1 = E_2$.

(ii) $\sigma(E_1, E_2) = \sigma(E_2, E_1)$.

(iii) $\sigma(E_1, E_2) \leq \sigma(E_1, E_3) + \sigma(E_3, E_2)$.

Beweis

(i) und (ii) folgen sofort aus Definition 4.1(f). Zu (iii): Sei $p: K \to \Sigma \in \pi_\Sigma$ und seien $D_1$ und $D_2$ solche Scheiben von $K$, für die gilt: $\nu(p, E_1, E_2) = \mu(p^{-1}(E_1), D_1, D_2) - \mu(p^{-1}(E_2), D_1, D_2)$. Dann gilt mit $[E_i] := \mu(p^{-1}(E_i), D_1, D_2)$ $(i = 1,2,3)$: $\nu(p, E_1, E_2) = [E_1] - [E_2] = [E_1] - [E_3] + [E_3] - [E_2] \leq \nu(p, E_1, E_3) + \nu(p, E_3, E_2)$. Aus A 16 folgt damit: $\sigma(E_1, E_2) = \underline{\sup}\{\nu(p, E_1, E_2) \mid p \in \pi_\Sigma\} \leq \underline{\sup}\{\nu(p, E_1, E_3) + \nu(p, E_3, E_2) \mid p \in \pi_\Sigma\} \leq \underline{\sup}\{\nu(p, E_1, E_3) \mid p \in \pi_\Sigma\} + \underline{\sup}\{\nu(p, E_3, E_2) \mid p \in \pi_\Sigma\}$. ■

(b) Satz Sei $\Sigma$ ein kontaktfreies B/E-System und seien $E_1, \ldots, E_4 \subseteq E_\Sigma$. Dann gilt:

$$\sigma(E_1 \cup E_2, E_3 \cup E_4) \leq \sigma(E_1, E_3) + \sigma(E_2, E_4) + \sigma(E_1 \cap E_2, E_3 \cap E_4).$$

Beweis

Sei $p;K\to\Sigma \in \pi_\Sigma$ und seien $D_1, D_2$ solche Scheiben von $K$, für die gilt: $\nu(p,E_1\cup E_2, E_3\cup E_4) = \mu(p^{-1}(E_1\cup E_2),D_1,D_2)-\mu(p^{-1}(E_3\cup E_4),D_1,D_2)$. Für Ereignismengen $E\subseteq E_\Sigma$ sei $[E]:=\mu(p^{-1}(E),D_1,D_2)$. Offenbar gilt für alle $E,E'\subseteq E_\Sigma$ :
$[E\cup E'] = [E]+[E'\setminus E]$ und $[E\setminus E'] = [E]-[E\cap E']$, sowie $[E]-[E']\leq \nu(p,E,E')\leq \sigma(E,E')$.
Daraus folgt: $\nu(p,E_1\cup E_2,E_3\cup E_4) = [E_1\cup E_2]-[E_3\cup E_4] = [E_1]+[E_2\setminus E_1]-[E_3]-[E_4\setminus E_3]$
$= [E_1]+[E_2]-[E_2\cap E_1]-[E_3]-[E_4]+[E_4\cap E_3] \leq \nu(p,E_1,E_3)+\nu(p,E_2,E_4)+\nu(p,E_1\cap E_2,E_3\cap E_4)$.

Mit A 18 ergibt sich analog zum Beweis des letzten Satzes die Behauptung. ∎

(c) Korollar Sei $\Sigma$ ein kontaktfreies B/E-System und seien $E_1,\ldots,E_4\subseteq E_\Sigma$, so daß $E_1\cap E_2 = \emptyset = E_3\cap E_4$. Dann gilt: $\sigma(E_1\cup E_2,E_3\cup E_4)\leq \sigma(E_1,E_3)+\sigma(E_2,E_4)$.

Beweis

$\sigma(\emptyset,\emptyset) = 0$ folgt aus Satz 4.2(a)(i). Der Rest folgt aus Satz 4.2(b). ∎

(d) Satz Sei $\Sigma$ ein kontaktfreies B/E-System und seien $E_1,E_2\subseteq E_\Sigma$. Dann gilt:
$\sigma(E_1,E_2) = \sigma(E_1\setminus E_2,E_2\setminus E_1)$.

Beweis

Sei $p: K\to\Sigma\in\pi_\Sigma$, und seien $D_1,D_2\in \underline{sl}(K)$. Für $E\subseteq E_\Sigma$ sei $[E] = \mu(p^{-1}(E),D_1,D_2)$.

Dann gilt: $[E_1]-[E_2] = [(E_1\setminus E_2)\cup(E_1\cap E_2)]-[(E_2\setminus E_1)\cup(E_2\cap E_1)] = [E_1\setminus E_2] + [E_1\cap E_2]-[E_2\setminus E_1]-[E_2\cap E_1] = [E_1\setminus E_2]-[E_2\setminus E_1]$.

Somit gilt $\nu(p,E_1,E_2) = \nu(p,E_1\setminus E_2,E_2\setminus E_1)$ und die Behauptung folgt. ∎

## 4.3 Synchronieabstände in sequentiellen Systemen

In sequentiellen Systemen sind Synchronieabstände nicht sehr interessant. Ihr Wert beträgt für Ereignispaare immer $0,1$ oder $\omega$.

(a) Definition Ein B/E-System $\Sigma$ heißt Zustandsmaschine, falls
- (i) $\forall e\in E_\Sigma$ : $|{}^\bullet e| = |e^\bullet| = 1$ und
- (ii) $\forall c\in C_\Sigma$ : $|c| = 1$.

Beispiele für Zustandsmaschinen zeigen die Abbildungen 1 und 13.

(b) Satz Sei $\Sigma$ eine Zustandsmaschine, seien $e_1,e_2\in E_\Sigma$. Dann gilt:
$\sigma(e_1,e_2)\in\{0,1,\omega\}$.

Beweis

Jeder Prozeß von $\Sigma$ besteht aus einer Linie der Form 

Angenommen, es gibt einen Prozeß $p: K \to \Sigma$ mit zwei T-Elementen $t_1, t_2 \in T_K$, so daß (i) $p(t_1) = p(t_2) = e_1$ und $t \in t_1^+ \cap t_2^- \Rightarrow p(t) \neq e_2$ oder (ii) $p(t_1) = p(t_2) = e_2$ und $t \in t_1^+ \cap t_2^- \Rightarrow p(t) \neq e_1$. Dann ist mit $p_1 := p | \cdot t_1^+ \cap \cdot t_2^-$ für jedes $n \in \mathbb{N}$ auch $p_n := \overbrace{p_1 \circ \ldots \circ p_1}^{n \text{ mal}}$ ein Prozeß und es gilt: $\nu(p_n, \{e_1\}, \{e_2\}) = n$. Daraus folgt: $\sigma(e_1, e_2) = \omega$.

Sonst gilt für alle Prozesse $p$ von $\Sigma$: $\nu(p, e_1, e_2) \leq 1$ und damit $\sigma(e_1, e_2) \leq 1$. ■

## 4.4 Synchronieabstände in zyklischen Systemen

Die Berücksichtigung überkreuzender Scheiben zur Definition des Synchronieabstandbegriffes in 4.1 ist notwendig, um für nichtzyklische B/E-Systeme Werte zu erhalten, die der in 4.1(i) diskutierten Intuition entsprechen. Wir definieren nun eine vergleichsweise einfache Funktion $\sigma'$, die für zyklische Systeme äquivalent zu dem in 4.1(f) erklärten Synchronieabstand $\sigma$ ist.

(a) Definition Sei $\Sigma$ ein kontaktfreies B/E-System, seien $E_1, E_2 \subseteq E_\Sigma$ und sei $p \in \pi_\Sigma$ ein Prozeß. Wir definieren $\nu'(p, E_1, E_2) := \big| |p^{-1}(E_1)| - |p^{-1}(E_2)| \big|$ und $\sigma'(E_1, E_2) := \underline{\sup}\{\nu'(p, E_1, E_2) \mid p \in \pi_\Sigma\}$.

(b) Korollar Für beliebige kontaktfreie B/E-Systeme $\Sigma$ und Ereignismengen $E_1, E_2 \subseteq E_\Sigma$ gilt: $\sigma'(E_1, E_2) \leq \sigma(E_1, E_2)$.

In Abb. 44 gilt beispielsweise $\sigma'(\{e_1\}, \{e_2\}) = 1 < \sigma(\{e_1\}, \{e_2\}) = 2$.

(c) Satz Sei $\Sigma$ ein kontaktfreies, zyklisches B/E-System. Dann gilt für alle $E_1, E_2 \subseteq E_\Sigma: \sigma'(E_1, E_2) = \sigma(E_1, E_2)$.

Beweis

Nach dem obigen Korollar genügt zu zeigen: $\sigma'(E_1, E_2) \geq \sigma(E_1, E_2)$. Dazu reicht es, für jeden Prozeß $p$ und alle $E_1, E_2 \subseteq E_\Sigma$ einen Prozeß $p'$ anzugeben, so daß $\nu'(p', E_1, E_2) \geq \nu(p, E_1, E_2)$.

Sei also $p: K \to \Sigma$ gegeben. Seien $D_1$ und $D_2$ Scheiben von $K$ mit $\nu(p, D_1, D_2) = \mu(p^{-1}(E_1), D_1, D_2) - \mu(p^{-1}(E_2), D_1, D_2)$. Da $\Sigma$ zyklisch ist, gibt es einen Prozeß $p': K' \to \Sigma$ mit einer Scheibe $D_3$ von $K'$, so daß $p \circ p'$ ein Prozeß von $\Sigma$ ist und

$p'(D_3) = p(D_2)$ (Abb. 50). Offenbar gilt $D_1<D_3$ und $D_2<D_3$ .

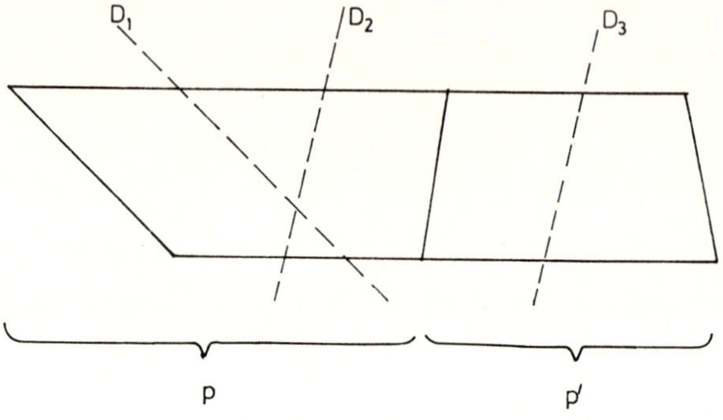


*Abb. 50 Zum Beweis von Satz 4.4(c)*

Für Scheiben D und D' mit D< D' sei der Prozeß $p_{D,D'}$ definiert durch $p_{D,D'} = p|(D^+ \cap D'^-)$ .

Falls $\nu'(p_{D_2,D_3},E_1,E_2)>0$ , sei $p'' = \overbrace{p_{D_2,D_3} \circ \dots \circ p_{D_2,D_3}}^{\nu(p,E_2,E_3)\text{ mal}}$ , und es gilt $\nu(p'',E_1,E_2) \geqq \nu(p,E_1,E_2)$ .

Falls $\nu'(p_{D_2,D_3},E_1,E_2) = 0$ , argumentieren wir folgendermaßen:

Offenbar gilt: $|p^{-1}_{D_1,D_3}(E_i)| = |p^{-1}_{D_2,D_3}(E_i) + |p^{-1}_{D_2,D_3}(E_i)| +$
$|p^{-1}(E_i) \cap D_1^+ \cap D_2^-| - |p^{-1}(E_i) \cap D_1^- \cap D_2^+|$ .

Daraus folgt:

$$\begin{aligned}
&\nu'(p_{D_1,D_3},E_1,E_2)\\
= \; & \big||p^{-1}_{D_2,D_3}(E_1)| + |p^{-1}(E_1) \cap D_1^+ \cap D_2^-| - |p^{-1}(E_1) \cap D_1^- \cap D_2^+|\\
& -|p^{-1}_{D_2,D_3}(E_2)| + |p^{-1}(E_2) \cap D_1^+ \cap D_2^-| - |p^{-1}(E_2) \cap D_1^- \cap D_2^+|\big| = 0\\
= \; & |\mu(p^{-1}(E_1),D_1,D_2) - \mu(p^{-1}(E_2),D_1,D_2)|\\
= \; & \nu(p,E_1,E_2) \; .
\end{aligned}$$

■

## 4.5 Fakten

Die Bedingungen eines B/E-Systems können zur Bildung aussagenlogischer Ausdrücke herangezogen werden. Da Bedingungen durch den Eintritt von Ereignissen ihren Wahrheitswert ändern können, sind solche Ausdrücke in Abhängigkeit von gegebenen Fällen des B/E-Systems wahr oder falsch. Besonders interessant sind Ausdrücke, die unter allen Fällen des Systems den Wahrheitswert "wahr" liefern, weil sie invariante Systemeigenschaften beschreiben. Wir zeigen, wie Darstellung und Berechnung solcher Ausdrücke in den Netzkalkül integrierbar sind.

Als Beispiel betrachten wir das B/E-System $\Sigma_1$ in Abb. 46, das aus zwei einfachen, sequentiellen Zyklen besteht. Wenn als zusätzliche Eigenschaft verlangt wird, daß in keinem Fall sowohl $b_1$ als auch $b_2$ erfüllt ist, so läßt sich dies durch die in $\Sigma_2$, Abb. 46 dargestellte Konstruktion erreichen. Diesen Sachverhalt können wir im Netzkalkül selbst auch ausdrücken mit der Feststellung, daß das in Abb. 51 zusätzlich eingeführte T-Element t mit $\bullet t = \{b_1, b_2\}$ und $t\bullet = \emptyset$ in keinem Fall aktiviert ist.

Beziehungen zwischen in allen Fällen wahren logischen Ausdrücken aus Bedingungen eines B/E-Systems (z.B. $\neg(b_1 \wedge b_2)$ in Abb.51) und der Aktivierbarkeit von Ereignissen untersuchen wir zunächst. Dabei fassen wir eine Bedingung b als logischen Ausdruck auf, der in einem gegebenen Fall c genau dann wahr ist, wenn b in c liegt. Daraus ergibt sich die in der Aussagenlogik übliche Konstruktion aller logischen Ausdrücke und die Berechnung ihrer Wahrheitswerte.

(a) Definition Sei $\Sigma$ ein B/E-System.

(i) Die Menge $A_\Sigma$ der (aussagenlogischen) Ausdrücke über $B_\Sigma$ ist die kleinste Menge, für die gilt:

(1) $B_\Sigma \subseteq A_\Sigma$ .

(2) $a_1, a_2 \in A_\Sigma \Rightarrow (a_1 \wedge a_2) \in A_\Sigma,\ (a_1 \vee a_2) \in A_\Sigma,\ (a_1 \rightarrow a_2) \in A_\Sigma, (\neg a_1 \in A_\Sigma)$ .

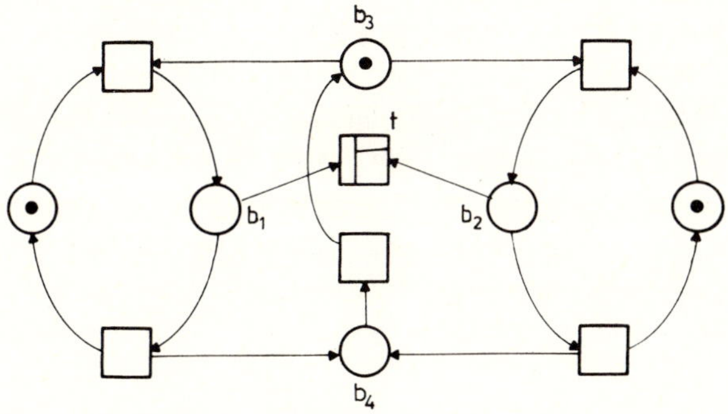


*Abb.51 Ergänzung von $\Sigma_2$ in Abb.46 um ein nicht aktivierbares T-Element t*

(ii) Jeder Fall $c \in C_\Sigma$ induziert für jeden Ausdruck $a \in A_\Sigma$ einen Wert $\hat{c}(a) \in \{0,1\}$ durch die Funktion

$$\begin{array}{rrcl} \hat{c}: & A_\Sigma & \longrightarrow & \{0,1\} \\ & b & \mapsto & 1 \text{ , falls } b \in c \\ & b & \mapsto & 0 \text{ , falls } b \notin c \\ & a_1 \wedge a_2 & \mapsto & \min(c(a_1), c(a_2)) \\ & a_1 \vee a_2 & \mapsto & \max(c(a_1), c(a_2)) \\ & a_1 \rightarrow a_2 & \mapsto & \hat{c}(\neg a_1 \vee a_2) \\ & \neg a_1 & \mapsto & 1-\hat{c}(a_1). \end{array}$$

Dabei interpretieren wir 1 als "wahr" und 0 als "falsch" und nennen einen Ausdruck $a$ <u>gültig im Fall c</u>, falls $\hat{c}(a) = 1$.

(iii) Zwei Ausdrücke $a_1, a_2 \in A_\Sigma$ heißen <u>äquivalent</u>, falls für alle $c \in C_\Sigma$ $\hat{c}(a_1) = \hat{c}(a_2)$.

Aufgrund der Assoziativität von $\vee$ und $\wedge$ unterdrücken wir entsprechende Klammern.

Jedem Ereignis e eines B/E-Systems ordnen wir nun einen Ausdruck $a(e)$ zu, so daß für jeden Fall c gilt: e ist nicht c-aktiviert $\iff \hat{c}(a(e)) = 1$.

(b) <u>Definition</u> Sei $\Sigma$ ein B/E-System, sei $e \in E_\Sigma$ mit $\cdot e = \{b_1, \ldots, b_n\}$ und $e\cdot = \{b_{n+1}, \ldots, b_m\}$. Dann sei $a(e)$ einer der (äquivalenten) Ausdrücke der Form $(b_1 \wedge \ldots \wedge b_n) \rightarrow (b_{n+1} \vee \ldots \vee b_m)$.

(c) <u>Lemma</u> Sei $\Sigma$ ein endliches B/E-System, sei $e \in E_\Sigma$. Dann gilt für jeden Fall $c \in C_\Sigma$: $\hat{c}(a(e)) = 1 \iff$ e ist nicht c-aktiviert.

<u>Beweis</u>

$\hat{c}(a(e)) = 1 \iff \exists b \in \cdot e$ mit $\hat{c}(b) = 0$ oder $\exists b' \in e\cdot$ mit $\hat{c}(b') = 1$

$\iff \exists b \in \cdot e$ mit $b \notin c$ oder $\exists b' \in e\cdot$ mit $b \in c$

$\iff$ e ist nicht c-aktiviert.

Wir wissen nun, wie jedem Ereignis e eines endlichen B/E-Systems $\Sigma$ ein Ausdruck $a(e)$ so zugeordnet werden kann, daß Nicht-Aktiviertheit von e und Gültigkeit von $a(e)$ in allen Fällen von $\Sigma$ übereinstimmen. Jetzt zeigen wir, wie umgekehrt der Wahrheitswert beliebiger, aus den Bedingungen von $\Sigma$ gebildeter Ausdrücke in Abhängigkeit von den Fällen von $\Sigma$ repräsentiert werden kann.

Dazu erweitern wir $\Sigma$ um zusätzliche T-Elemente, die in keinem Fall aktiviert sind und somit das Systemverhalten nicht beeinflussen. Ordnen wir jedem solchen T-Element t analog zur obigen Konstruktion einen Ausdruck $a(t)$ zu, so ist $a(t)$ in $\Sigma$ <u>allge-</u>

meingültig (in jedem Fall von $\Sigma$ gültig). Auf diese Weise können wir alle allgemeingültigen Ausdrücke über $\Sigma$ mit nichtaktivierbaren T-Elementen darstellen. Wir nennen solche T-Elemente Fakten.

(d) Definition Sei $\Sigma$ ein B/E-System.

(i) Ein Ausdruck $a \in A_\Sigma$ heißt in $\Sigma$ allgemeingültig, wenn für alle Fälle $c \in C_\Sigma$ gilt: $\hat{c}(a) = 1$ .

(ii) Für $B_1, B_2 \subseteq B_\Sigma$ sei $t = (B_1, B_2)$ ein neues T-Element mit $\cdot t = B_1$ und $t \cdot = B_2$ . $t$ heißt ein Faktum von $\Sigma$ , falls $t$ in keinem Fall $c \in C_\Sigma$ aktiviert ist.

In der graphischen Darstellung von $\Sigma$ zeichnen wir ein Faktum $t = (B_1, B_2)$ als T-Element  , das mit einem schematisierten "F" beschriftet ist, wie Abb.51 schon gezeigt hat.

Für Fakten $t$ definieren wir den Ausdruck $a(t)$ genau wie $a(e)$ für Ereignisse $e$ als $a(t) \equiv (b_1 \wedge \ldots \wedge b_n) \rightarrow (b_{n+1} \vee \ldots \vee b_m)$ , falls $\cdot t = \{b_1, \ldots, b_n\}$ und $t \cdot = \{b_{n+1}, \ldots, b_m\}$ .

(e) Satz Sei $\Sigma$ ein endliches B/E-System und sei $a \in A_\Sigma$ . $a$ ist allgemeingültig in $\Sigma \Leftrightarrow$ es gibt Fakten $t_1, \ldots, t_n$, so daß $a$ äquivalent ist zu $a(t_1) \wedge \ldots \wedge a(t_n)$ .

Beweis

Jedes $a \in A_\Sigma$ kann in einen logisch äquivalenten Ausdruck der Form $a' = a_1 \wedge \ldots \wedge a_k$ transformiert werden, wobei jedes $a_i$ ein Term der Form $\neg b_1 \vee \ldots \vee \neg b_n \vee b'_1 \vee \ldots \vee b'_m$ mit $b_i, b_i' \in B_\Sigma$ ist ("konjunktive Normalform"). So ist $a_i$ logisch äquivalent zu einer Formel $a(t_i)$ mit $\cdot t_i = \{b_1, \ldots, b_n\}$ und $t_i \cdot = \{b_1', \ldots, b_m'\}$ .

Nun gilt:

$a$ ist allgemeingültig in $\Sigma \Leftrightarrow a$ ist äquivalent zu einem allgemeingültigen Ausdruck $a' = a_1 \wedge \ldots \wedge a_k$ in konjunktiver Normalform $\Leftrightarrow$ jeder Ausdruck $a_i$ ist äquivalent zu einem allgemeingültigen Ausdruck $a(t_i) \Leftrightarrow t_i$ ist ein Faktum. ■

(f) Wie steht es nun mit Ausdrücken, die zwar nicht in allen aber doch in einigen Fällen gelten? Gilt $a$ in den Fällen $c_1, \ldots, c_k$ , so können wir diesen Sachverhalt mit dem allgemeingültigen Ausdruck $(c_1 \vee \ldots \vee c_k) \rightarrow a$ beschreiben. Jede aus den Bedingungen eines B/E-Systems formulierte gültige Aussage über $\Sigma$ läßt sich somit als Menge von Fakten beschreiben. Das Problem der Gültigkeit von Aussagen wird so auf das Problem der Aktivierbarkeit von T-Elementen zurückgeführt und kann mit Methoden der Netztheorie behandelt werden.

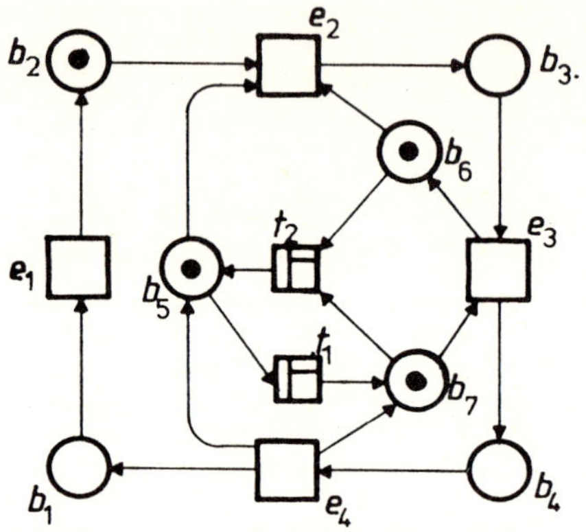


*Abb.52* *Ergänzung von Abb.2 um eine Bedingung und zwei Fakten*

Aufgaben zu Kapitel 4

1. Konstruiere zwei nichtäquivalente, kontaktfreie C/E-Systeme $\Sigma$ und $\Sigma'$ und eine bijektive Abbildung $\varepsilon : E_\Sigma \rightarrow E_{\Sigma'}$, so daß $\forall e_1, e_2 \in E_\Sigma : \sigma(e_1, e_2) = \sigma(\varepsilon(e_1), \varepsilon(e_2))$.

2. Sei $\Sigma$ ein endliches, zyklisches B/E-System und seien $E_1, E_2 \subseteq E_\Sigma$. Zeige: $\sigma(E_1, E_2) = \omega \Leftrightarrow$ es gibt einen nichtleeren endlichen Prozeß $p : K \rightarrow \Sigma$, so daß $p({}^\circ K) = p(K^\circ)$ und $\nu'(p, E_1, E_2) > 0$.

3. Konstruiere im System der vier Jahreszeiten (Abb. 1) folgende Fakten:

   a) Falls es weder Sommer noch Winter ist, ist es Frühling oder Herbst.

   b) Falls es Sommer ist, ist es weder Winter noch Herbst.

*4. Sei $\Sigma$ ein kontaktfreies B/E-System, sei $p: K \to \Sigma$ ein Prozeß, seien $E_1, E_2 \subseteq E_\Sigma$ zwei endliche Ereignismengen und sei $g: E_\Sigma \to \mathbb{N} \setminus \{0\}$ eine Abbildung. Wir definieren die <u>g-gewichtete Varianz $\nu_g(p, E_1, E_2)$ von $E_1$ und $E_2$ in $p$</u> als

$\nu_g(p, E_1, E_2) =$

$$\max\{ \sum_{e \in E_1} g(e) \circ \mu(p^{-1}(e), D_1, D_2) - \sum_{e \in E_2} g(e) \circ \mu(p^{-1}(e), D_1, D_2) \mid D_1, D_2 \in \underline{sl}(p)\} ,$$

und den <u>g-gewichteten Synchronieabstand</u> $\sigma_g(E_1, E_2)$ von $E_1$ und $E_2$ als

$\sigma_g(E_1, E_2) = \sup\{\nu_g(p, E_1, E_2) \mid p \in \pi_\Sigma\}$ .

a) Sei $g: E_\Sigma \to \mathbb{N} \setminus \{0\}$ beliebig und seien $E_1, E_2, E_3 \subseteq E_\Sigma$ .

Zeige: 1) $\sigma_g(E_1, E_2) = 0 \iff E_1 = E_2$

2) $\sigma(E_1, E_2) = \sigma_g(E_2, E_1)$

3) $\sigma_g(E_1, E_2) \leq \sigma_g(E_1, E_3) + \sigma_g(E_3, E_2)$

b) Berechne den (ungewichteten) Synchronieabstand $\sigma(E_1, E_2)$ in folgendem B/E-System:

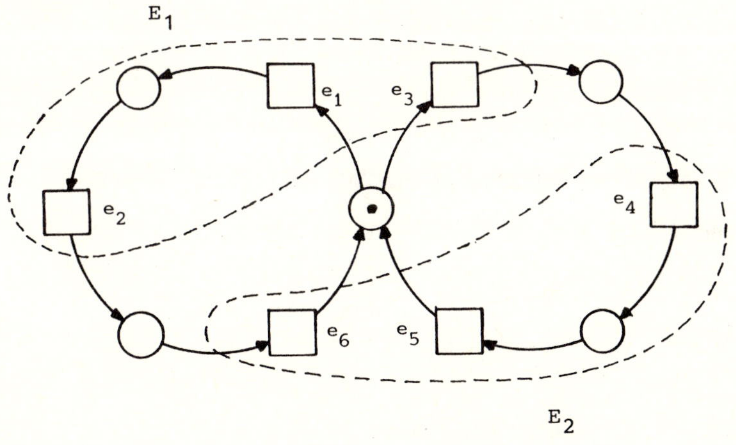


Gibt es eine Gewichtsfunktion $g$ , so daß $\sigma_g(E_1, E_2)$ endlich ist?

c) Berechne im folgenden B/E-System den (ungewichteten) Synchronieabstand $\sigma(e_0, e_1)$.

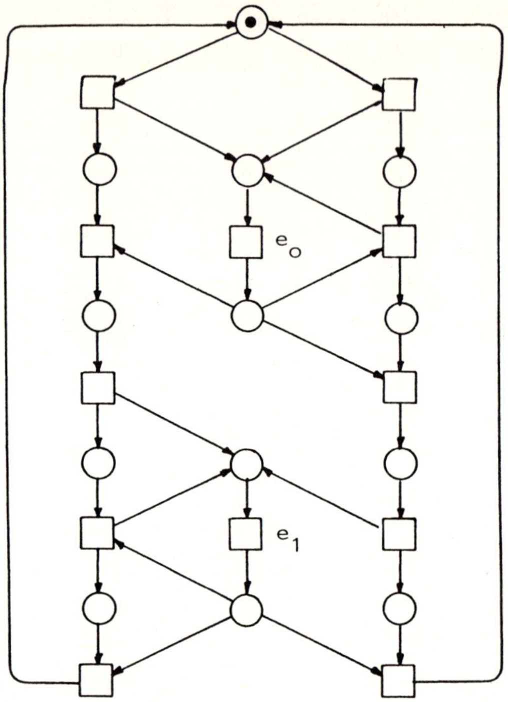


Gibt es eine Gewichtsfunktion $g$ , so daß $\sigma_g(e_0,e_1)$ endlich ist?

# Zweiter Teil: Stellen/Transitionen-Netze

Als Abstraktion vieler Verwendungsweisen von Netzen werden wir in diesem Teil Netze betrachten, deren S-Elemente - im Gegensatz zu Bedingungen - auch mehr als eine Marke enthalten können. Solche S-Elemente heißen Stellen, T-Elemente heißen dann Transitionen. Ein aktueller Systemzustand ist eine Verteilung von Marken auf die Stellen, bei der die Markenzahl jeder Stelle zwischen null und ihrer Kapazität liegt. Eine Transition t kann schalten, falls alle Stellen in •t mindestens eine Marke besitzen und falls die Kapazität aller Stellen in t• ihre aktuelle Markenzahl übersteigt. t schaltet dann, indem aus allen Stellen in •t eine Marke entfernt und allen Stellen in t• eine Marke hinzugefügt wird. Wir erlauben zusätzlich die Gewichtung von Pfeilen mit natürlichen Zahlen $n \in \mathbb{N}$. In diesem Fall werden beim Schalten einer Transition nicht eine, sondern n Marken den entsprechenden Stellen entnommen bzw. hinzugefügt.

Beispiele solcher Netze sind in Kapitel 1 (Abb.5 und 6) und im Zusammenhang mit Synchronieabständen in Kapitel 4 (Abb.43) schon erwähnt worden.

Kapitel 5 bringt neben den Grundbegriffen der Netze aus Stellen und Transitionen mit dem Begriff des Überdeckungsgraphen eine erste Methode, solche Netze zu untersuchen. Eine weitere Möglichkeit ist die Berechnung von Invarianten, die in Kapitel 6 diskutiert werden. Für spezielle Netzklassen (Free Choice Netze und Synchronisationsgraphen) werden in Kapitel 7 Analyseverfahren hergeleitet.

# Kapitel 5 Netze aus Stellen und Transitionen

Als Anfangsbeispiel für dieses Kapitel diskutieren wir das schon in Abb.5 vorgestellte System aus einem Erzeuger und zwei Verbrauchern in einer modifizierten Form:

(1) Der Speicher kann höchstens fünf Marken enthalten.

(2) Der Erzeuger stellt bei jedem Produktionsschritt drei Marken her.

(3) Jeweils höchstens ein Verbraucher befindet sich in der Situation, auf den Speicher zugreifen zu können.

(4) Jeder Verbraucher entnimmt bei jedem Speicherzugriff zwei Marken.

(5) Die Produktionsschritte werden gezählt.

Abb. 53 zeigt eine Netzdarstellung dieses Systems. Intuitiv sollte die Bedeutung der Anschriften dieses Netzes klar sein. In diesem Kapitel werden wir Netze mit solchen Anschriften formal einführen und untersuchen.

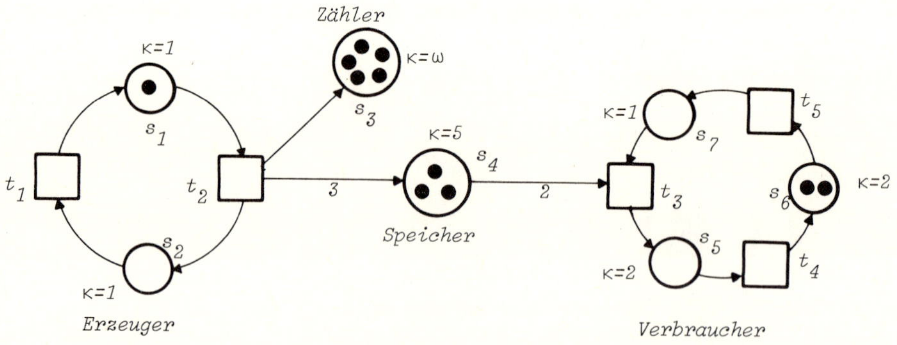


*Abb. 53 Erzeuger/Verbraucher-System mit beschränkter Speicherkapazität, Mehrfacherzeugung und- entnahme, beschränktem Speicherzugriff und einem Zähler*

## 5.1 Stellen/Transitionen-Netze

Dieser Abschnitt stellt die Grundbegriffe der Netze aus Stellen und Transitionen bereit.

(a) Definition Ein 6-Tupel $N = (S,T;F,K,W,M)$ heißt Stellen/Transitionen-Netz (S/T-Netz ), falls gilt:

(i) $(S,T;F)$ ist ein Netz aus Stellen $S$ und Transitionen $T$ .

(ii) $K: S \to \mathbb{N} \cup \{\omega\}$ erklärt eine (möglicherweise unbeschränkte) Kapazität für jede Stelle.

(iii) $W: F \to \mathbb{N} \setminus \{0\}$ bestimmt zu jedem Pfeil des Netzes ein Gewicht.

(iv) $M: S \to \mathbb{N} \cup \{\omega\}$ ist eine Anfangsmarkierung, die die Kapazitäten respektiert, d.h. für jede Stelle $s \in S$ gilt: $M(s) \leq K(s)$ .

Analog zu B/E-Systemen bezeichnen $S_N, T_N, F_N, K_N, W_N, M_N$ die sechs Komponenten eines S/T-Netzes $N$ .

(b) Definition Sei $N$ ein S/T-Netz.

(i) Eine Abbildung $M: S_N \to \mathbb{N} \cup \{\omega\}$ heißt Markierung von $N$ , falls für jede Stelle $s \in S_N$ gilt: $M(s) \leq K_N(s)$ .

Sei $M$ eine Markierung von $N$ .

(ii) Eine Transition $t \in T_N$ heißt M-aktiviert, falls gilt: $\forall s \in {}^\bullet t \;\; M(s) \geq W_N(s,t)$ und $\forall s \in t^\bullet \;\; M(s) \leq K_N(s) - W_N(t,s)$ .

(iii) Eine M-aktivierte Transition $t \in T_N$ bestimmt eine Folgemarkierung $M'$ von $M$ durch

$$M'(s) := \begin{cases} M(s) - W_N(s,t) \;, & \text{falls } s \in {}^\bullet t \setminus t^\bullet \\ M(s) + W_N(t,s) \;, & \text{falls } s \in t^\bullet \setminus {}^\bullet t \\ M(s) - W_N(s,t) + W_N(t,s) \;, & \text{falls } s \in {}^\bullet t \cap t^\bullet \\ M(s) \;, & \text{sonst} \end{cases}$$

Wir sagen dann: $t$ schaltet von $M$ nach $M'$ und schreiben $M[t\rangle M'$ .

(iv) Sei $[M\rangle$ die kleinste Menge von Markierungen, so daß (1) $M \in [M\rangle$ und (2) $(M_1 \in [M\rangle \wedge M_1[t\rangle M_2) \Rightarrow M_2 \in [M\rangle$ .

In der graphischen Darstellung werden Pfeile $f \in F$ mit $W(f)$ beschriftet, falls $W(f) > 1$. Die Kapazität von Stellen $s \in S$ wird durch die Beschriftung "$\kappa = K(s)$" angegeben. Diese Beschriftung kann weggelassen werden, wenn die Schaltfähigkeit der Transitionen $t \in s^\bullet$ nur von der Markenzahl in ${}^\bullet t$ abhängt. Eine Markierung $M$ wird graphisch dargestellt, indem $M(s)$ Marken bzw. das Symbol $\omega$ in die entsprechende Stelle gezeichnet werden.

Abb.54 und Abb.55 zeigen Beispiele zur Schaltfähigkeit von Transitionen.

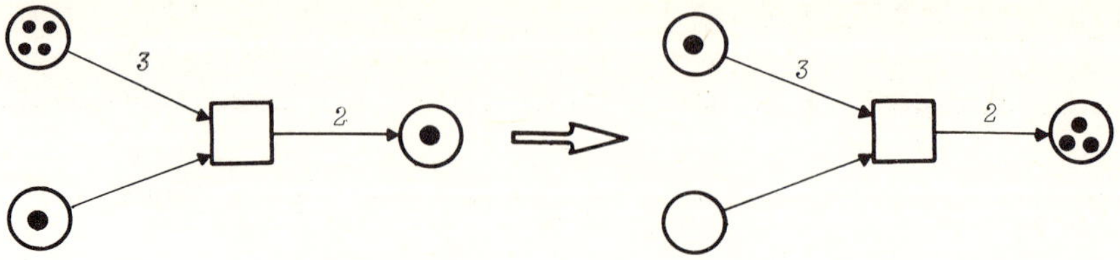


*Abb. 54* *Schalten einer Transition*

*Abb.55* *Situationen, in denen kein Übergang möglich ist*

*Abb. 56* *Die beiden Transitionen sind nicht aktiviert und können deshalb nicht schalten*

Beachte, daß an Schlingen beteiligte Transitionen nur dann schalten können, wenn die Markierung der entsprechenden Stellen genügend Spielraum besitzt (Abb.56).

Abb.53 zeigt ein Beispiel eines S/T-Netzes. Die angegebene Markierung besagt, daß der Erzeuger auf freien Platz im Speicher wartet, daß die Verbraucher um die Möglichkeit konkurrieren, auf den Speicher zugreifen zu können und daß der Erzeuger bereits fünf Produktionsschritte hinter sich (also 15 Marken erzeugt) hat.

Offensichtlich kann man jedes B/E-System im Wesentlichen als ein spezielles S/T-Netz auffassen, dessen Stellenkapazitäten und Pfeilgewichte den Wert eins haben. Umgekehrt verhält sich ein S/T-Netz, dessen Stellenkapazitäten und Pfeilgewichte den Wert eins haben, prinzipiell formal wie ein Netz aus Bedingungen und Ereignissen. Bei B/E-Systemen legen wir allerdings eine Fallklasse C zugrunde, während wir bei S/T-Netzen von einer Anfangsmarkierung ausgehen.

Als Verallgemeinerung von B/E-Systemen entsteht bei einer Markierung M eines S/T-Netzes N eine Kontaktsituation bezüglich einer Transition $t \in T_N$, wenn die Aktivierung von t nur an unzureichenden Kapazitäten der Stellen in $t^\bullet$ scheitert.

(c) Definition Ein S/T-Netz N heißt kontaktfrei, wenn für alle $M \in [M_N\rangle$ und alle $t \in T_N$, so daß $\forall s \in {}^\bullet t \; M(s) \geq W_N(s,t)$, gilt: $\forall s \in t^\bullet \; M(s) \leq K_N(s) - W_N(t,s)$.

Analog zu B/E-Systemen kann jedes S/T-Netz so um Stellen ergänzt werden, daß sich sein Verhalten nicht verändert, Kontaktsituationen jedoch ausgeschlossen werden.

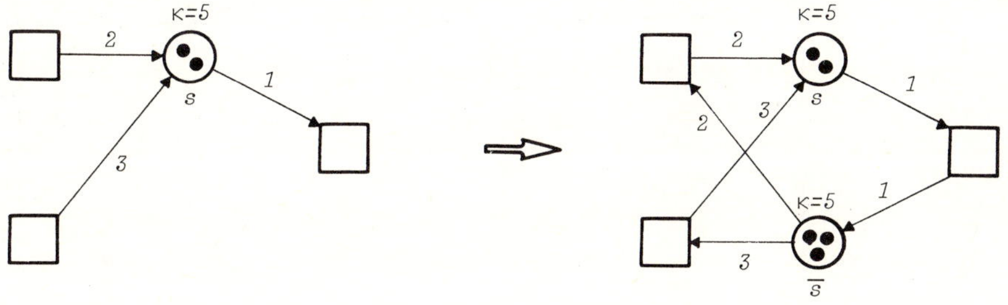


Abb. 57 Komplementbildung in S/T-Netzen

Abb. 57 zeigt ein Beispiel für diese Konstruktion. Zu einem gegebenen S/T-Netz N konstruieren wir das Netz N' durch Hinzufügen neuer Stellen und Pfeile: Zu jeder Stelle s von N konstruieren wir eine neue Stelle $\bar{s}$ und zu allen Pfeilen $(s,t)$ und $(t,s)$ in $F_N$ neue Pfeile $(t,\bar{s})$ bzw. $(\bar{s},t)$, so daß $W_{N'}(\bar{s},t) = W_N(t,s)$ und $W_{N'}(t,\bar{s}) = W_N(s,t)$. Die Kapazität $K_{N'}(\bar{s})$ sei gleich der Kapazität $K_N(s)$, und die Anfangsmarkierung $M_{N'}(\bar{s})$ sei gleich $K_N(s) - M_N(s)$. Das so konstruierte Netz N' ist offensichtlich kontaktfrei, da für jede erreichbare Markierung $M \in [M_{N'}\rangle$ und jede Stelle $s \in S_{N'}$ gilt: $M(s) + M(\bar{s}) = K_N(s)$. Zwei Markierungen M von N und M' von N' entsprechen einander, wenn die Restriktion von M' auf die Stellen von N, mit M identisch ist. Für zwei sich entsprechende Markierungen M von N und M' von N' gilt: Jede Transition t ist genau dann M-aktiviert in N, wenn t M'-aktiviert in N' ist. Darüber hinaus können wir alle endlichen Kapazitäten $K_N(s) \in \mathbb{N}$ nun in N' durch $\omega$ ersetzen, ohne das Verhalten von N' zu verändern.

## 5.2 Vektor- und Matrixdarstellung für S/T-Netze

Der formale Umgang mit S/T-Netzen wird durch eine Vektor- und Matrixdarstellung erheblich vereinfacht.

(a) Definition Sei $N = (S,T;F,K,W,M)$ ein S/T-Netz.

(i) Für Transitionen $t \in T$ sei der Vektor $\underline{t}: S \to \mathbf{Z}$ definiert durch

$$\underline{t}(s) := \begin{cases} W(t,s), & \text{falls } s \in t^{\bullet} \setminus {}^{\bullet}t \ , \\ -W(s,t), & \text{falls } s \in {}^{\bullet}t \setminus t^{\bullet} \ , \\ W(t,s)-W(s,t), & \text{falls } s \in {}^{\bullet}t \cap t^{\bullet} \ , \\ 0, & \text{sonst} \ . \end{cases}$$

(ii) Die Matrix $\underline{N}: S \times T \to \mathbf{Z}$ sei definiert durch $\underline{N}(s,t) := \underline{t}(s)$ .

(Vektoren und Matrizen werden in A17-A21 eingeführt.)

| | $t_1$ | $t_2$ | $t_3$ | $t_4$ | $t_5$ | $M_N$ |
|---|---|---|---|---|---|---|
| $s_1$ | 1 | -1 | | | | 1 |
| $s_2$ | -1 | 1 | | | | |
| $s_3$ | | 1 | | | | 5 |
| $s_4$ | | 3 | -2 | | | 3 |
| $s_5$ | | | 1 | -1 | | |
| $s_6$ | | | | 1 | -1 | 2 |
| $s_7$ | | | -1 | | 1 | |

*Abb. 58 Matrix und Anfangsmarkierung zu Abb. 53*

Selbstverständlich ist jede Markierung eines Netzes ein Vektor. Abb.58 zeigt die Matrix $\underline{N}$ und die Anfangsmarkierung $M_N$ zu Abb.53. $\underline{N}(s_i,t_j)$ gibt an, in welchem Umfang das Schalten von $t_j$ die Markenzahl auf $s_i$ verändert. Einträge mit dem Wert 0 sind weggelassen.

Eindeutig ist diese Darstellung nur für reine Netze: In diesem Fall können aus $\underline{N}$ die Komponenten $S_N, T_N, F_N$ und $W_N$ abgeleitet werden. Setzen wir außerdem noch voraus, daß N kontaktfrei ist, so ist mit der Matrix $\underline{N}$ und dem Vektor $M_N$ das Verhalten von N eindeutig bestimmt.

Aus der Matrixdarstellung ergibt sich folgende Neuformulierung der Schaltregel:

(b) Korollar Sei $N$ ein S/T-Netz und seien $M,M':S_N \to \mathbb{N}\cup\{\omega\}$ zwei Markierungen von $N$. Dann gilt für jede Transition $t\in T_N$:

(i) Ist $t$ $M$-aktiviert, so gilt: $M[t>M' \iff M+\underline{t} = M'$.

Ist $N$ rein, so gilt außerdem:

(ii) $t$ ist $M$-aktiviert $\iff$ $0 \leq M+\underline{t} \leq K_N$.

(iii) $N$ ist kontaktfrei $\iff$ $(\forall M\in[M_N> \; 0 \leq M+\underline{t} \Rightarrow M+\underline{t} \leq K_N)$.

## 5.3 Überdeckungsgraphen

Um einen Überblick über alle Markierungen eines S/T-Netzes zu erhalten, können wir analog zum Fallgraphen eines B/E-Systems einen Graphen mit den Markierungen des Netzes als Knoten und den Übergängen $M[t> M'$ als Pfeile definieren. Da dieser Graph im allgemeinen aber unendlich ist, führen wir in diesem Abschnitt endliche Überdeckungsgraphen ein. Sie geben die Markierungen von S/T-Netzen zwar nicht genau wieder, lassen aber interessante Strukturzusammenhänge innerhalb der Menge der erreichbaren Markierungen eines Netzes erkennen.

Um die folgenden Konstruktionen so transparent wie möglich zu formulieren, gehen wir von endlichen S/T-Netzen $N$ mit unbeschränkten Kapazitäten $K_N(s) = \omega$ für alle Stellen $s\in S_N$ aus. Nach Abschnitt 5.1 ist dies eine rein technische Beschränkung, da jedes S/T-Netz mit beschränkten Stellenkapazitäten durch Komplementierung der Stellen zu einem S/T-Netz mit unbeschränkten Stellenkapazitäten ergänzt werden kann, ohne sein Verhalten zu verändern.

Ein Überdeckungsgraph eines Netzes $N$ besitzt als Knoten gewisse Markierungen von $N$. Einige dieser Markierungen sind von der Anfangsmarkierung aus erreichbar. Die anderen Markierungen "überdecken" erreichbare Markierungen. Die Grundidee solcher überdeckender Markierungen wurzelt in einer bestimmten Art und Weise, in der unendliche Folgen erreichbarer Markierungen gebildet sein können: Seien $M_0$ und $M_1$ aus $M_N$ erreichbare Markierungen, und sei $M_1\in[M_0>$. Ferner gelte für jede Stelle $s\in S_N : M_0(s) \leq M_1(s)$ und $M_0 \neq M_1$ (wir schreiben dafür $M_0<M_1$). Offenbar ist jede $M_0$-aktivierte Transition auch $M_1$-aktiviert. Darüber hinaus können diejenigen Transitionen, die $M_0$ in $M_1$ überführen, auch von $M_1$ ausgehend schalten, und wir erhalten eine Markierung $M_2>M_1$. Iteriert man dieses Fortschalten, so entsteht eine Folge $(M_i)$ $i=1,2,\ldots$ von Markierungen mit folgenden Eigenschaften: $M_i(s) = M_0(s)$, falls $M_0(s) = M_1(s)$, und $M_{i+1}(s)>M_i(s)$, falls $M_1(s)>M_0(s)$. Diese Folge $(M_i)$ von Markierungen wird nun in einem Überdeckungsgraphen durch eine überdeckende Markierung $M$ dargestellt, mit $M(s) = M_0(s)$, falls $M_0(s) = M_1(s)$, und $M(s) = \omega$, sonst (d.h. falls die Markenzahl auf s unbeschränkt in der Folge $(M_i)$ wächst). Wir werden Überdeckungsgraphen so konstruieren, daß jede aus $M_N$ erreichbare Markierung entweder explizit als Knoten erscheint, oder in der beschriebenen Weise von einem Konten überdeckt wird. Schließlich wird gezeigt werden, daß unsere Konstruktion immer nur endliche Überdeckungsgraphen erzeugt.

(a) Definition Sei N ein S/T-Netz mit unbeschränkten Stellenkapazitäten ($\forall s \in S_N : K_N(s) = \omega$), und sei $\Gamma = G_0, G_1, \ldots$ eine Folge von Graphen, für die gilt:

(i) $G_0 = (\{M_N\}, \emptyset)$.

(ii) Sei $G_i = (H,P)$ gegeben. Sei $E \in H$ und sei $t \in T_N$, so daß

(a) t E-aktiviert ist und

(b) kein in E beginnender Pfeil mit t beschriftet ist (d.h. $\nexists E' \in H$ mit $(E,t,E') \in P$).

Dann sei die Markierung $\tilde{E}$ folgendermaßen definiert: Für $s \in S_N$ sei $\tilde{E}(s) = \omega$, falls $G_i$ einen Knoten E' und einen Pfad von E' nach E enthält, so daß $E' < E + \underline{t}$ und $E'(s) < E(s) + \underline{t}(s)$. Andernfalls sei $\tilde{E}(s) = E(s) + \underline{t}(s)$. Sei nun $G_{i+1} := (H \cup \{\tilde{E}\}, P \cup \{(E,t,\tilde{E})\})$.

(iii) Falls es nicht möglich ist, $G_{i+1}$ gemäß (ii) zu konstruieren, sei $G_{i+1} = G_i$.

$\Gamma$ heißt Überdeckungsfolge; $G = (\bigcup_{i=0}^{\infty} H_i, \bigcup_{i=0}^{\infty} P_i)$ heißt von $\Gamma$ erzeugter Überdeckungsgraph (mit $G_i = (H_i, P_i)$ $i = 0,1,\ldots$).

Man beachte, daß die in Schritt (ii) konstruierte Markierung $\tilde{E}$ schon (als Knoten von $G_i$) ein Element von H sein kann. In diesem Fall wird $G_i$ nur um einen neuen Pfeil $(E,t,\tilde{E})$ erweitert, nicht jedoch um einen neuen Knoten.

Wenn im weiteren Überdeckungsgraphen betrachtet werden, setzen wir immer ein S/T-Netz mit unbeschränkten Stellenkapazitäten voraus (was ja eine rein technische Restriktion ist).

Die Konstruktion von Überdeckungsgraphen ist nicht eindeutig. So zeigt Abb. 59 ein S/T-Netz mit zwei verschiedenen Überdeckungsgraphen.

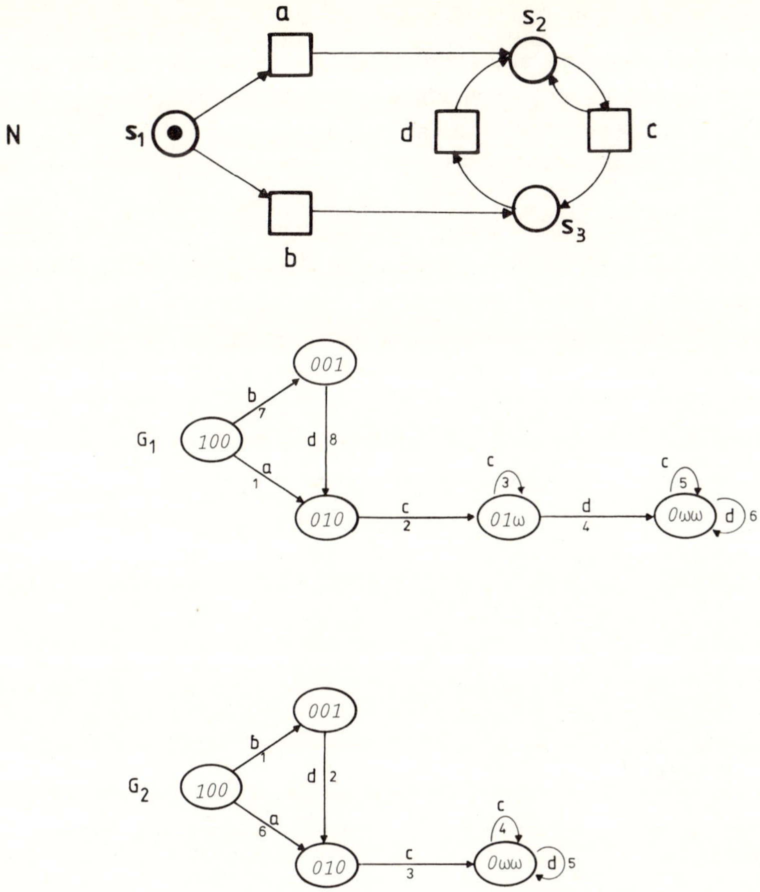


*Abb. 59* *Ein S/T-Netz mit zwei Überdeckungsgraphen (Markierungen M sind als Vektor $M(s_1)$ $M(s_2)$ $M(s_3)$ notiert ; Pfeilindizes zeigen die Reihenfolge ihrer Entstehung)*

Wir zeigen nun, daß tatsächlich alle erreichbaren Markierungen von den Knoten eines Überdeckungsgraphen überdeckt werden.

(b) Lemma Sei G ein Überdeckungsgraph eines S/T-Netzes N . Dann gibt es für jede Schaltfolge $M_N[t_1>M_1 \dots M_{n-1}[t_n>M_N$ einen Weg $E_0 t_1 E_1 \dots E_{n-1} t_n E_n$ in G mit $M_N = E_0$ und für alle $i = 1, \dots, n$ gilt: $M_i \leq E_i$ .

Beweis

Wir führen den Beweis durch Induktion über $n$. Für $n=0$ ist $M_N=E_0$ ein Knoten von $G$. Nehmen wir an, es gibt einen Knoten $E \geq M_{n-1}$ in $G$. Da $t_n$ $M_{n-1}$-aktiviert ist, ist $t_n$ auch $E$-aktiviert und es gibt nach 5.3(a) einen Knoten $E'$ und einen Pfeil $(E,t,E')$ in $G$, so daß gilt: $M_{n-1}+\underline{t_n} \leq E+\underline{t_n} \leq E'$, und die Behauptung folgt. ■

Als nächstes zeigen wir, daß $\omega$-Einträge in den Knoten von Überdeckungsgraphen tatsächlich unbeschränkte Stellen repräsentieren. Dies zeigen wir dadurch, daß jedem Knoten $E$ eines Überdeckungsgraphen eine Menge von Markierungen zugeordnet wird, so daß allen $\omega$-Einträgen von $E$ unendlich viele Markierungen mit wachsender Markenzahl entsprechen.

(c) Definition Sei $G$ ein Überdeckungsgraph eines S/T-Netzes $N$, und sei $E: S_N \to \mathbb{N} \cup \{\omega\}$ ein Knoten von $G$.

(i) Sei $\Omega(E) = \{s \in S_N \mid E(s)=\omega\}$.

(ii) Mit $i \in \mathbb{N}$ heißt eine Markierung $M$ von $N$ i-Markierung von $E$, falls $\forall s \in \Omega(E)\ M(s) \geq i$ und $\forall s \notin \Omega(E)\ M(s)=E(s)$.

(iii) Sei $M_E \subseteq [M_N\rangle$ eine Menge erreichbarer Markierungen, so daß es für jedes $i \in \mathbb{N}$ eine i-Markierung von $E$ in $M_E$ gibt. Dann heißt $M_E$ Überdeckungsmenge für $E$.

(d) Lemma Sei $G$ ein Überdeckungsgraph eines S/T-Netzes $N$. Für jeden Knoten $E$ von $G$ gibt es eine Überdeckungsmenge $M_E$.

Beweis

Sei $G_0, G_1, \ldots$ Überdeckungsfolge von $G$. Wir beweisen das Lemma durch Induktion über $G_i$ $(i=0,1,\ldots)$.

Für den einzigen Knoten $M_N$ von $G_0$ ist die Behauptung mit $M_E=\{M_N\}$ trivial.

Um den Induktionsschritt zu zeigen, sei $m \in \mathbb{N}$, sei $(E,t,\tilde{E})$ der neue Pfeil von $G_m$, und sei $M_E$ gegeben. Wir haben zu zeigen, daß $M_{\tilde{E}}$ existiert. Sei $E'=E+\underline{t}$. Nach der Definition von Überdeckungsfolgen gilt: $\Omega(E) \subseteq \Omega(\tilde{E})$. Wir zeigen für jede Menge $S$ mit $\Omega(E) \subseteq S \subseteq \Omega(\tilde{E})$:

(*) $\forall i \in \mathbb{N}\ \exists M \in [M_N\rangle : (\forall s \in S : M(s) \geq i) \wedge (\forall s \notin \Omega(\tilde{E}) : M(s) = E'(s))$

durch Induktion über $S=\Omega(E),\ldots,S=\Omega(\tilde{E})$.

Um (*) für $S=\Omega(E)$ zu zeigen, können wir davon ausgehen, daß $M_E$ existiert.

Da $\Omega(E)=\Omega(E')$ , existiert $M_{E'}=\{M+\underline{t}\mid M\in M_E\}$ . Daraus folgt (*) sofort für $S=\Omega(E)$ .

Nach Induktionsannahme setzen wir (*) für eine Menge $S=S_1$ voraus. Sei $s_1\in\Omega(\tilde{E})\setminus S_1$ . Nach Definition 5.3(a) gibt es in $G_m$ einen Knoten $E_0$ und einen Weg $E_0t_1\ldots t_nE_n$ mit $(E_{n-1},t_n,E_n)=(E,t,\tilde{E})$ , wobei $E_0\leq E'$ und $E_0(s_1)<E'(s_1)$ Um (*) nun für $S_1\cup\{s_1\}$ zu zeigen, sei $i\in\mathbb{N}$ und sei

$$z=\max(\{|\underline{t}_j(s)| \mid 0\leq j\leq n \wedge s\in S_1 \wedge \underline{t}_j(s)\leq 0\}\cup\{i\}).$$

Nach Induktionsannahme gibt es eine Markierung $M_0\in[M_N>$ , so daß $\forall s\in S_1: M_0(s)\geq (i+1)\cdot n\cdot z$ und $\forall s\notin S_1: M_0(s)=E'(s)$ . Wir können mit $M_0$ beginnend, die Transitionen $t_1,\ldots,t_n$ schalten: $M_0[t_1>\ldots[t_n>M_n$ , und für alle $s\in S_1$ gilt: $M_n(s)\geq i\cdot n\cdot z$ , $M_n(s_1)>M_0(s_1)$ , und $\forall s\notin\Omega(\tilde{E}): M_n(s)=E'(s)$ . Somit können $t_1,\ldots,t_n$ sogar i-fach schalten: $M_o[(t_1\ldots t_n)^i>M$ und für die so entstehende Markierung $M$ gilt: $\forall s\in S_1: M(s)\geq i$ , und $\forall s\notin\Omega(\tilde{E}): M(s)=M_0(s)$ . Dies impliziert nun (*) für $S=S_1\cup\{s_1\}$ (da $n\cdot z\geq z\geq i$) . Schließlich erhalten wir (*) für $S=\Omega(\tilde{E})$ . Dies bedeutet, daß $M_{\tilde{E}}$ existiert. Damit ist der Induktionsschritt für $G_m$ gezeigt. ■

Dieser Satz motiviert zusammen mit dem vorausgehenden Lemma die Bezeichnung "Überdeckungsgraph": Zu jeder Schaltfolge eines Netzes gibt es einen Weg im Überdeckungsgraphen mit derselben Folge von Transitionen und mit Knoten, die mit den entsprechenden Markierungen der Schaltfolge übereinstimmen oder sie mit dem Wert $\omega$ überdecken. Der Wert $\omega$ entsteht immer dort, wo die Markenzahl unbeschränkt wachsen kann.

Von welcher Art die im Überdeckungsgraph nicht repräsentierten strukturellen Eigenschaften von $[M_n>$ sind, zeigt Abb. 60. Aus dem Überdeckungsgraph ist nicht ersichtlich, daß in $N_1$ die Transition c beliebig oft, in $N_2$ jedoch höchstens so oft schalten kann, wie a vorher geschaltet hat.

Es bleibt zu zeigen, daß Überdeckungsgraphen endlicher S/T-Netze immer endlich sind, daß Fall (ii) in Def. 5.3(a) nur endlich oft zutrifft.

(e) <u>Definition</u> Zwei Markierungen $M_1$ und $M_2$ eines S/T-Netzes N sind <u>unvergleichbar</u>, falls weder $M_1\leq M_2$ noch $M_2\leq M_1$ .

(f) <u>Lemma</u> Jede Menge paarweise unvergleichbarer Markierungen eines endlichen S/T-Netzes N ist endlich.

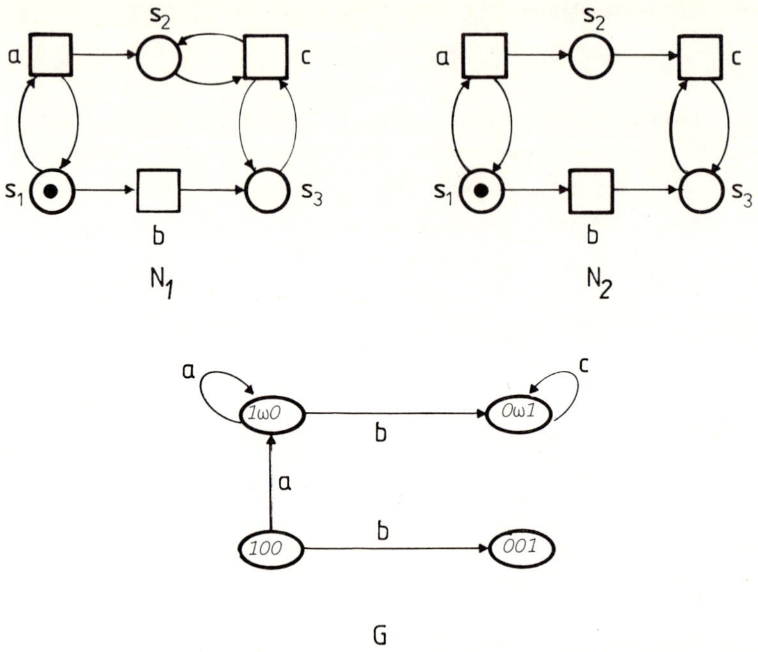


Abb. 60 *Zwei S/T-Netze mit demselben Überdeckungsgraphen*

Beweis

Wir beweisen die etwas strengere Behauptung, daß jede unendliche Folge $\sigma = M_1, M_2, \ldots$ aus beliebigen Markierungen eine unendliche, streng wachsende Teilfolge $\sigma' = M_{i_1}, M_{i_2}, \ldots$ besitzt (d.h. $M_{i_j} < M_{i_{j+1}}$) .

Wir führen den Beweis induktiv über $|S_N|$ .

Falls $|S_N| = 1$ , sei $M_{i_1} = M_1$ . Ist $M_{i_j}$ gegeben, so gibt es nur endlich viele Markierungen $M < M_{i_j}$ , somit gibt es einen Index $i_{j+1}$ mit $M_{i_j} < M_{i_{j+1}}$ .

Für $S_N = \{s_1,\ldots,s_{n+1}\}$ gibt es nach Induktionsvoraussetzung eine unendliche Teilfolge $\sigma'' = M_{l_1}, M_{l_2},\ldots$ von $\sigma$, so daß

(*) $M_{l_j}(s_k) \leq M_{l_{j+1}}(s_k)$ für alle $1 \leq k \leq n$ und alle $j \in \mathbb{N}$ .

Mit $M_{i_1} = M_{l_1}$ konstruieren wir $\sigma' = M_{i_1}, M_{i_2},\ldots$ als Teilfolge von $\sigma''$ : Zu $M_{i_j}$ gibt es nur endlich viele Markierungen $M$ in $\sigma''$ mit $M(s_{n+1}) \leq M_{i_j}(s_{n+1})$ . Somit gibt es einen Index $i_{j+1} > i_j$ , so daß $M_{i_{j+1}}$ in $\sigma''$ liegt und $M_{i_{j+1}}(s_{n+1}) > M_{i_j}(s_n)$ . Mit (*) gilt $M_{i_{j+1}} > M_{i_j}$ . ■

(g) Satz Jeder Überdeckungsgraph eines endlichen Netzes ist endlich.

Beweis

Für $j = 1,2,\ldots$ sei $(M_{j-1}, t_j, M_j)$ der in $G_j$ neu konstruierte Pfeil.

Sei $\Gamma = G_o, G_1,\ldots$ Überdeckungsfolge eines endlichen S/T-Netzes und sei $G$ der von $\Gamma$ erzeugte Überdeckungsgraph. Ein Weg $w = M_o t_1 M_1 \ldots$ von $G$ heißt konstruktiv, falls es eine Teilfolge $G_{i_o}, G_{i_1},\ldots$ von $\Gamma$ gibt, so daß $G_{i_j}$ den Pfeil $(M_{j-1}, t_j, M_j)$ konstruiert $(j = 1,2,\ldots)$ und $G_{i_o} = G_o$ .

Wir zeigen nun, daß jeder konstruktive Weg $w = M_o t_1 M_1 \ldots$ endlich ist. Sei $\Phi = M_o, M_1,\ldots$ die Folge der Knoten in $w$ und sei $S := \{s \in S_N \mid M_N(s) \neq \omega\}$ . Nach dem obigen Lemma enthält $\Phi$ nur endlich viele paarweise unvergleichbare Knoten. Für jede absteigende Teilfolge $M'_o > M'_1 > \ldots > M'_n$ gilt: $n \leq \sum_{s \in S} M_o(s)$. Für jede aufsteigende Teilfolge $M'_o < M'_1 < \ldots < M'_n$ gilt nach Konstruktion von $w$: $M'_i(s) < M'_j(s) \Rightarrow M'_j(s) = \omega$ . Daraus folgt: $n \leq |S_N|$ . Somit ist $\Phi$ und damit auch $w$ endlich.

Es ist klar, daß die konstruktiven Pfade einen Teilgraphen $G'$ von $G$ bilden. Da $G'$ nur einen Anfangsknoten hat, endlich verzweigt ist, und jeder Weg endlich ist, ist $G'$ nach König's Lemma (vgl. A16) endlich. Da jeder Knoten von $G$ auf einem konstruktiven Pfad liegt und damit zugleich Knoten von $G'$ ist, folgt die Behauptung. ■

Überdeckungsgraphen können also für endliche Netze effektiv konstruiert und zum Nachweis gewisser Netzeigenschaften verwendet werden.

## 5.4 Entscheidungsverfahren für einige Netzeigenschaften

Einige Fragen zur Kontaktfreiheit, Überdeckbarkeit und Lebendigkeit können auf Eigenschaften der Überdeckungsgraphen zurückgeführt werden. Da Überdeckungsgraphen für endliche S/T-Netze endlich und effektiv konstruierbar sind, erhalten wir so konstruktive Verfahren zur Lösung dieser Probleme. Diese Verfahren bilden den Schwerpunkt dieses Abschnittes.

Man kann für beliebige Markierungen $M$ eines Netzes $N$ entscheiden, ob es eine Markierung $M' \in [M_N\rangle$ gibt mit $M \leq M'$, ob $M$ also durch eine Markierung aus $[M_N\rangle$ überdeckt wird:

(a) Satz Sei $N$ ein endliches S/T-Netz, sei $M: S_N \to \mathbb{N} \cup \{\omega\}$ beliebig und sei $G$ ein Überdeckungsgraph von $N$. Es gibt eine Markierung $M' \in [M_N\rangle$ mit $M \leq M' \iff$ (i)$(M(s) = \omega \Rightarrow M_N(s) = \omega)$ und (ii) es gibt einen Knoten $\underset{\sim}{M}$ in $G$, so daß $M \leq \underset{\sim}{M}$.

Beweis

"$\Rightarrow$" Sei $M' \in [M_N\rangle$, $M \leq M'$. Nach Lemma 5.3(b) gibt es einen Knoten $\underset{\sim}{M}$ von $G$ mit $M' \leq \underset{\sim}{M}$. Somit gilt: $M \leq \underset{\sim}{M}$. Offenbar gilt: $M_N(s) \neq \omega \to \forall M' \in [M_N\rangle: M'(s) \neq \omega$.

"$\Leftarrow$" Sei $\underset{\sim}{M}$ ein Knoten von $G$, so daß $M \leq \underset{\sim}{M}$. Nach Satz 5.3(d) gibt es ein $M' \in [M_N\rangle$ mit $M'(s) = \underset{\sim}{M}(s) \geq M(s)$, falls $M(s) \in \mathbb{N}$ und $M'(s)$ beliebig groß, falls $\underset{\sim}{M}(s) = \omega$. Falls $M(s) = \omega$, gilt nach Voraussetzung $M_N(s) = \omega$ und damit $M'(s) = \omega$.

(b) Defintion Sei $N$ ein S/T-Netz. $S \subseteq S_N$ heißt simultan unbeschränkt $:\iff \forall i \in \mathbb{N} \quad \exists M_i [M_N\rangle \quad \forall s \in S \quad M_i(s) \geq i$.

(c) Satz Sei $N$ ein endliches S/T-Netz, sei $S \subseteq S_N$ und sei $G$ ein Überdeckungsgraph von $N$. $S$ ist simultan unbeschränkt $\iff$ es gibt einen Knoten $M$ in $G$, so daß $\forall s \in S \quad M(s) = \omega$.

Beweis

Seien $M_1, M_2, \ldots \in [M_N\rangle$, so daß $\forall s \in S \quad \forall i \in \mathbb{N}: M_i(s) \geq i$. Nach 5.3(b) gibt es für jedes $M_i$ einen Knoten $E_i$, so daß $M_i \leq E_i$. Da $G$ endlich ist (5.3(g)), gibt es einen Knoten $E$ in $G$, so daß für unendlich viele $i_1, i_2, \ldots, M_{i_j} \leq E$. Da $\forall s \in S \quad i_j \leq M_{i_j}(s) \leq E(s)$, folgt $E(s) = \omega$.

Die Umkehrung ist Lemma 5.3(d). ∎

(d) Definition Sei $N$ ein S/T-Netz, sei $M: S_N \to \mathbb{N} \cup \{\omega\}$, sei $t \in T_N$. $t$ heißt M-tot $:\iff \forall M' \in [M\rangle \quad t$ ist nicht $M'$-aktiviert.

(e) Satz Sei $N$ ein endliches S/T-Netz, sei $t \in T_N$ und sei $G$ ein Überdeckungsgraph von $N$. $t$ ist $M_N$-tot $\iff$ es gibt keinen Pfeil der Form $(M,t,M')$ in $G$.

Beweis

$t$ ist nicht $M_N$-tot $\iff$ es gibt eine Schaltfolge $M_0[t_1\rangle \ldots [t_n\rangle M_n$ mit $M_0 = M_N \wedge t = t_n$ $\iff$ es gibt einen Weg $M'_0 t_1 \ldots t_n M'_n$ in $G$ mit $M'_0 = M_n \wedge t = t_n$ (Lemma 5.3(b)) $\iff$ es gibt einen Pfeil der Form $(M,t,M')$ in $G$. ∎

(f) Satz Sei $N$ ein S/T-Netz, sei $M: S_N \to \mathbb{N} \cup \{\omega\}$ eine Markierung und sei $t \in T_N$ $M$-tot. Dann gilt für alle $M' < M$: $t$ ist $M'$-tot.

Beweis

Ann.: $t$ ist nicht $M'$-tot. Dann gibt es eine Markierung $\tilde{M}' \in [M'\rangle$, so daß $t$ $\tilde{M}'$-aktiviert ist. Ausgehend von $M$ entsteht durch Schalten derselben Transitionen in derselben Ordnung wie beim Übergang von $M'$ nach $\tilde{M}'$ eine Markierung $\tilde{M}$, so daß $t$ $\tilde{M}$-aktiviert ist. ∎

(g) Korollar Sei $N$ ein S/T-Netz und sei $G$ ein Überdeckungsgraph von $N$. Die Menge der erreichbaren Markierungen $[M_N\rangle$ ist genau dann endlich, wenn kein Knoten von $G$ eine $\omega$-Komponente enthält.

Beweis

$[M_N\rangle$ ist genau dann unendlich, wenn mindestens eine Stelle $s \in S_N$ unbeschränkt ist. Nach Satz 5.4(c) folgt die Behauptung.

∎

Für die praktische Analyse von Netzen sind Überdeckungsgraphen von geringem Wert, da sie zu komplex sind. In [81] wird gezeigt (siehe auch [47,73]), daß es eine Folge $N_1, N_2, \ldots$ von S/T-Netzen mit linear wachsender Größe gibt (die Größe eines Netzes ist dabei die Anzahl seiner Stellen, Transitionen, Pfeile und Marken), so daß die Knotenzahl dazugehörender Überdeckungsgraphen $G_1, G_2, \ldots$ schneller als jede primitiv rekursive Funktion wächst.

Darauf aufbauend wird in [81] und [82] für endliche S/T-Netze mit identischen Stellenmengen (d.h. $S_N = S_{N'}$) und endlichen Erreichbarkeitsmengen $[M_N\rangle$ und $[M_{N'}\rangle$ gezeigt: Es ist (trivialerweise) entscheidbar, ob $[M_N\rangle \subseteq [M_{N'}\rangle$, aber nicht in primitiv rekursiver Zeit.

Sind $N$ und $N'$ wiederum S/T-Netze mit identischen Stellenmengen, aber unendlichen Erreichbarkeitsmengen $[M_N\rangle$ und $[M_{N'}\rangle$, so ist nicht entscheidbar, ob $[M_N\rangle \subseteq [M_{N'}\rangle$ und $[M_N\rangle = [M_{N'}\rangle$ [76]. Darüber hinaus ist nicht entscheidbar, ob

$[M_N\rangle$ kleiner wird, wenn eine Transition aus $N$ entfernt wird.

Ist $n$ die (oben definierte) Größe eines S/T-Netzes $N$, so ist mit einem Platzbedarf von $2^{c \cdot \log(n)}$ entscheidbar, ob $[M_N\rangle$ endlich ist [80]. Somit ist es für dieses Problem nicht nötig, einen Überdeckungsgraphen zu konstruieren. Dieselbe Komplexität hat das Problem, ob es zu einer beliebigen Markierung $M$ eine erreichbare Markierung $M' \in [M_N\rangle$ gibt, so daß $M \leq M'$. Darüber hinaus gibt [80] für beide Probleme als untere Schranke $2^{\sqrt{n}}$ an.

Das Problem, ob eine beliebige Markierung $M$ eines endlichen S/T-Netzes $N$ erreichbar ist (d.h. $M \in [M_N\rangle$), ist als das Erreichbarkeitsproblem bekannt geworden. In [67] wurde es (positiv) beantwortet.

## 5.5 Lebendigkeit

S/T-Netze werden oft in Bereichen verwendet, wo es auf Anzahl und Verteilung dynamisch veränderlicher Objekte (Daten in Rechnern, Waren in Lagern, Akten in Verwaltungen, Werkstücke in Produktionssystemen) ankommt. In solchen Bereichen wird im allgemeinen eine Arbeitsform angestrebt, die zwar Schwankungen in Bezug auf Zahl und Verteilung der veränderlichen Objekte zuläßt, jedoch solche Schwankungen innerhalb gewisser Grenzen bleiben. Störungen können in Form von Blockierungen auftreten, die einen Teil- oder Gesamtstillstand des Systems auslösen. Ursachen für solche Blockierungen sind entweder ein Mangel oder ein Stau (Überfluß, Verstopfung) der veränderlichen Objekte.

In der Netzdarstellung solcher Systeme werden aktive Systemelemente (Prozessoren, Instanzen, Maschinen) als Transitionen, passive Systemteile (Speicher, Schränke, Lager) als Stellen und veränderliche Objekte als Marken dargestellt. Blockierungen werden dann an Transitionen sichtbar, die aufgrund leerer Eingangsstellen oder voller Ausgangsstellen nicht schalten können. Solche Netze sind dann nicht lebendig. Dabei gibt es verschiedene Lebendigkeitsbegriffe: Eine Markierung kann lebendig heißen, wenn es unter jeder Folgemarkierung eine aktivierte Transition gibt, wenn jede Transition einmal - oder unter jeder Folgemarkierung - aktivierbar ist, wenn jede - oder mindestens eine - Folgemarkierung reproduzierbar ist u.ä.. Ein Netz kann lebendig heißen, wenn es in Bezug auf einen der obigen Lebendigkeitsbegriffe für Markierungen lebendig markierbar ist.

Für das Weitere wird ein Lebendigkeitsbegriff zugrunde gelegt, der für jede ereichbare Markierung die Aktivierbarkeit jeder Transition verlangt:

(a) Definition Sei N ein S/T-Netz, sei $t \in T_N$ .

(i) t ist lebendig $:\Longleftrightarrow \forall M \in [M_N\rangle\ \exists M' \in [M\rangle$ , so daß t M'-aktiviert ist.

(ii) N ist lebendig $:\Longleftrightarrow \forall t \in T_N$ t ist lebendig.

Die naheliegende Vermutung, daß bei Vergrößern (Hinzunahme von Marken) der Anfangsmarkierung eines lebendigen S/T-Netzes ein wiederum lebendiges Netz entsteht, ist falsch. Ein Gegenbeispiel zeigt Abb.61.

Dieser Lebendigkeitsbegriff impliziert nicht, daß jede Markierung reproduzierbar ist, daß also für alle $M_1, M_2 \in [M_N\rangle$ gilt: $M_2 \in [M_1\rangle$ . Dies ist auch dann nicht der Fall, wenn alle Kapazitäten endlich sind. Ein Beispiel dazu zeigt Abb. 24.

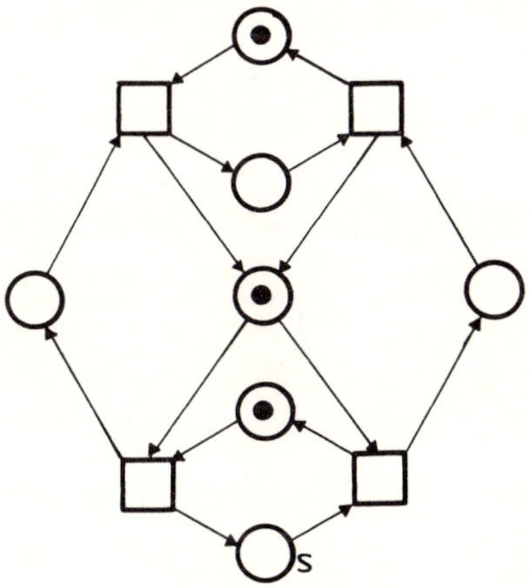


*Abb. 61 Ein lebendiges S/T-Netz. Wenn zusätzlich die Stelle s markiert wird, entsteht ein nicht mehr lebendiges Netz*

Man kann Lebendigkeit auch für einzelne Markierungen definieren:

(b) Definition Eine Markierung M eines S/T-Netzes N ist lebendig falls $\forall t \in T_N$ $\exists M' \in [M\rangle$ , so daß t M'-aktiviert ist.

Zwischen der Lebendigkeit von Netzen und Markierungen besteht folgende Beziehung:

(c) Lemma Ein S/T-Netz ist genau dann lebendig, wenn jede erreichbare Markierung $M \in [M_N\rangle$ lebendig ist.

Beweis

N ist lebendig $\Longleftrightarrow \forall t \in T_N$ t ist lebendig $\Longleftrightarrow \forall t \in T_N\ \forall M \in [M_N\rangle\ \exists M' \in [M\rangle$, so daß t M'-aktiviert ist $\Longleftrightarrow \forall M \in [M_N\rangle$ M ist lebendig. ∎

Aufgaben zu Kapitel 5

1. a) Ergänze das S/T-Netz in Abb. 12 um möglichst kleine Kapazitäten, die jedoch das Verhalten des Netzes nicht beeinträchtigen sollen.

   b) Konstruiere die Matrix und einen Überdeckungsgraphen zu diesem Netz.

2. Konstruiere zu folgendem S/T-Netz verschiedene Überdeckungsgraphen:

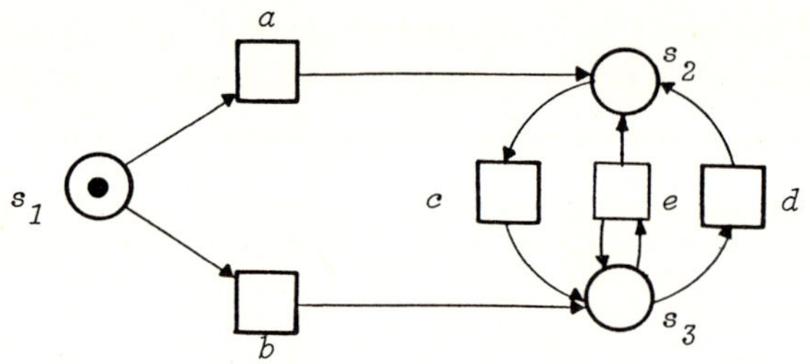


3. Konstruiere ein S/T-Netz mit mindestens drei verschiedenen Überdeckungsgraphen.

4. Konstruiere drei verschiedene S/T-Netze mit gleichen Überdeckungsgraphen.

5. Zeige für das Netz aus Aufgabe 2:

   a) $\exists M \in [M_N>$ mit $(0,5,10)<M$ ,

   b) $\nexists M \in [M_N>$ mit $(1,2,3)<M$ ,

   c) $\{s_2, s_3\}$ ist eine simultan unbeschränkte Stellenmenge,

   d) es gibt keine $M_N$-tote Transition.

6. a) Welche Teilmengen von Stellen des folgenden Netzes sind simultan unbeschränkt?

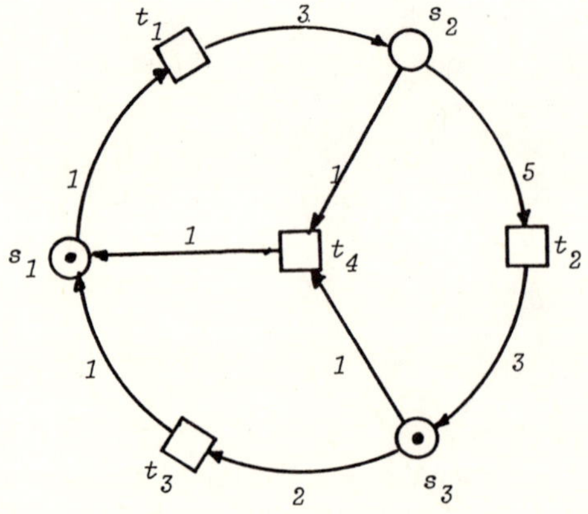

b) Ist das Netz lebendig?

(Hinweis: Konstruiere den Überdeckungsgraphen)

7. Ist das Netz aus Aufgabe 2 lebendig?

*8. In Abschnitt 4.1(h) wurde eine graphische Darstellung für Synchronieabstände vorgeschlagen. Formalisiere diese Idee!
Hinweis Seien ein B/E-System $\Sigma$ und ein Paar $s=(E_1,E_2)$ von Ereignisteilmengen gegeben.
Sei das Netz $\Sigma_s$ definiert durch $\Sigma_s=(B_\Sigma \cup\{s\}\,,\ E_\Sigma\ ;\ F_\Sigma \cup\{(e,s)\mid e\in E_1\}\cup\{(s,e)\mid e\in E_2\})$.
Nimmt man eine Anfangsmarkierung hinzu, so kann $\Sigma_s$ als S/T-Netz aufgefaßt werden.

Man kann nun definieren, was es bedeutet, einen endlichen Prozeß $p:K\to\Sigma$ als Schaltfolge darzustellen. Dazu verschärft man die Halbordnung der T-Elemente von $K$ zu einer Totalordnung. Als Sprache $L(p)$ eines endlichen Prozesses bezeichnen wir nun alle solche totalen Extensionen zusammen mit ihren Anfangsstücken: $w=e_1\ldots e_n\in L(p)$
$\iff$ es gibt eine Scheibe $D_w$ von $K$ mit $D_w^{-}\cap T_K=\{t_1,\ldots,t_n\}$, so daß für alle $1\le i,j\le n$ , $p(t_i)=e_i$ und $(t_i<t_j \Rightarrow i<j)$.

Für den Prozeß in Abb. 41 erhalten wir beispielsweise $L(p)=\{e_0e_1e_2e_3\ ,\ e_0e_2e_1e_3\ ,\ e_0e_1e_2\ ,\ e_0e_2e_1\ ,\ e_0e_1\ ,\ e_0e_2\ ,\ e_0\}$ .

Sei nun $w=e_1\ldots e_n\in L(p)$ , und sei $D_w$ eine Scheibe gemäß der Definition von $L(p)$ .
Für $E\subseteq E_\Sigma$ sei $\lambda(E,w)=|\{i\mid e_i\in E\}|$ . Offenbar gilt $\lambda(E,w)=|p^{-1}(E)\cap D_w^{-}|$ .

Sei $M_0[e_1>M_1\ldots M_{n-1}[e_n>M_n$ eine Schaltfolge in $\Sigma_s$ (sie "führt $w$ aus"), und sei $\tilde\mu(w,s):=\lambda(E_1,w)-\lambda(E_2,w)$ . $\tilde\mu(w,s)$ beschreibt den Effekt von $w$ auf $s$ , d.h. $\tilde\mu(w,s)=M_n(s)-M_0(s)$ , da ja $M_n(s)=M_0(s)+\lambda(E_1,w)-\lambda(E_2,w)$ . $\tilde\mu(w,s)$ ist der Beitrag von $w$ zur Varianz $\tilde\nu$ von $p$ , die wir als $\tilde\nu(p,s):=\max\{\tilde\mu(w,s)\mid w\in L(p)\}-\min\{\tilde\mu(w,s)\mid w\in L(p)\}$ definieren. $\tilde\nu(p,s)$ beschreibt den Beitrag von $p$ zur maximalen Varianz der Markenzahl auf $s$ .

Wir definieren nun $\tilde\sigma(E_1,E_2):=\sup\{\tilde\nu(p,s)\mid p\in\pi_\Sigma\}$ . Um zu zeigen, daß $\tilde\sigma$ gleich dem wohldefinierten Synchronieabstand $\sigma$ ist, reicht es zu zeigen, daß $\tilde\nu(p,s)=\nu(p,E_1,E_2)$ .

*9. Seien $\Sigma,\Sigma_s$ und $L(p)$ wie in den Hinweisen zu Aufgabe 8 definiert. Sei die Menge $M$ von Markierungen von $\Sigma_s$ gegeben als $M\in M \iff M(s)\in\mathbb{N}$ beliebig und für einen Fall $c$ von $\Sigma$ gilt: $\forall b\in B_\Sigma\ \ M(b)=1 \iff b\in c\ \wedge\ M(b)=0 \iff b\notin c$ .

Definiere $\tilde{\tilde\sigma}(E_1,E_2)$ als $\tilde{\tilde\sigma}(E_1,E_2)=\sup\{M_n(s)-M'_{n'}(s)\mid \exists p\in\pi_\Sigma\ \exists\ M\in M$ und zwei Schaltfolgen $M[a_1>M_1\ldots M_{n-1}[a_n>M_n$ und $M[a'_1>M'_1\ldots M'_{n'-1}[a'_{n'}>M'_{n'}$ mit $\{a_1\ldots a_n\ ,\ a'_1\ldots a'_{n'}\}\subseteq L(p)\}$. Zeige, daß $\tilde{\tilde\sigma}$ mit dem wohldefinierten Synchronieabstand $\sigma$ übereinstimmt.

# Kapitel 6 Netz-Invarianten

In diesem Kapitel befassen wir uns zunächst mit Stellenmengen von S/T-Netzen, deren Gesamtzahl an Marken unverändert bleibt, wenn Transitionen schalten. Die Kenntnis solcher Stellenmengen unterstützt nicht nur die Analyse auf Lebendigkeit, auch andere Systemeigenschaften (beispielsweise Fakten in B/E-Systemen) lassen sich damit untersuchen. Solche Stellenmengen heißen S-Invarianten. Da Invarianten die Lösungen linearer Gleichungssysteme der Form $\underline{N}' \cdot x = 0$ sind, können sie mit den bekannten Methoden der linearen Algebra berechnet werden.

Wie Invarianten bei der Systemkonstruktion und -analyse eingesetzt werden können, diskutieren wir anhand eines Sender/Empfänger-Systems und eines Platzbuchungssystems.

Neben S-Invarianten erhalten wir als Lösungen von $\underline{N} \cdot x = 0$ T-Invarianten. Sie geben an, wie oft welche Transitionen schalten müssen, um Markierungen zu reproduzieren.

## 6.1 S-Invarianten

Sei $N$ ein S/T-Netz mit dem Gewicht 1 für alle Pfeile. Wir suchen nach einer Charakterisierung solcher Stellenmengen $S \subseteq S_N$ von $N$, deren Gesamtzahl an Marken unverändert bleibt, wenn Transitionen schalten. Für eine solche Stellenmenge $S$ gilt sicherlich, daß es mit $s \in S$ für jede aktivierbare Transition $t \in s^{\bullet}$ eine Stelle

$s' \in t^\bullet$ gibt, so daß auch $s' \in S$. Anschaulich kann man davon sprechen, daß eine Marke von $s$ entlang den Pfeilen $(s,t)$ und $(t,s')$ nach $s'$ fließt. Analog dazu gibt es für jede aktivierbare Transition $t \in {}^\bullet s$ eine Stelle $s' \in {}^\bullet t$, so daß eine Marke von $s'$ entlang $(s',t)$ und $(t,s)$ nach $s$ fließt. $S$ ist so durch eine Menge $F$ von Pfeilen charakterisierbar, die folgenden Bedingungen genügt:

1) Endet oder beginnt ein Pfeil aus $F$ an einer Stelle $s$, so gehören alle Pfeile von und nach $s$ zu $F$.

2) Für jeden an einer Transition $t$ endenden Pfeil aus $F$ beginnt genau ein Pfeil aus $F$ bei $t$.

Abb.62 zeigt eine solche Stellenmenge, wobei die entsprechenden Pfeile dick ausgezeichnet sind. Eine ebenfalls konstante Summe an Marken findet man auf der Stellenmenge $\{s_1, s_2, s_4, s_5\}$.

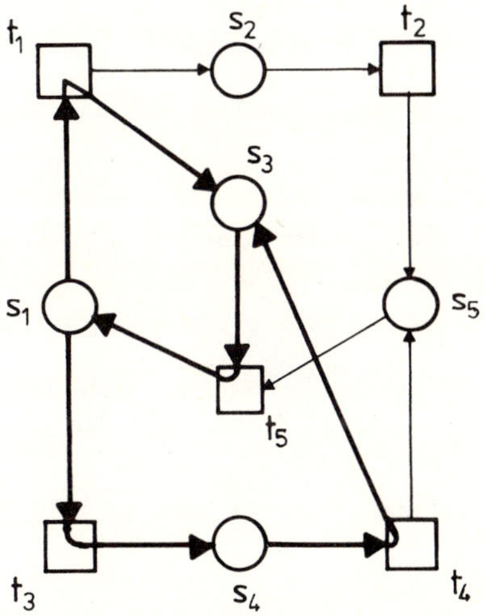


*Abb. 62* *Auf der Stellenmenge $\{s_1, s_3, s_4\}$ ändert sich die Summe der Marken beim Schalten von Transitionen nicht*

Diese einfache Möglichkeit, Stellenmengen mit konstanter Markenzahl mit solchen Pfeilmengen zu charakterisieren, gilt nicht für von 1 verschiedene Pfeilgewichte. Ein Beispiel zeigt Abb.63. Deshalb untersuchen wir nun genauer, wie das Schalten von Transitionen auf solche Stellenmengen wirkt.

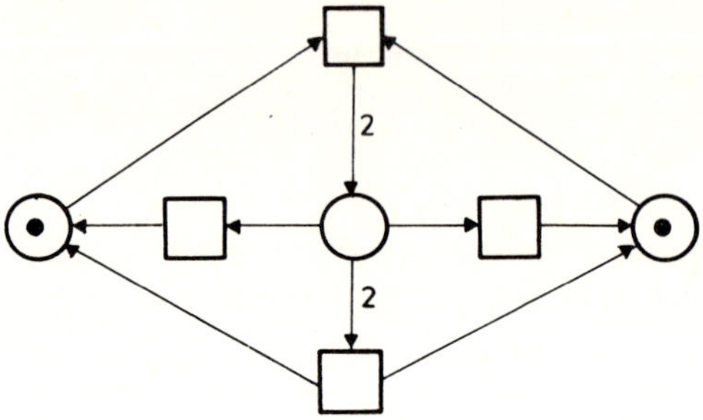


*Abb. 63* *Auf der gesamten Stellenmenge des Netzes ändert sich die Summe der Marken beim Schalten von Transitionen nicht*

Falls die Markensumme auf einer Stellenmenge $S \subseteq S_N$ sich nicht ändert, wenn eine Transition $t \in T_N$ schaltet, so gilt:

$$\sum_{s \in {}^\bullet t \cap S} W(s,t) = \sum_{s \in t^\bullet \cap S} W(t,s) .$$

Diese Bedingung ist gemäß Def. 5.2(a) gleichbedeutend mit

$$\sum_{s \in {}^\bullet t \cap S} \underline{t}(s) = -\sum_{s \in t^\bullet \cap S} \underline{t}(s) \quad , \quad \text{d.h.} \quad \sum_{s \in {}^\bullet t \cap S} \underline{t}(s) + \sum_{s \in t^\bullet \cap S} \underline{t}(s) = 0 .$$

Dies ist äquivalent zu

$$\sum_{s \in ({}^\bullet t \cup t^\bullet) \cap S} \underline{t}(s) = 0 \quad \text{und sogar zu} \quad \sum_{s \in S} \underline{t}(s) = 0 .$$

Ersetzen wir nun $S$ durch den charakteristischen Vektor $c_S$ (vgl. A 18), so lautet die Bedingung nun

$$\sum_{s \in S_N} \underline{t}(s) \cdot c_S(s) = 0 \quad \text{oder, mit der Vektormultiplikation}$$

$$\underline{t} \cdot c_S = 0 .$$

Falls die Markensumme auf einer Stellenmenge $S \subseteq S_N$ sich unter Fortschalten beliebiger Transitionen niemals ändert, muß die Bedingung $\underline{t_i} \cdot c_S = 0$ für alle Transitionen $t_i \in T_N$ erfüllt sein, es muß also gelten:

$$\underline{N}' \cdot c_S = 0 .$$

Umgekehrt gilt für jede Lösung c von $\underline{N}' \cdot x = 0$ mit Komponenten aus $\{0,1\}$: c ist charakteristischer Vektor einer Stellenmenge mit konstanter Markenzahl. Solche Stellenmengen findet man also, indem man $\underline{N}' \cdot x = 0$ löst.

Wir präzisieren nun den schon informell beschriebenen Zusammenhang von Stellenmengen mit konstanter Markenzahl und Lösungen von Gleichungssystemen.

(a) Definition Sei N ein S/T-Netz.

Ein Stellenvektor $i : S_N \to \mathbb{Z}$ heißt S-Invariante von N $:\Longleftrightarrow \underline{N}' \cdot i = 0$

(b) Korollar Seien $i_1$ und $i_2$ S-Invarianten eines Netzes N und sei $z \in \mathbb{Z}$. Dann sind auch $i_1 + i_2$ und $z \cdot i_1$ Invarianten von N.

Abb. 64 zeigt Invarianten des Netzes in Abb.62. Die einzigen Invarianten, die zugleich charakteristische Vektoren sind, sind $i_1$ und $i_2$. Tatsächlich zeichnen sie die Stellenmengen $\{s_1, s_3, s_4\}$ und $\{s_1, s_2, s_4, s_5\}$ aus, die wir ja schon als Stellenmengen mit konstanter Markensumme kennengelernt haben.

| | $t_1$ | $t_2$ | $t_3$ | $t_4$ | $t_5$ | $i_1$ | $i_2$ | $i_3$ | $i_4$ |
|---|---|---|---|---|---|---|---|---|---|
| $s_1$ | -1 | | -1 | | 1 | 1 | 1 | 2 | |
| $s_2$ | 1 | -1 | | | | | 1 | 1 | 1 |
| $s_3$ | 1 | | | 1 | -1 | 1 | | 1 | -1 |
| $s_4$ | | | 1 | -1 | | 1 | 1 | 2 | |
| $s_5$ | | 1 | | 1 | -1 | | 1 | 1 | 1 |

*Abb. 64 Die Matrix und vier Invarianten zu Abb. 62*

Wie können wir nun S-Invarianten interpretieren, die nicht zugleich charakteristische Vektoren sind? Konstant ist die Markenzahl auf den entsprechenden Stellen sicherlich nicht, aber sie schwankt auch nicht in unbeschränktem Umfang. In Abb.62 können wir davon sprechen, daß eine Marke auf $s_1$ soviel "bedeutet" wie zusammen auf $s_2$ und $s_3$ je eine Marke. Entsprechend "bedeutet" eine Marke auf $s_4$ genau so viel wie zwei Marken, die auf $s_3$ und $s_5$ verteilt sind. Marken auf $s_1$ und $s_4$ besitzen ein "Gewicht", das doppelt so hoch ist wie das von Marken auf $s_2, s_3$ und $s_5$. Wenn wir auch diese Gewichtung berücksichtigen, so ergibt sich eine "gewichtete" Konstanz der Markenzahl auf dem Netz, die sich beim Schalten von Transitionen nicht ändert: Seien $M_1$ und $M_2$ Markierungen des Netzes in Abb. 62 und sei $t \in \{t_1, \ldots, t_5\}$ eine Transition, so daß $M_1 [t> M_2$. Dann gilt:

$$2M_1(s_1) + 2M_1(s_4) + M_1(s_2) + M_1(s_3) + M_1(s_5) =$$

$$2M_2(s_1) + 2M_2(s_4) + M_2(s_2) + M_2(s_3) + M_2(s_5) \,.$$

Mit der Invarianten $i_3$ in Abb.64 bedeutet dies:

$$M_1 \cdot i_3 = M_2 \cdot i_3 \quad .$$

Eine weitere Regularität ist zwischen den Stellen $s_2, s_3$ und $s_5$ in Abb.62 erkennbar: $s_2$ und $s_3$ erhalten (durch $t_1$) immer gleich viele Marken. Die Marken von $s_2$ können nach $s_5$ übergehen. Von $s_5$ und $s_3$ werden (durch $t_5$) immer gleich viele Marken entzogen. Die Markenzahl auf $s_3$ ändert sich also in demselben Maße wie die Summe der Markenzahlen auf $s_2$ und $s_5$. Es gilt also: $M(s_3) = M(s_2) + M(s_5)$ für alle Folgemarkierungen $M \in [M_0>$ einer Anfangsmarkierung $M_0$ mit $M_0(s_2) = M_0(s_3) = M_0(s_5) = 0$. Mit der Invarianten $i_4$ (Abb.64) bedeutet dies: $M_0 \cdot i_4 = 0 = M \cdot i_4$.

(c) <u>Korollar</u> Sei $N$ ein S/T-Netz mit einer positiven S-Invariante $i$ und sei $S := \{s \in S_N \mid i(s) > 0\}$. Dann gilt: $S^{\bullet} = {}^{\bullet}S$ .

<u>Beweis</u>

Annahme: Es gibt eine Transitior $t \in S^{\bullet} \setminus {}^{\bullet}S$. Dann gilt: $\exists s \in S \;\; \underline{t}(s) < 0$ und $\forall s \in S \; \neg (\underline{t}(s) > 0)$. Offenbar gilt dann: $\underline{t} \cdot c_S < 0$ und, da $i$ positiv ist, $c_S \leq i$, somit also $\underline{t} \cdot i < 0$. $i$ ist unter dieser Annahme keine Invariante.

Für eine Transition $t \in S^{\bullet} \setminus {}^{\circ}S$ zeigt man entsprechend $\underline{t} \cdot i > 0$. ■

Dieses Korollar präzisiert die Intuition, nach der Stellenmengen mit konstanter Markenzahl aus Pfeilmengen gewonnen werden können, die von einer Stelle aus ${}^{\bullet}t$ zu einer Stelle aus $t^{\bullet}$ führen.

(d) <u>Satz</u> Sei $N$ S/T-Netz. Dann gilt für jede S-Invariante $i$ von $N$ und jede Folgemarkierung $M \in [M_N>$ : $M \cdot i = M_N \cdot i$ .

Beweis

Seien $M_1, M_2 \in [M_N\rangle$ und sei $t \in T_N$, so daß $M_1[t\rangle M_2$. Dann gilt insbesondere: $M_2 = M_1 + \underline{t}$ (Korollar 5.2(b)) und $\underline{t} \cdot i = 0$ (da $i$ Invariante ist). Damit schließen wir: $M_2 \cdot i = (M_1 + \underline{t}) \cdot i = M_1 \cdot i + \underline{t} \cdot i = M_1 \cdot i$ ■

Die Umkehrung dieses Satzes gilt nur dann, wenn jede Transition mindestens einmal schalten kann; insbesondere also für lebendige Netze.

(e) Lemma Sei $N$ ein lebendiges S/T-Netz und sei $i: S_N \to \mathbb{Z}$ ein Stellenvektor, sodaß für alle $M \in [M_N\rangle$ gilt: $M \cdot i = M_N \cdot i$. Dann ist $i$ eine S-Invariante.

Beweis

Es reicht zu zeigen, daß für jede Transition $t \in T_N$ gilt: $\underline{t} \cdot i = 0$. Sei also $t \in T_N$ und sei $M \in [M_N\rangle$, so daß $t$ unter $M$ aktiviert ist. Dann gilt für $M[t\rangle M'$ : $M \cdot i = M' \cdot i$ $= (M + \underline{t}) \cdot i$ (Kor. 5.2(b)) $= M \cdot i + \underline{t} \cdot i$. Somit gilt: $\underline{t} \cdot i = 0$. ■

(f) Korollar Sei $N$ ein lebendiges S/T-Netz und sei $i: S_N \to \mathbb{Z}$ ein Stellenvektor. $i$ ist eine S-Invariante $\Longleftrightarrow$ für alle $M \in [M_N\rangle$ $M \cdot i = M_N \cdot i$.

(g) Korollar Sei $N$ ein S/T-Netz und sei $S \subseteq S_N$ eine Stellenmenge, sodaß $c_S$ (vgl. A 18) eine S-Invariante ist. Dann gilt für alle $M \in [M_N\rangle$ : $\sum_{s \in S} M(s) = \sum_{s \in S} M_N(s)$.

## 6.2 Mit S-Invarianten überdeckte Netze

Wenn sich auf einer Stelle $s$ eines S/T-Netzes $N$ unbeschränkt viele Marken ansammeln können, so kann $s$ zu keiner positiven Invariante $i$ gehören. Der Zusammenhang zwischen der Beschränktheit der Markenzahl einer Stelle und ihre Zugehörigkeit zu einer Invariante ist der Gegenstand dieses Abschnittes.

(a) Definition Ein S/T-Netz $N$ heißt von S-Invarianten überdeckt, wenn es für jede Stelle $s \in S_N$ eine positive S-Invariante $i$ von $N$ gibt mit $i(s) > 0$.

(b) Korollar Ist ein S/T-Netz $N$ von positiven S-Invarianten überdeckt, so gibt es eine positive Invariante $i$ mit $i(s) > 0$ für alle $s \in S_N$.

Beweis

Nach Voraussetzung gibt es zu jedem $s \in S_N$ eine positive Invariante $i_s$ mit $i_s(s) > 0$. Nach Korollar 6.1(b) ist $i := \sum_{s \in S_N} i_s$ eine Invariante. Sie hat die geforderten Eigenschaften. ■

(c) Defintion  Ein S/T-Netz $N$ heißt beschränkt, falls $M_N$ endlich ist und es ein $n \in \mathbb{N}$ gibt, so daß für alle $M \in [M_N\rangle$ und alle $s \in S_N$ gilt: $M(s) \leq n$ .

(d) Satz  Sei $N$ ein S/T-Netz und sei $M_N$ endlich. Ist $N$ von S-Invarianten überdeckt, so ist $N$ beschränkt.

Beweis

Sei $s_0 \in S_N$ , sei $i$ eine positive S-Invariante mit $i(s_0) > 0$ und sei $M \in [M_N\rangle$ . Da $M(s_0) \cdot i(s_0) \leq \sum_{s \in S_N} M(s) \cdot i(s) = M \cdot i = M_N \cdot i$ (Satz 6.1(d)) folgt: $M(s_0) \leq \frac{M_N \cdot i}{i(s_0)}$ . ∎

Die Umkehrung dieses Satzes gilt nicht. Sie gilt auch dann nicht, wenn man $N$ als lebendig oder als Schranke den Wert eins voraussetzt. Abb.65 zeigt ein solches Netz.

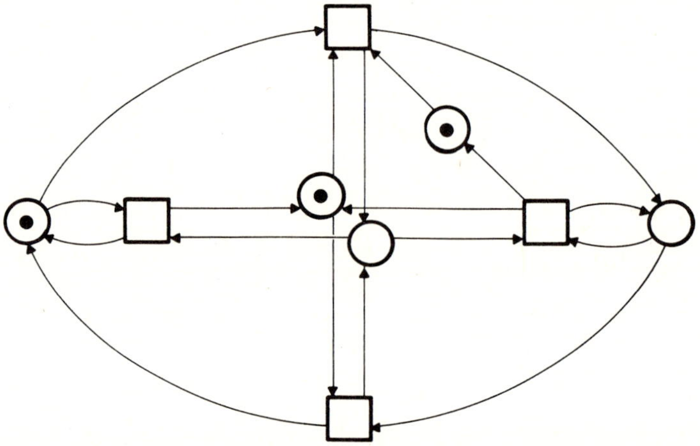

*Abb. 65 Ein lebendiges, mit der Schranke 1 kontaktfreies S/T-Netz, das nicht von S-Invarianten überdeckt ist*

## 6.3 Der Nachweis von Systemeigenschaften mit S-Invarianten

Welche Struktureinsichten die Kenntnis der S-Invarianten eines Netzes vermitteln kann, zeigen wir zunächst anhand eines kleinen Beispiels. Gegeben seien $n$ Betriebssystemprozesse, die alle auf einen Speicherplatz lesend und schreibend zugreifen können. Um zuverlässiges Verhalten zu gewährleisten, wird die Lese- und Schreiberlaubnis der Prozesse an folgende Bedingungen geknüpft: Wenn kein Prozeß den Speicherplatz beschreibt, so dürfen bis zu $k \leq n$ Prozesse lesend auf ihn zugreifen. Ein schreibender Zugriff ist für einen Prozeß jedoch nur erlaubt, solange kein anderer Prozeß den Speicherplatz liest oder beschreibt.

Abb.66 zeigt ein solches System lesender und schreibender Prozesse als S/T-Netz. Jeder Prozeß befindet sich in einem von fünf Zuständen, die die Stellen $s_0,\dots,s_4$ darstellen. Im Anfangszustand sind alle $n$ Prozesse passiv; $s_0$ enthält unter der Anfangsmarkierung also $n$ Marken. Die Stelle $s_5$ enthält unter $M_N$ $k$ Marken. Dies entspricht der Anzahl der Prozesse, die nebeneinander den Speicher lesen dürfen.

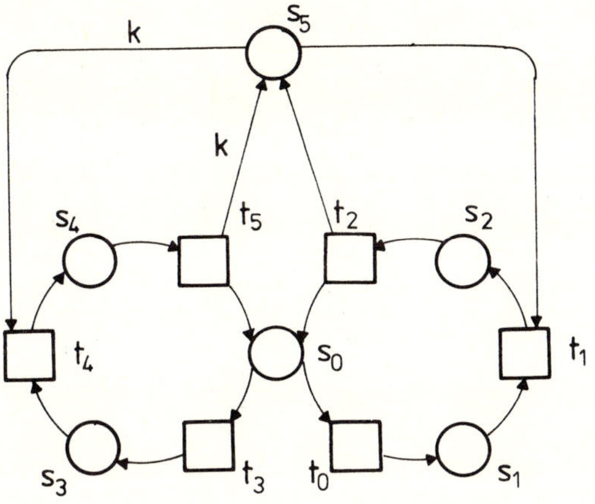


*$s_0$ : passive Prozesse*
*$s_1$ : Prozesse, die zu lesen beabsichtigen*
*$s_2$ : lesende Prozesse*
*$s_3$ : Prozesse, die zu schreiben beabsichtigen*
*$s_4$ : schreibende Prozesse*
*$s_5$ : Synchronisation*

*Abb. 66 Ein System lesender und schreibender Betriebssystemprozesse*

Die in Abb. 67 aufgeführten Invarianten ermöglichen es, die Korrektheit des Entwurfes zu beweisen.

Aus $i_1$ folgt für jede Folgemarkierung $M \in [M_N\rangle$ :

$$\sum_{i=0}^{4} M(s_i) = \sum_{i=0}^{4} M_N(s_i) = n \quad .$$

Dies bedeutet: Die Anzahl $n$ der Prozesse bleibt konstant; jeder Prozeß befindet sich immer in einem der Zustände $s_0,\dots s_4$ .

Aus $i_2$ folgt für jede Markierung $M \in [M_N\rangle$ :

$$M(s_2) + k \cdot M(s_4) + M(s_5) = M_N(s_2) + k \cdot M_N(s_4) + M_N(s_5) = k \quad .$$

Daraus ergibt sich: $s_4$ enthält unter $M$ höchstens eine Marke, es gibt somit höchstens <u>einen</u> schreibenden Prozeß. Falls $s_4$ markiert ist, sind $s_2$ und $s_5$ unmarkiert.

| | $t_0$ | $t_1$ | $t_2$ | $t_3$ | $t_4$ | $t_5$ | $i_1$ | $i_2$ | $M_N$ |
|---|---|---|---|---|---|---|---|---|---|
| $s_0$ | -1 | | 1 | -1 | | 1 | 1 | | $n$ |
| $s_1$ | 1 | -1 | | | | | 1 | | |
| $s_2$ | | 1 | -1 | | | | 1 | 1 | |
| $s_3$ | | | | 1 | -1 | | 1 | | |
| $s_4$ | | | | | 1 | -1 | 1 | $k$ | |
| $s_5$ | | -1 | 1 | | $-k$ | $k$ | | 1 | $k$ |

*Abb. 67 Matrix, Invarianten $i_1$, $i_2$ und Anfangsmarkierung $M_N$ zu Abb. 66*

Solange also ein Prozeß schreibt, liest kein anderer Prozeß den Speicher. $s_2$ trägt höchstens $k$ Marken: Es gibt höchstens $k$ nebenläufig lesende Prozesse. Wenn kein Prozeß schreibt, wenn also $M(s_4) = 0$, kann die Markenzahl $k$ auf $s_2$ tatsächlich erreicht werden. Dann ist die Synchronisationsstelle $s_5$ leer.

Insbesondere gilt:

Behauptung Mit der Kapazität $K_N$, definiert durch $K_N(s_i) = n$ für $i \in \{0,1,3\}$, $K_N(s_4) = 1$ und $K_N(s_2) = K_N(s_5) = k$, und mit der Anfangsmarkierung $M_N$ aus Abb.67 ist das Netz $N$ aus Abb.66 lebendig.

Beweis

Wir haben bereits diskutiert, daß die angegebene Kapazität $K_N$ das Schalten von Transitionen niemals behindert.

Wir zeigen zunächst, daß unter jeder Markierung $M \in [M_N\rangle$ mindestens eine Transition aktiviert ist:

Falls $M(s_0) + M(s_2) + M(s_4) > 0$, ist aufgrund der Netzstruktur mindestens eine der Transitionen $t_0, t_3, t_2$ oder $t_5$ aktiviert. Falls $M(s_0) + M(s_2) + M(s_4) = 0$, folgt aufgrund $i_1 : M(s_1) + M(s_3) = n$ und aufgrund $i_2 : M(s_5) = k$. Dann ist $t_1$ oder $t_4$

aktiviert.

Ist $s_0$ für ein $M\in[M_N\rangle$ unmarkiert, so ist $s_0$ durch Fortschalten von Transitionen markierbar. Daraus folgt die Lebendigkeit von $t_0$ und $t_3$. Sie impliziert sofort die Lebendigkeit der anderen Transitionen. ■

## 6.4 Eigenschaften eines Sender/Empfänger-Systems

Als Modifikation des Erzeuger/Verbraucher-Systems (Abb. 5 und Abb. 53) diskutieren wir hier ein Modell aus einem Sender und einem Empfänger, die beide einen Endzustand haben. Die Lösung in Abb. 68 ist nicht befriedigend, da der Empfänger auch dann in seinen Endzustand übergehen kann, wenn der Sender sich noch nicht in seinem Endzustand befindet oder wenn der Kanal noch nicht leer ist. Um diese Übergänge auszuschließen, führen wir in Abb. 69 einen zweiten Kanal ein, der eine "beendet"-Meldung des Senders aufnehmen kann; außerdem wird der Kanal komplementiert, um feststellen zu können, ob er leer ist.

Dieses Sender/Empfänger-System wird in Abb.70 in eine Umgebung eingebettet, die seinen Betrieb steuert. Wenn Sender und Empfänger in ihren Endzustand übergehen, geben sie ein entsprechendes Signal an die Umgebung ab. Dann können beide neu gestartet werden. Anstatt von einem Endzustand sprechen wir dann lieber von einem Ruhestand.

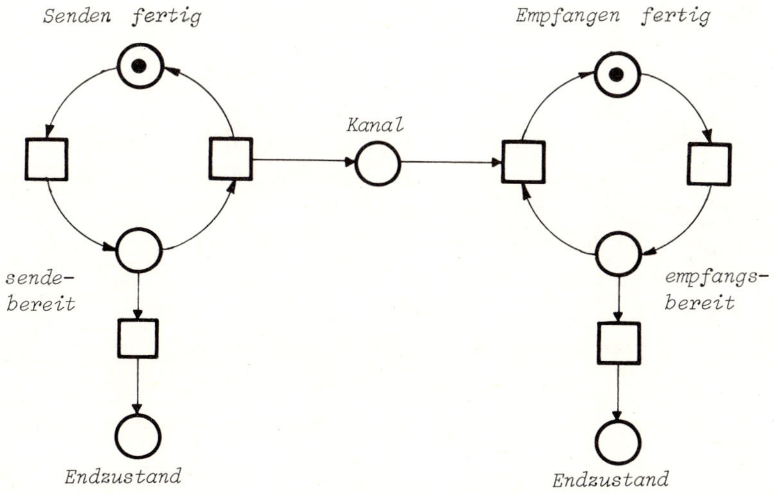


*Abb. 68 Unbefriedigende Version eines Sender/Empfänger-Systems mit Endzuständen*

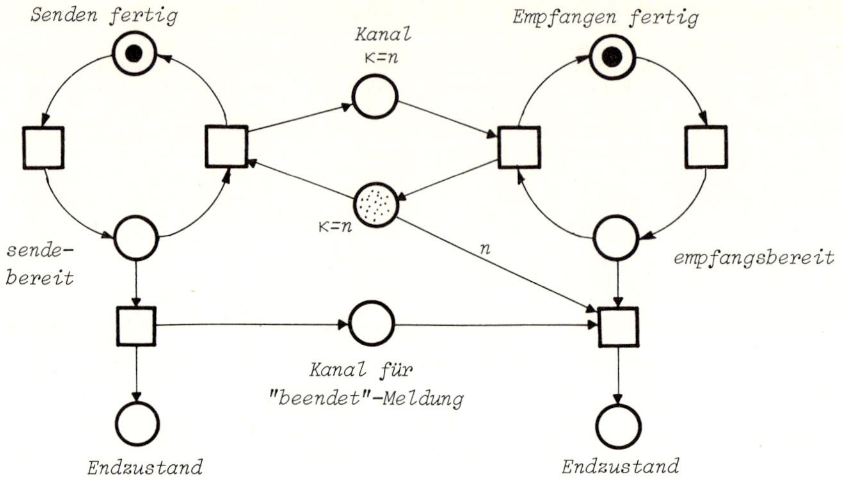


Abb. 69 Sender / Empfänger-System mit Endzuständen

Wenn das Sender/Empfänger-System korrekt modelliert ist, so hat es folgende Eigenschaften:

($E_1$) In jedem Fall ist der Sender sendebereit oder mit Senden fertig oder ruhend. Entsprechend ist der Empfänger empfangsbereit oder mit Empfangen fertig oder ruhend.

($E_2$) Der Kanal enthält höchstens n Nachrichten (Marken).

($E_1$) Sender und Empfänger befinden sich in jedem Fall in genau einem Zustand aus $\{s_1,s_2,s_3\}$ bzw. $\{s_7,s_8,s_9\}$ .

($E_2$) Der Kanal $s_4$ enthält niemals mehr als n Marken.

($E_3$) Den Sender (bzw. Empfänger) ruht genau dann, wenn er ein entsprechendes Signal an die Umgebung gegeben hat. Den Ruhezustand kann er nur durch ein Signal aus der Umgebung wieder verlassen.

($E_4$) Wenn der Sender in seinen Ruhezustand übergegangen ist, so kann er ihn erst dann wieder verlassen, wenn vorher auch der Empfänger seinen Ruhezustand eingenommen hat.

($E_5$) Der Empfänger ist in seiner Entscheidung zu empfangen oder in seinen Ruhezustand überzugehen, völlig abhängig vom Sender.

($E_6$) Der Empfänger kann nur dann in seinen Ruhestand übergehen, wenn der Kanal leer und der Sender in seinem Ruhezustand ist.

Wir zeigen diese Eigenschaften mit Hilfe der S-Invarianten aus Abb. 71 .

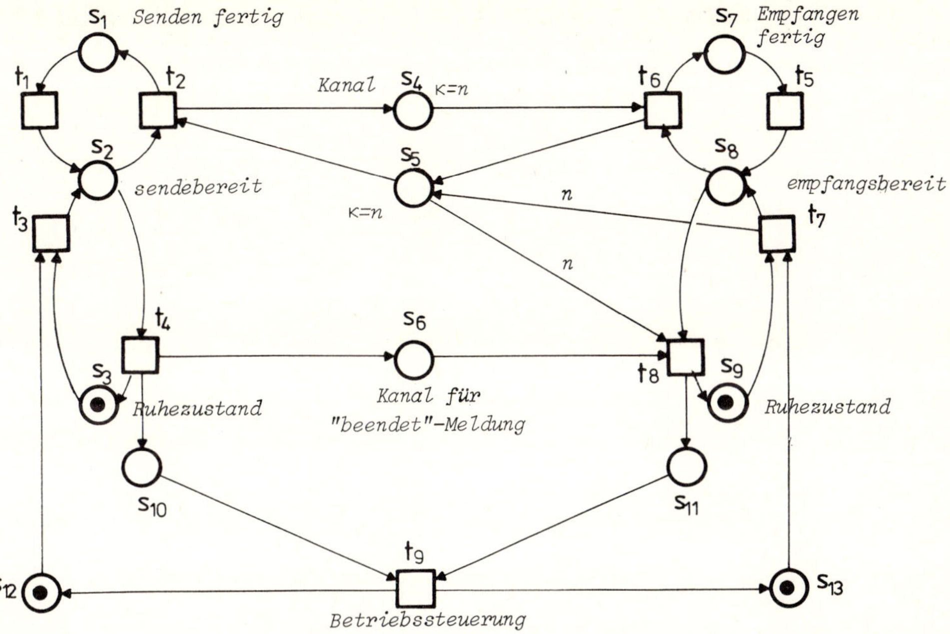


*Abb. 70* Das Sender / Empfänger-System, ergänzt um eine zyklische Betriebssteuerung

Sei $M \in [M_N\rangle$ eine beliebige Folgemarkierung von $M_N$. Mit $i_1$ gilt: $M(s_1)+M(s_2)+M(s_3)=1$. Entsprechend gilt mit $i_2$ : $M(s_7)+M(s_8)+M(s_9)=1$. Dies liefert sofort $(E_1)$.

$i_3$ zeigt die korrekte Steuerung des Kanals mit dem Überlaufschutz: $M(s_4)+M(s_5)+n\cdot M(s_9)=n$. Daraus folgt $(E_2)$ und die Beobachtung, daß der Kanal $s_4$ und sein Komplement $s_5$ genau dann beide leer sind, wenn $s_9$ markiert ist, d.h. der Empfänger ruht.

Die Eigenschaft $(E_3)$ folgt für den Sender aus $i_4$ mit $M(s_{10})+M(s_{12})-M(s_3)=0$. Dies bedeutet: $s_3$ ist genau dann markiert, wenn $s_{10}$ oder $s_{12}$ markiert ist. Für den Empfänger folgt $(E_3)$ in derselben Weise aus $i_5$.

Aus $i_6$ folgt: $M(s_6)-M(s_{10})+M(s_{11})=0$ ; somit: $M(s_6)=1 \Rightarrow M(s_{10})=1$. Dies impliziert sofort $(E_4)$.

Um $(E_5)$ zu zeigen, nehmen wir an, daß $t_6$ und $t_8$ unter einer Markierung $M \in [M_N\rangle$ beide aktiviert sind. Dann gilt insbesondere: $M(s_4) \geq 1 \wedge M(s_5) \geq n \wedge M(s_8) \geq 1$, somit $M(s_4)+M(s_5)+M(s_8) \geq n+2$. Aus der Invarianten $i_2+i_3$ folgt jedoch $M(s_4)+M(s_5)+M(s_7)+M(s_8)+(n-1)\cdot M(s_9)=n+1$, somit $M(s_4)+M(s_8) \leq n+1$ !

Nehmen wir also an, $t_8$ ist M-aktiviert. Dann gilt insbesondere: $M(s_5) \geq n$. Nach $i_3$, $M(s_4)+M(s_5)+n \cdot M(s_9) = n$. Da $M(s_5) \geq n$, folgt sofort: $M(s_4) = 0$.

| | $t_1$ | $t_2$ | $t_3$ | $t_4$ | $t_5$ | $t_6$ | $t_7$ | $t_8$ | $t_9$ | $i_1$ | $i_2$ | $i_3$ | $i_4$ | $i_5$ | $i_6$ | $M_N$ |
|---|---|---|---|---|---|---|---|---|---|---|---|---|---|---|---|---|
| $s_1$ | -1 | 1 | | | | | | | | 1 | | | | | | |
| $s_2$ | 1 | -1 | 1 | -1 | | | | | | 1 | | | | | | |
| $s_3$ | | | -1 | 1 | | | | | | 1 | | | -1 | | | 1 |
| $s_4$ | | 1 | | | | -1 | | | | | | 1 | | | | |
| $s_5$ | | -1 | | | | 1 | $n$ | $-n$ | | | | 1 | | | | |
| $s_6$ | | | | 1 | | | | -1 | | | | | | | 1 | |
| $s_7$ | | | | | -1 | 1 | | | | | 1 | | | | | |
| $s_8$ | | | | | 1 | -1 | 1 | -1 | | | 1 | | | | | |
| $s_9$ | | | | | | | -1 | 1 | | | 1 | $n$ | | -1 | | 1 |
| $s_{10}$ | | | | 1 | | | | | -1 | | | | 1 | | -1 | |
| $s_{11}$ | | | | | | | | 1 | -1 | | | | | 1 | 1 | |
| $s_{12}$ | | | -1 | | | | | | 1 | | | | 1 | | | 1 |
| $s_{13}$ | | | | | | | -1 | | 1 | | | | | 1 | | 1 |

*Abb. 71* *Matrix, S-Invarianten* $i_1, \ldots, i_6$ *und Anfangsmarkierung zu Abb. 70*

Zu ($E_6$): Der Empfänger kann in seinen Ruhestand übergehen, wenn $t_8$ aktiviert ist. Für solche Markierungen M ist zu zeigen: (1) $M(s_4) = 0$ und (2) $M(s_3) \geq 1$.

Zu (1): Wenn $t_8$ M-aktiviert ist, gilt insbesondere: $M(s_5) \geq n$. Da nach $i_3$, $M(s_4)+M(s_5)+n \cdot M(s_9) = n$, folgt sofort $M(s_4) = 0$.

Zu (2): Wenn $t_8$ M-aktiviert ist, gilt insbesondere: $M(s_6) \geq 1$. Mit $i_4+i_6$ erhalten wir: $M(s_6)+M(s_{12})+M(s_{11})-M(s_3) = 0$, somit $M(s_3) \geq M(s_6)$.

## 6.5 Ein Platzbuchungssystem

Anhand der schrittweisen Entwicklung eines Platzbuchungssystems soll gezeigt werden, wie Modelle für geplante Systeme als S/T-Netze konstruiert werden können. Zunächst wird das System als Netz mit umgangssprachlichen Anschriften dargestellt und anschließend so verfeinert, daß sein Aufbau durch ein S/T-Netz und sein Verhalten durch die Schaltregel bestimmt ist. Mit Hilfe von S-Invarianten werden einige Eigenschaften des Entwurfes bewiesen.

Spezifikation des Systems Ein Platzbuchungssystem organisiert die Reservierung begrenzter Resourcen, beispielsweise die Reservierung von Sitzplätzen in Flugzeugen. Verschiedene, voneinander unabhängige Instanzen (Reisebüros) können auf das System zugreifen, um einen Platz zu buchen oder eine Reservierung zu stornieren. Bei einem Buchungsauftrag nimmt das System den Kunden in die Passagierliste, bei voller Passagierliste in eine Warteliste auf. Bei einem Stornierungsauftrag streicht das System den Kunden aus der Passagier- bzw. Warteliste. In jedem Fall erhält der Kunde eine Meldung, insbesondere auch bei unausführbaren Aufträgen, wie z.B. wiederholte Buchung desselben Kunden oder Stornierung eines nicht gebuchten Platzes. Der Betreiber des Systems kann in einer Aktualisierungsroutine stornierte Plätze für Kunden auf der

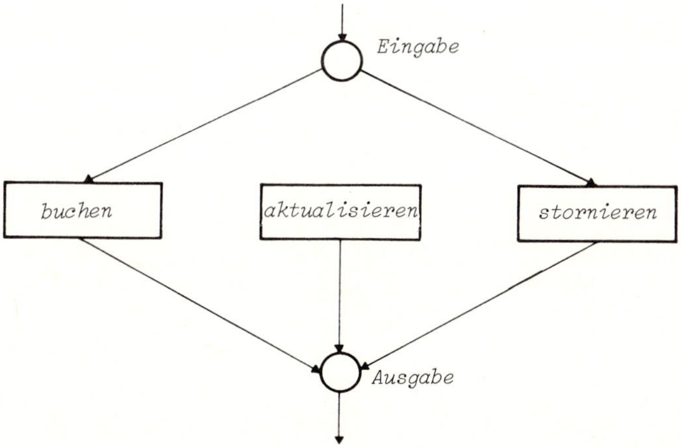


*Abb. 72 Grobstruktur des Platzbuchungssystems*

Warteliste reservieren und die Kunden davon unterrichten bzw. bei leerer Warteliste solche Plätze zur direkten Reservierung freigeben. Abb.72 zeigt die Grobstruktur des Systems.

Um einen hohen Durchsatz zu erreichen, soll das System die einlaufenden Aufträge so weit wie möglich nichtsequentiell verarbeiten. Insbesondere sollen sich Buchungs- und Stornierungsaufträge nicht gegenseitig behindern.

Wir werden die folgenden drei Eigenschaften unseres Entwurfes beweisen:

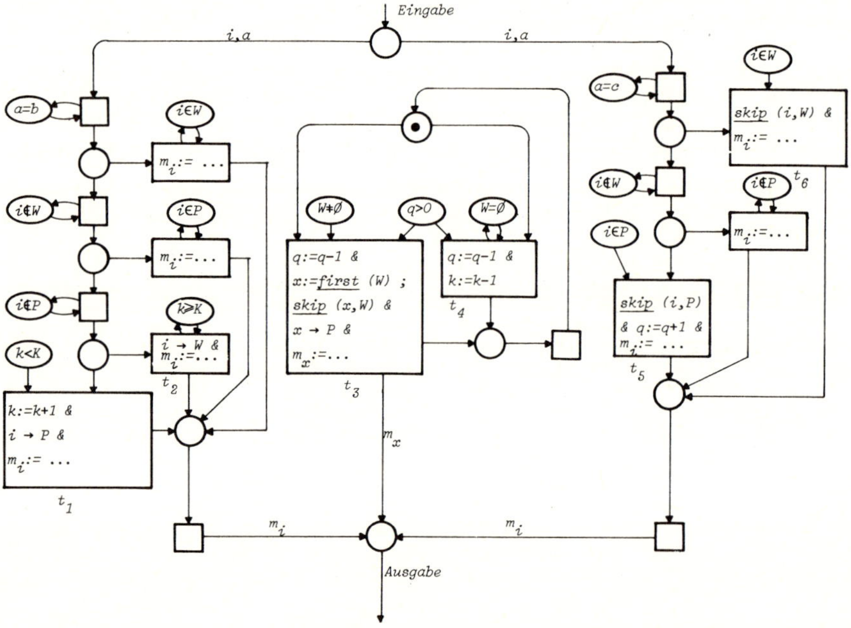


*i* :Kundennummer

*a* : Auftragsart (entweder b:buchen oder c:stornieren)

$m_i$ : Mitteilung des Systems an das Reisebüro des Kunden *i*

*W* : Warteliste

*P* : Passagierliste

*K* : Kapazität von *P*

*k* : Zahl der in *P* reservierten Plätze

*q* : aktuelle Zahl der stornierten, aber noch nicht gelöschten Reservierungen

Abb. 73 Das Platzbuchungssystem

($E_1$) Ein Überbuchen der Passagierliste ist nicht möglich.

($E_2$) Ein Kunde wird nur dann in die Warteliste aufgenommen, wenn die Passagierliste voll ist.

($E_3$) Ein Kunde wird nur dann in die Passagierliste aufgenommen, wenn die Warteliste leer ist; Kunden der Warteliste werden bevorzugt mit stornierten Plätzen bedient.

Abb.73 zeigt das System als beschriftetes Netz. Über die Eingabestelle gelangen die Aufträge der Reisebüros in das System. Jeder Auftrag enthält eine Kundennummer und den Buchungs- bzw. Stornierungswunsch und ist anzusehen als eine entsprechend beschriftete Marke. Die Bedingungen beschrifteter Stellen (z.B. a=b oder i∈W) müssen erfüllt sein, damit die zugehörigen Transitionen schalten können. Wie in den Darstellungen von Algorithmen in Kapitel 1 (Abb.11,13,14) stellen die Beschriftungen von

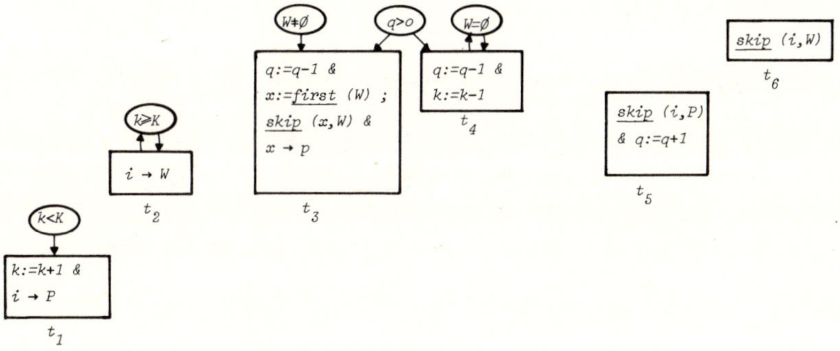


*Abb. 74* *Für Korrektheitsuntersuchungen ausreichender Ausschnitt aus Abb. 73*

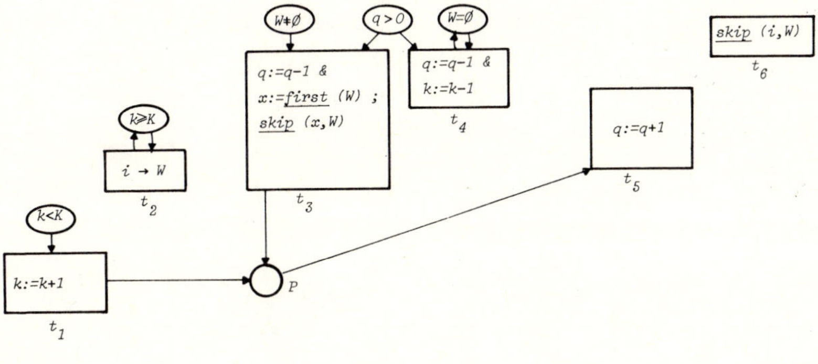


*Abb.75* *Ersetzen der die Passagierliste betreffenden Anschriften in Abb.74 durch eine neue Stelle P*

Transitionen Anweisungen dar, die bei deren Schalten ausgeführt werden. Zwischen Anweisungen bezeichne der Junktor "&" die nebenläufige und ";" wie üblich die sequentielle Ausführung. Die Listen W und P werden nach dem First-in-first-out-Prinzip organisiert, wobei first(W) das erste Element ist. Ein Befehl $x \rightarrow W$ setzt x an den Schluß der Liste, skip(x,W) löscht x aus der Liste W. $m_i := \ldots$ bewirkt, daß eine entsprechende Nachricht an das Reisebüro des Kunden i geschickt wird.

Die Anweisungen einer Transition sind unteilbar. Dies bedeutet, daß während der Ausführung der Anweisungen einer Transition die beteiligten Größen nicht durch das Schalten anderer Transitionen geändert werden. (Die - selbstverständlich mögliche - Darstellung der Organisation dieser ungeteilten Ausführungen durch zusätzliche Stellen im Netz werden wir nicht einführen.) Um einen hohen Durchsatz zu erreichen, sind Abschnitte unteilbarer Anweisungen möglichst klein zu halten. Dies wird vor allem dadurch erreicht, daß durch Stornierung freigewordene Plätze nicht sofort zur erneuten Reservierung freigegeben werden. Sie werden vielmehr zunächst mit der Variablen q erfaßt und können durch den Aktualisierungsmodul verarbeitet werden.

In Bezug auf Fragen der Lebendigkeit und der Beschränktheit sind die Zusammenhänge zwischen W,P,k und q von Bedeutung. Die Zugriffe aus der Umgebung sind ohne Regularität. Deshalb ist es ausreichend, den in Abb.74 dargestellten Systemausschnitt zu untersuchen und seine Anschriften formal zu präzisieren. Dabei ist davon auszugehen, daß die sechs Transitionen $t_1, \ldots, t_6$ in unvorhersehbaren Abständen aktiviert werden, wenn die zugehörigen Bedingungen erfüllt sind. Insbesondere die Nachrichten an Kunden beeinflussen Lebendigkeit und Beschränktheit nicht.

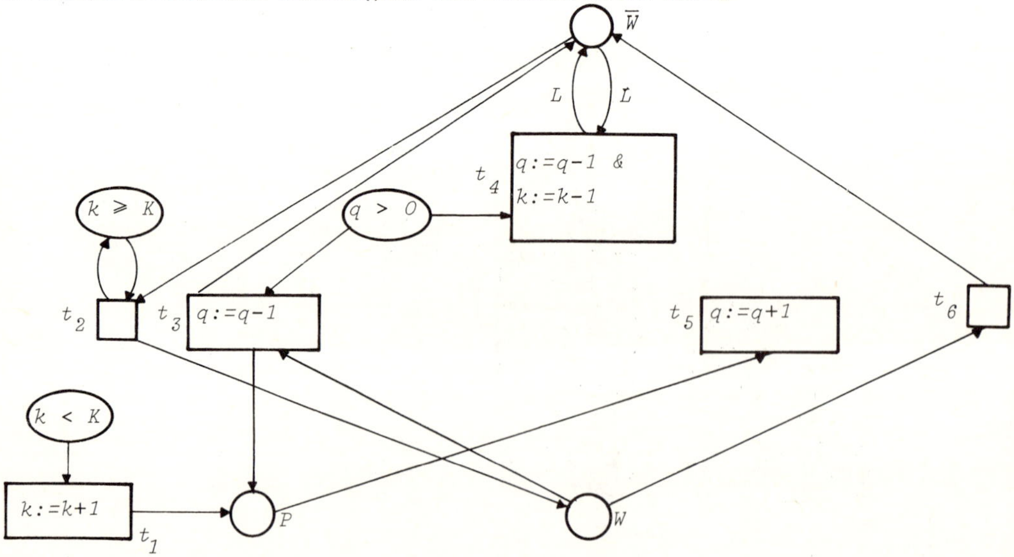


Abb. 76 *Ersetzen der die Warteliste betreffenden Anschriften in Abb. 75 durch die neue Stelle W und ihr Komplement* $\overline{W}$

Wir formalisieren zunächst die Passagierliste und den Zugriff auf sie. Dafür wird eine neue Stelle P eingeführt und so in Abb. 74 eingebettet, daß ihre Markenzahl die aktuelle Zahl der in der Passagierliste reservierten Plätze angibt. Die entsprechenden Anschriften werden gelöscht. Abb.75 zeigt das Resultat, wobei P unter der Anfangsmarkierung $M_N$ leer ist.

Ähnlich wie die Passagierliste organisieren wir die Warteliste W als neue Stelle mit $M_N(W) = 0$ . Selbstverständlich hat auch die Warteliste eine endliche Kapazität L . Wenn auch sie ausgeschöpft ist, können weitere Buchungsaufträge nicht mehr bearbeitet werden. Neben der Stelle W führen wir auch die Komplementstelle $\overline{W}$ ein mit $M_N(\overline{W}) = L$ . Abb.76 zeigt das Resultat.

Um nun auch die restlichen Anschriften zu ersetzen, wird in Abb.77 für q und k eine entsprechende Stelle eingeführt mit $M_N(q) = M_N(k) = 0$ ; für k außerdem noch eine Komplementstelle $\overline{k}$ mit $M_N(\overline{k}) = K$ .

Zur Berechnung von Invarianten sind in Abb.78 die Schlingen von Abb.77 aufgelöst.

Mit den in Abb. 79 gegebenen Invarianten können wir nun die eingangs formulierten Eigenschaften $E_1, E_2, E_3$ beweisen. Im folgenden sei $M \in [M_N\rangle$ beliebig.

Mit $i_1$ gilt: $M(P)+M(q)+M(\overline{k})+M(y) = M_N(P)+M_N(q)+M_N(\overline{k})+M_N(y) = K$ . Dies impliziert $M(P) = K-M(q)-M(\overline{k})-M(y) \leq K$ und damit $(E_1)$ .

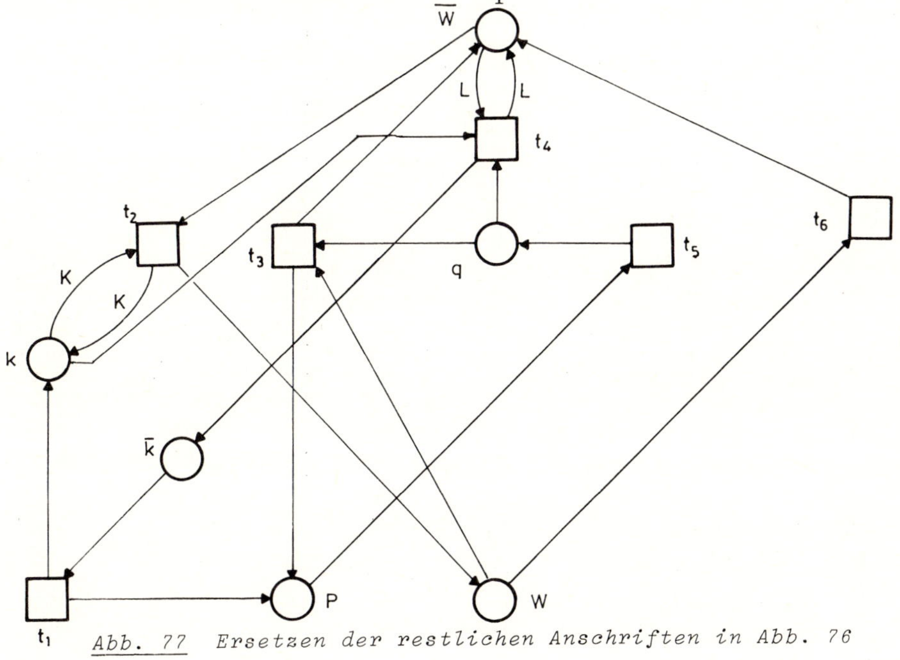


Abb. 77 Ersetzen der restlichen Anschriften in Abb. 76

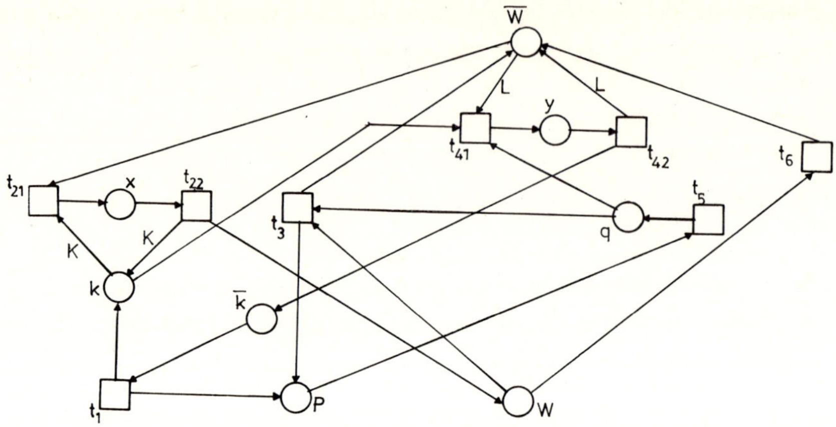


*Abb. 78 Auflösen der Schlingen in Abb. 77*

| | $t_1$ | $t_{21}$ | $t_{22}$ | $t_3$ | $t_{41}$ | $t_{42}$ | $t_5$ | $t_6$ | $i_1$ | $i_2$ | $i_3$ | $i_4$ | $M_N$ |
|---|---|---|---|---|---|---|---|---|---|---|---|---|---|
| $x$ | | 1 | -1 | | | | | | | -K | K | 1 | |
| $y$ | | | | | 1 | -1 | | | 1 | | 1 | L | |
| $k$ | 1 | -K | K | | -1 | | | | | -1 | 1 | | |
| $\overline{k}$ | -1 | | | | | 1 | | | 1 | | 1 | | K |
| $W$ | | | 1 | -1 | | | | -1 | | | | 1 | |
| $\overline{W}$ | | -1 | | 1 | - L | L | | 1 | | | | 1 | L |
| $P$ | 1 | | | 1 | | | -1 | | 1 | 1 | | | |
| $q$ | | | | -1 | -1 | | 1 | | 1 | 1 | | | |

*Abb. 79 Matrix, S-Invarianten $i_1, \ldots, i_4$ und Anfangsmarkierung $M_N$ zu Abb. 78*

Die Passagierliste $P$ ist ausgebucht, wenn die Zahl der tatsächlich reservierten Plätze $M(P)$ und die Zahl der noch nicht wieder freigegebenen stornierten Plätze $M(q)$ zusammen die Kapazität $K$ von $P$ ausschöpfen. $x$ ist genau dann markiert, wenn das System einen Buchungsauftrag mit der Aufnahme in die Warteliste beantwortet. In diesem Fall folgt mit $i_2$ : $M(P)+M(q)-M(k)-K\cdot M(x)=0$ , d.h. $M(P)+M(q)=M(k)+K\cdot M(x)=M(k)+K\geq K$ . Dies beweist $(E_2)$ .

Gehen wir nun umgekehrt von einer Situation aus, in der Buchungsaufträge mit der Aufnahme in die Warteliste beantwortet werden. Für die entsprechende Markierung $M_1$ gilt nach $(E_2)$ : $M_1(k)=K$ . $K\cdot M(x)+M(y)+M(k)+M(\bar{k})=K$ und damit $M_1(\bar{k})=0$ folgt aus $i_3$ . Der Aktualisierungsmodul kann Plätze zur erneuten Reservierung freigeben und die Beantwortung eines Buchungsauftrags mit der Aufnahme in die Passagierliste (Schalten von $t_1$ ) durch Markieren von $\bar{k}$ ermöglichen. Dies geschieht durch Schalten von $t_{42}$ und setzt voraus, daß $y$ unter einer Markierung $M_2\in[M_1>$ markiert war. $M(x)+L\cdot M(y)+M(W)+M(\bar{W})=L$ und damit $M_2(W)=0$ folgt aus $i_4$ . Dies beweist $(E_3)$ .

## 6.6 Der Beweis von Fakten in B/E-Systemen mit Hilfe von S-Invarianten

Da B/E-Systeme als S/T-Netze angesehen werden können, ist der Invariantenkalkül auch für sie anwendbar und kann insbesondere zur Berechnung von Fakten verwendet werden. Aus dem Beweis von Satz 6.1(d) folgt unmittelbar für Invarianten $i$ , daß $M\cdot i=M_N\cdot i$ für alle Markierungen $M$ gilt, die aus $M_N$ durch Vorwärts- oder Rückwärtsschluß ineinander überführt werden können. In einem B/E-System $\Sigma$ bedeutet dies für alle $d,d'\in C_\Sigma$ und eine Invariante i: $c_d\cdot i=c_{d'}\cdot i$ ( $c_d$ bezeichnet den charakteristischen Vektor von $d$ ; vgl. A 18 ). Ist $i=c_B$ selbst charakteristischer Vektor einer Bedingungsmenge $B\subseteq B_\Sigma$ , so gilt: $c_d\cdot c_B=|d\cap B|$ .

Wir zeigen, daß die in Abb.51 und Abb.52 mit $t$ bzw. $t_1$ und $t_2$ bezeichneten T-Elemente Fakten sind, indem wir diese Netze als S/T-Netze der Kapazität eins und den dargestellten Fall als Anfangsmarkierung ansehen.

In Abb.51 ist mit $B=\{b_1,...,b_4\}$ $c_B$ eine S-Invariante und es gilt für den dargestellten Fall d: $|d\cap B|=1$ , d.h. $c_d\cdot c_B=1$ . Nach Satz 6.1(d) gilt für alle erreichbaren Fälle d': $c_{d'}\cdot c_B=1$ , d.h. $|d'\cap B|=1$ . Da $|{}^\bullet t\cap B|=2$ , folgt ${}^\bullet t\not\subseteq d'$ . $t$ ist nicht aktivierbar.

Abb.80 zeigt die Matrix, eine Invariante $i$ und die Anfangsmarkierung $d$ zu Abb.52. Daraus ergibt sich: $d\cdot i=-1$ . Aus $i$ folgt für alle erreichbaren Markierungen $M$ : $M(b_5)-M(b_6)-M(b_7)=-1$ , somit $M(b_6)+M(b_7)=M(b_5)+1$ . Sind also $b_6$ und $b_7$

| | $e_1$ | $e_2$ | $e_3$ | $e_4$ | $i$ | $d$ |
|---|---|---|---|---|---|---|
| $b_1$ | -1 | | | 1 | | |
| $b_2$ | 1 | -1 | | | | 1 |
| $b_3$ | | 1 | -1 | | | |
| $b_4$ | | | 1 | -1 | | |
| $b_5$ | | -1 | | 1 | 1 | 1 |
| $b_6$ | | -1 | 1 | | -1 | 1 |
| $b_7$ | | | -1 | 1 | -1 | 1 |

*Abb. 80 Matrix, S-Invariante und Anfangsmarkierung zu Abb. 52*

markiert, so ist auch $b_5$ markiert: $t_2$ ist ein Faktum. Ist andererseits $b_5$ markiert, so ist insbesondere auch $b_7$ markiert: $t_1$ ist ein Faktum.

Ob und wie Invarianten zur Berechnung von Fakten herangezogen werden können, hängt vom jeweiligen Einzelfall ab.

## 6.7 T-Invarianten

In diesem Abschnitt untersuchen wir Lösungen von Gleichungssystemen der Form $\underline{N} \cdot x = 0$ . Ist $v: T_N \to \mathbb{N}$ Lösung eines solchen Systems und ist es möglich, ausgehend von einer Markierung $M$ jede Transition $t$ genau $v(t)$ mal zu schalten, so entsteht wiederum die Markierung $M$ . Dies sei mit folgenden Überlegungen verdeutlicht:

Ist $c_t$ der charakteristische Vektor von $\{t\}$, so gilt: $\underline{t} = \underline{N} \cdot c_t$ . Für $M_0[t>M_1$ ergibt sich $M_0 + \underline{t} = M_1$ (Kor. 5.2(b)) und somit $M_0 + \underline{N} \cdot c_t = M_1$ . Für $M_0[t_1>M_1[t_2>M_2$ ergibt sich $M_0 + \underline{t_1} + \underline{t_2} = M_2$ , somit $M_0 + \underline{N} \cdot c_{t_1} + \underline{N} \cdot c_{t_2} = M_0 + \underline{N} \cdot (c_{t_1} + c_{t_2}) = M_2$ . Allgemein gilt also für $M_0[t_1>\ldots[t_n>M_n$ :

$$M_n = M_0 + \sum_{i=1}^{n} \underline{t_i} = M_0 + \sum_{i=1}^{n} \underline{N} \cdot c_{t_i} = M_0 + \underline{N} \cdot \sum_{i=1}^{n} c_{t_i} \quad .$$

Wir präzisieren diese Überlegungen folgendermaßen:

(a) Satz Sei $N$ ein S/T-Netz, sei $M_0,\dots,M_n \in [M_N\rangle$ ; $t_1,\dots,t_n \in T_N$ , so daß $M_0[t_1\rangle M_1 \dots [t_n\rangle M_n$ . Sei $v: T_N \to \mathbb{N}$ gegeben durch $v(t) := |\{i \mid 1 \le i \le n \wedge t_i = t\}|$ . Dann gilt: $M_0 + \underline{N} \cdot v = M_n$ .

Beweis

durch Induktion über $n$ .

$n=0$: $M_0 + \underline{N} \cdot 0 = M_0 + 0 = M_0$ .

Ann.: Die Behauptung gilt für $n-1$ . Für $v': T_N \to \mathbb{N}$ , definiert durch $v'(t) := |\{i \mid 1 \le i \le n-1 \wedge t_i = t\}|$ gilt nach Induktionsvoraussetzung: $M_0 + \underline{N} \cdot v' = M_{n-1}$. Außerdem gilt: $M_n = M_{n-1} + \underline{t_n} = M_0 + \underline{N} \cdot v' + \underline{t_n} = M_0 + \underline{N} \cdot v' + \underline{N} \cdot c_{t_n} = M_0 + \underline{N}(v' + c_{t_n}) = M_0 + \underline{N} \cdot v$ . ■

Die Umkehrung dieses Satzes gilt im allgemeinen nicht, da zur Realisierung eines Vektors $v: T_N \to \mathbb{N}$ genügend Marken und genügend freie Kapazität der Stellen zur Verfügung stehen müssen.

(b) Satz Sei $N$ ein S/T-Netz, so daß $\forall s \in S_N \; K_N(s) = \omega$ . Seien $M, M'$ Markierungen und sei $v: T_N \to \mathbb{N}$ . Dann gilt: $M + \underline{N} \cdot v = M' \iff \exists M'': S_N \to \mathbb{N} \; \exists t_1,\dots,t_n \in T_N$ $M + M''[t_1\rangle \dots [t_n\rangle (M' + M'') \wedge \forall t \in T_N \; v(t) = |\{i \mid 1 \le i \le n \wedge t_i = t\}|$ .

Beweis

"$\Leftarrow$" Satz 6.7(a)

"$\Rightarrow$" Induktion über $k := \sum_{i=1}^{n} v(t_i)$

Für $k = 0$ gilt: $M = M'$ . Für beliebiges $M''$ folgt die Behauptung mit $M + M''[\emptyset\rangle M' + M''$.

Ann.: Die Behauptung gilt für $k-1$ . Sei $t \in T_N$ beliebig, so daß $v = v' + c_t$

Dann gilt $\sum_{i=1}^{n} \underline{N}'(t_i) = k-1$ , und $M + \underline{N} \cdot v = M'$ . Sei nun $M''' := M' - \underline{t}$ . Dann gilt $M + \underline{N} \cdot v' = M + \underline{N} \circ (v - c_t) = M + \underline{N} \cdot v - \underline{N} \cdot c_t = M + \underline{N} \cdot v - \underline{t} = M' - \underline{t} = M'''$ .

Nach Induktionsvoraussetzung gibt es ein $n \in \mathbb{N}$ , eine Markierung $M''$ , und Transitionen $t_1,\dots,t_n \in T_N$ , so daß $(M + M'')[t_1\rangle \dots [t_n\rangle (M''' + M'')$ , wobei $v'(t) = |\{i \mid 1 \le i \le n \wedge t_i = t\}|$ . Sei nun $\tilde{M}: S_N \to \mathbb{N}$ gegeben durch $\tilde{M}(s) = W_N(s,t)$ , falls $s \in {}^\bullet t$ , und $\tilde{M}(s) = 0$ sonst.

Dann gilt: $\tilde{M}[t\rangle \tilde{M} + \underline{t}$ und $(M + M'' + \tilde{M})[t_1\rangle \dots [t_n\rangle (M''' + M'' + M')[t\rangle (M''' + \underline{t} + M'' + \tilde{M})$ . Außerdem gilt $M''' + \underline{t} = M'$ und $\forall t \in T_N \; v(t) = |\{i \mid 1 \le i \le n \wedge t_i = t\}| + 1$ . ■

Dieser Satz liefert den Zusammenhang zwischen Lösungen von $\underline{N} \cdot x = 0$ und reproduzierbaren Markierungen.

(c) <u>Definition</u> Eine Markierung $M$ eines S/T-Netzes $N$ ist <u>reproduzierbar</u> $:\Longleftrightarrow \exists M' \in [M\rangle \wedge M' \neq M \wedge M \in [M'\rangle$ .

(d) <u>Korollar</u> Sei $N$ ein S/T-Netz, so daß $\forall s \in S_N \; K_N(s) = \omega$ . Ist $M$ eine reproduzierbare und $M'$ eine beliebige Markierung von $N$ , so ist $M+M'$ reproduzierbar.

(e) <u>Definition</u> Sei $N$ ein S/T-Netz. Ein Vektor $i: T_N \to \mathbf{Z}$ heißt <u>T-Invariante</u> $:\Longleftrightarrow \underline{N} \cdot i = 0$ .

(f) <u>Korollar</u> Sind $i_1$ und $i_2$ T-Invarianten eines S/T-Netzes $N$ und ist $z \in \mathbf{Z}$ , so sind auch $i_1 + i_2$ und $z \cdot i_1$ T-Invarianten.

(g) <u>Satz</u> Sei $N$ ein S/T-Netz, so daß $\forall s \in S_N \; K_N(s) = \omega$ . $N$ besitzt eine positive T-Invariante $v \neq 0 \iff N$ besitzt eine reproduzierbare Markierung.

<u>Beweis</u>

$\underline{N} \cdot v = 0 \iff 0 + \underline{N} \cdot v = 0 \iff \exists M'' \; \exists t_1, \ldots, t_n \in T_N \;\; 0 + M''[t_1\rangle \ldots [t_n\rangle 0 + M'' \wedge \forall t \in T_N$ $v(t) = |\{i \mid 1 \leq i \leq n \wedge t_i = t\}|$ (Satz 6.7(b)) . ■

(h) <u>Definition</u> Eine T-Invariante $i$ eines S/T-Netzes $N$ heißt <u>realisierbar</u> $:\Longleftrightarrow$ $\exists M_0 \in [M_N\rangle \; \exists M_0[t_1\rangle \ldots [t_n\rangle M_n$ , so daß $\forall t \in T_N \; i(t) = |\{j \mid 1 \leq j \leq n \wedge t_j = t\}|$ .

Nicht jede positive T-Invariante $i$ eines S/T-Netzes $N$ ist realisierbar; insbesondere auch dann nicht, wenn $N$ lebendig und beschränkt ist, jede erreichbare Markierung reproduzierbar und $i$ nicht additiv aus anderen positiven Invarianten zusammengesetzt ist. Ein Beispiel zeigt Abb.81.

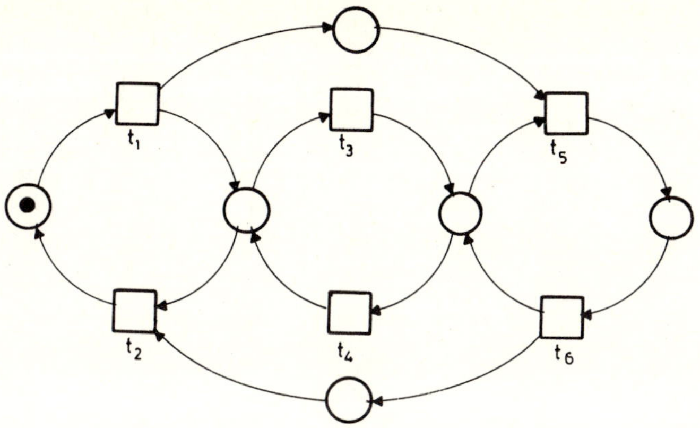


*Abb.81* *Die T-Invariante i , definiert durch* $i(t_1)=i(t_2)=i(t_5)=i(t_6)=1$ *und* $i(t_3)=i(t_4)=0$ *, ist nicht realisierbar*

Im folgenden stellen wir noch einen Zusammenhang her zwischen lebendigen, beschränkten S/T-Netzen und ihrer Überdeckung mit T-Invarianten.

(i) Definition Ein S/T-Netz N heißt von T-Invarianten überdeckt $:\Longleftrightarrow$ für jede Transition $t\in T_N$ gibt es eine positive T-Invariante i von N mit $i(t)>0$ .

(j) Korollar Ist ein S/T-Netz N von T-Invarianten überdeckt, so gibt es eine T-Invariante i mit $\forall t\in T_N \; i(t)>0$ .

Beweis

Für $t\in T_N$ sei $i_t$ eine positive T-Invariante mit $i_t(t)>0$ . Dann ist $i:=\sum_{t\in T_N} i_t$ nach Kor. 6.7(f) eine T-Invariante. Sie hat die gesuchte Form. ∎

(k) Satz Jedes endliche, lebendige, beschränkte S/T-Netz ist von T-Invarianten überdeckt.

Beweis

Ist N endlich und lebendig, so gilt $\forall M\in[M_N> \;\exists \widetilde{M}\in[M> \;\exists M_0[t_1>\dots[t_n>M_n$ mit $M_0=M \;\wedge\; M_n=\widetilde{M} \;\wedge\; T_N=\{t_1,\dots,t_n\}$ .

Ist N außerdem noch beschränkt, so gilt: $q:=|[M_N>|\in\mathbb{N}$ . Dann gibt es für $i=0,\dots,q$ Schaltfolgen $M_i[t_{i_1}>\dots[t_{i_{n_i}}>\widetilde{M}_i$ mit $T_N=\{t_{i_1},\dots,t_{i_{n_i}}\}$ , $M_0=M_N$ und $\widetilde{M}_i=M_{i+1}$ . Offenbar gibt es dann zwei Indizes $0\leq j<k\leq q$ mit $M_j=M_k$ und eine Schaltfolge $M_j[t'_1>\dots[t_m'>M_k$ , so daß $\forall t\in T_N \;\exists 1\leq i\leq m \; t_i'=t$ . Nach Satz 6.7(a) gilt für den Vektor $v:T_N\to\mathbb{N}$, definiert durch $v(t):=|\{i\,|\,1\leq i\leq m \;\wedge\; t_i'=t\}|$ : $M_j+\underline{N}\cdot v=M_k$ , und somit $\underline{N}\cdot v=0$ , da $M_j=M_k$ . Da $\forall t\in T_N \; v(t)>0$ , ist v eine T-Invariante, die N überdeckt. ∎

Aufgaben zu Kapitel 6

1. Berechne einige S-Invarianten des S/T-Netzes in Abb. 12. Ist dieses Netz von S-Invarianten überdeckt?

2. Zeige, daß das Netz aus Aufgabe 6 zu Kapitel 5 nicht von S-Invarianten überdeckt ist.

3. Zeige, daß folgendes S/T-Netz nicht realisierbare T-Invarianten besitzt:

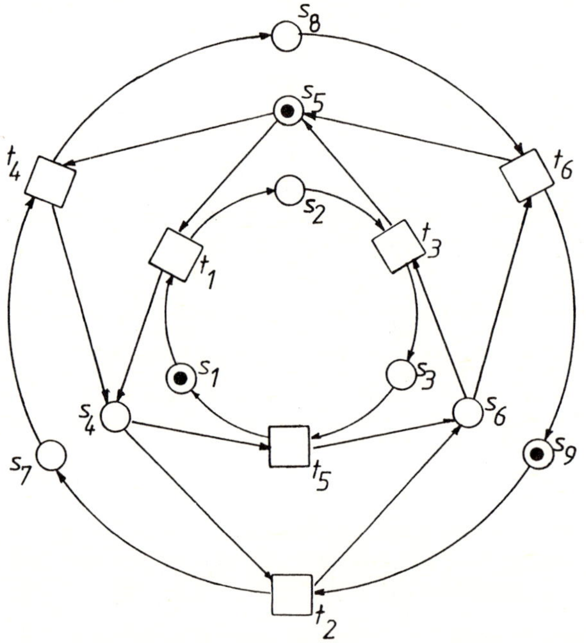


4. Seien $N_1$ und $N_2$ zwei S/T-Netze, so daß $T_{N_1} \cap T_{N_2} = \emptyset$. Sei $N$ ein S/T-Netz mit $S_N = S_{N_1} \cup S_{N_2}$, $T_N = T_{N_1} \cup T_{N_2}$ und $F_N = F_{N_1} \cup F_{N_2}$. $K_N$ und $M_N$ seien beliebig.

   a) Seien $i_1$ und $i_2$ S-Invarianten von $N_1$ bzw. $N_2$, so daß $\forall s \in S_{N_1} \cap S_{N_2}$: $i_1(s) = i_2(s)$. Sei $i: S_N \to \mathbb{Z}$ gegeben durch

$$i(s) = \begin{cases} i_1(s), & \text{falls } s \in S_{N_1} \\ i_2(s), & \text{falls } s \in S_{N_2} \end{cases}.$$

   Zeige, daß $i$ eine S-Invariante von $N$ ist.

b) Sei $j_1$ eine T-Invariante von $N_1$ und sei $j: T_N \to \mathbb{Z}$ definiert durch

$$j(t) = \begin{cases} j_1(t), & \text{falls } t \in T_{N_1} \\ 0, & \text{falls } t \in T_{N_2} \end{cases} .$$

Zeige, daß $j$ eine T-Invariante von $N$ ist.

c) Seien $j_1$ und $j_2$ T-Invarianten von $N_1$ bzw. $N_2$, und sei $j: T \to \mathbb{Z}$ definiert durch

$$j(t) = \begin{cases} j_1(t), & \text{falls } t \in T_{N_1} \\ j_2(t), & \text{falls } t \in T_{N_2} \end{cases}$$

Zeige, daß $j$ eine T-Invariante von $N$ ist.

5. Formuliere Behauptungen analog zu denjenigen aus Aufgabe 4 für zwei S/T-Netze $N_1$ und $N_2$ mit $S_{N_1} \cap S_{N_2} = \emptyset$ und beweise sie.

# Kapitel 7 Lebendigkeitsuntersuchungen spezieller Netzklassen

In diesem Kapitel betrachten wir markierte Netze: spezielle, für viele Anwendungen ausreichende S/T-Netze. Lebendigkeitsuntersuchungen sind für solche Netze kaum einfacher als für S/T-Netze; es gibt jedoch Teilklassen, für die Kriterien zur Bestimmung von Lebendigkeit oder Beschränktheit bekannt sind. Solche Kriterien bilden den Hauptgegenstand dieses Kapitels.

## 7.1 Markierte Netze, Deadlocks und Traps

(a) Definition Ein markiertes Netz ist ein endliches, kontaktfreies S/T-Netz N , wobei für alle $s \in S_N : M_N(s) \in \mathbb{N}$ und für alle $p \in F_N : W_N(p) = 1$ .

Für Lebendigkeitsuntersuchungen sind Netzteile interessant, die niemals markiert werden oder die nie alle Marken verlieren. Einfach zu erkennende Netzteile dieser Art werden in diesem Abschnitt genauer untersucht.

Eine Menge S von Stellen kann - wenn sie einmal unmarkiert ist - genau dann nie mehr markiert werden, wenn keine Transition mehr schalten kann, die in ihrem Nachbereich eine Stelle aus S hat. Dies ist insbesondere dann der Fall, wenn alle diese Transitionen auch in ihrem Vorbereich Stellen aus S haben, wenn also gilt: $\forall t \in T_N \;\; t \in {}^\bullet S \Rightarrow t \in S^\bullet$ (Abb.82) oder kürzer: ${}^\bullet S \subseteq S^\bullet$ . Eine solche Stellenmenge heißt Deadlock. Man findet einen Deadlock nach folgendem Verfahren: Sei $s_0$ eine Stelle,

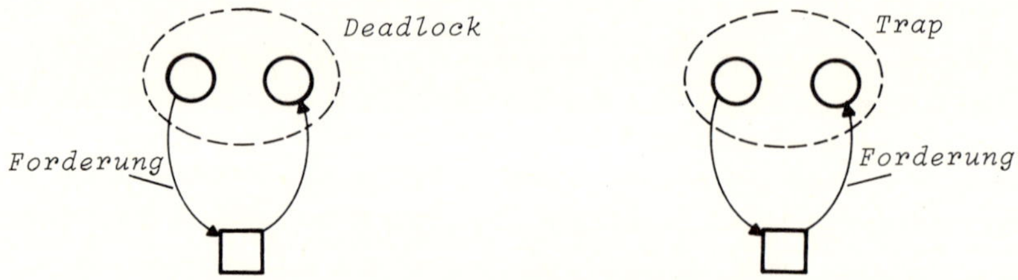


Abb. 82 Deadlock und Trap

die in dem zu konstruierenden Deadlock $S$ liegen soll. Dann muß neben $s_0$ auch von allen Transitionen $t \in {}^\bullet s_0$ mindestens eine Stelle $s_1 \in {}^\bullet t$ in $S$ liegen. Es muß also gelten: ${}^\bullet s_0 \subseteq S^\bullet$ . Für die neuen Elemente $s \in S$ verlangen wir nun iterativ ebenfalls ${}^\bullet s \subseteq S^\bullet$ bis schließlich für alle $s \in S$ gilt: $s \subseteq S$ . Dies ist äquivalent zur obigen Forderung ${}^\bullet S \subseteq S^\bullet$ .

Für Lebendigkeitsfragen sind Deadlocks besonders kritische Systemteile, weil Transitionen niemals aktivierbar sind, wenn sie in ihrem Vorbereich Stellen aus einem leeren Deadlock haben.

Zu Deadlocks dual liegen Stellenmengen, die - wenn sie einmal markiert sind - niemals alle Marken verlieren können. Dies trifft für eine Stellenmenge $S$ zu, wenn jede Transition, die Marken aus $S$ entnimmt, auch mindestens eine Marke an $S$ zurückgibt. Für die Transitionenmenge $S^\bullet$ muß also gelten: $S^\bullet \subseteq {}^\bullet S$ (Abb.82). $S$ heißt dann <u>Trap</u> (engl. für <u>Falle</u>). Man findet einen Trap nach folgendem Verfahren: Sei $s_0$ eine Stelle, die in dem zu konstruierenden Trap $S$ liegt. Dann muß neben $s_0$ auch von allen Transitionen $t \in s_0^\bullet$ mindestens eine Stelle $s_1 \in t^\bullet$ in $S$ liegen. Es muß also gelten: $s_0^\bullet \subseteq {}^\bullet S$ . Für alle neuen Elemente $s \in S$ verlangen wir dann iterativ ebenfalls $s^\bullet \subseteq {}^\bullet S$ bis schließlich für alle $s \in S$ gilt: $s^\bullet \subseteq {}^\bullet S$ . Dies ist äquivalent zur obigen Bedingung $S^\bullet \subseteq {}^\bullet S$.

Wenn ein Deadlock einen markierten Trap als Teilmenge enthält, kann er also niemals leer werden. Daher sind diese speziellen Deadlocks für die Lebendigkeitsuntersuchungen interessant.

(b) <u>Definition</u> Sei $N$ ein markiertes Netz und sei $S \subseteq S_N$ .

(i) $S$ heißt <u>Deadlock</u>, falls ${}^\bullet S \subseteq S^\bullet$ .

(ii) $S$ heißt <u>Trap</u> , falls $S^\bullet \subseteq {}^\bullet S$ .

Beispiele für Deadlocks und Traps eines Netzes zeigt Abb.83.

(c) <u>Korollar</u> Sei $N$ ein markiertes Netz mit einer positiven S-Invariante $i$ und sei $S := \{s \in S_N \mid i(s) > 0\}$ . Dann ist $S$ sowohl ein Deadlock als auch ein Trap.

<u>Beweis</u>
folgt sofort aus Korollar 6.1(c). ■

(d) <u>Korollar</u> Sei $N$ ein markiertes Netz, sei $M: S_N \to \mathbb{N}$ eine Markierung und sei $S \subseteq S_N$ .

(i) Ist $S$ ein unter $M$ unmarkierter Deadlock, so ist $S$ auch unter jeder Folgemarkierung $M' \in [M\rangle$ unmarkiert.

(ii) Ist $S$ ein unter $M$ nicht unmarkierter Trap, so ist $S$ auch unter keiner Folgemarkierung $M' \in [M\rangle$ unmarkiert.

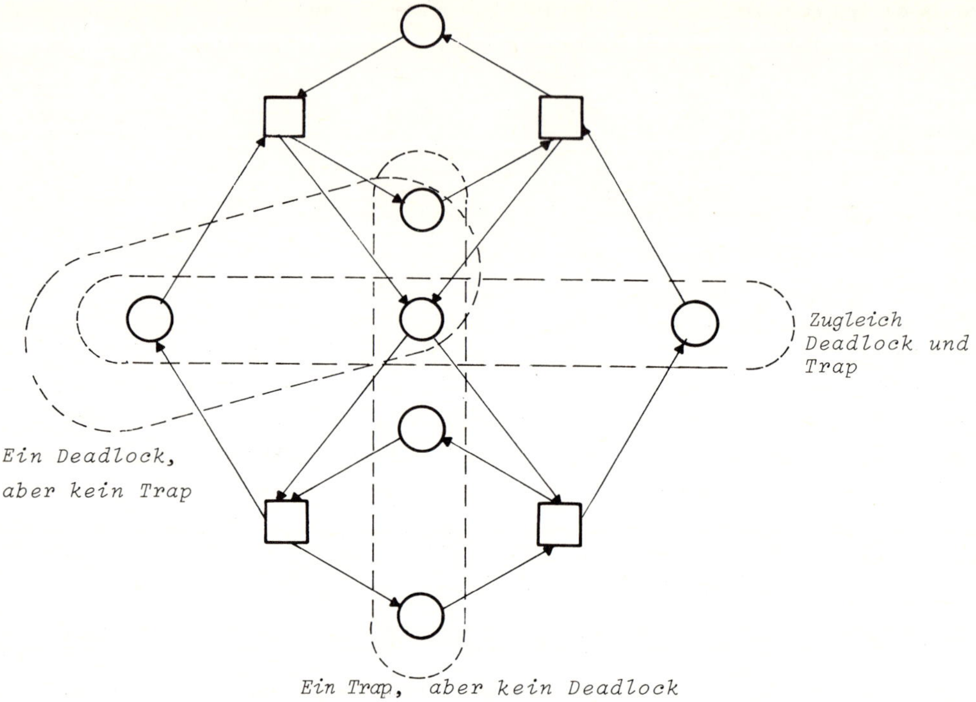


Abb. 83 Deadlocks und Traps

(iii) Die Vereinigung von Deadlocks ist ein Deadlock.

(iv) Die Vereinigung von Traps ist ein Trap.

(v) S enthält einen maximalen Deadlock und einen maximalen Trap.

Beweis

(i) Sei S unter M unmarkiert, sei $M[t>M'$. Ann. S ist M'-markiert. Dann gilt: $t \in {}^{\bullet}S$. Ist S ein Deadlock, so gilt $t \in S^{\bullet}$. Dann ist t nicht M-aktiviert!

(ii) Sei S unter M markiert, sei $M[t>M'$. Ann. S ist unter M' unmarkiert. Dann gilt: $t \in S^{\bullet}$. Ist S ein Trap, so gilt: $t \in {}^{\bullet}S$ und S ist unter M' markiert!

(iii) ${}^{\bullet}S_1 \subseteq S_1{}^{\bullet} \wedge {}^{\bullet}S_2 \subseteq S_2{}^{\bullet} \Rightarrow {}^{\bullet}(S_1 \cup S_2) = {}^{\bullet}S_1 \cup {}^{\bullet}S_2 \subseteq S_1{}^{\bullet} \cup S_2{}^{\bullet} = (S_1 \cup S_2)^{\bullet}$.

(iv) $S_1{}^{\bullet} \subseteq {}^{\bullet}S_1 \wedge S_2{}^{\bullet} \subseteq {}^{\bullet}S_2 \Rightarrow (S_1 \cup S_s)^{\bullet} = S_1{}^{\bullet} \cup S_2{}^{\bullet} \subseteq {}^{\bullet}S_1 \cup {}^{\bullet}S_2 = {}^{\bullet}(S_1 \cup S_2)$.

(v) folgt sofort aus (iii) und (iv), da die leere Menge sowohl Deadlock, als auch Trap ist. ■

Für die Klasse aller markierten Netze ergibt sich folgender Zusammenhang zwischen Deadlocks, Traps und erreichbaren toten Markierungen:

(e) Definition Sei $N$ ein markiertes Netz und sei $M:S_N \to \mathbb{N}$ eine Markierung von $N$. $M$ heißt tot, falls es keine $M$-aktivierte Transition in $T_N$ gibt.

(f) Satz Sei $N$ ein markiertes Netz. Falls jeder nichtleere Deadlock von $N$ einen unter $M_N$ markierten Trap enthält, so gibt es in $[M_N\rangle$ keine tote Markierung.

Beweis

Wir zeigen zunächst: Ist $M:S_N \to \mathbb{N}$ eine tote Markierung, so gibt es in $N$ einen Deadlock ohne einen $M$-markierten Trap.

Sei $M$ tot und sei $S:=\{s \in S_N \mid M(s)=0\}$. Sicherlich gilt: $S \neq \emptyset$, da anderenfalls alle Transitionen $M$-aktiviert wären. Wir zeigen nun, daß $S$ ein Deadlock ist: Jede Transition $t \in {\bullet}S$ ist nach Voraussetzung nicht $M$-aktiviert; d.h. ${\bullet}t \cap S \neq \emptyset$. Damit gilt: $t \in S{\bullet}$. $S$ ist also ein Deadlock ohne $M$-markierten Trap.

Nach Korollar 7.1(d)(ii) gibt es solche Deadlocks nicht für Markierungen aus $[M_N\rangle$.

■

## 7.2 Free Choice Netze

In markierten Netzen heißt eine Situation konfus (vgl. 2.1), wenn die Aktivierung einer Transition davon abhängt, ob zwei an sich unabhängige Transitionen beim Schalten eine bestimmte Reihenfolge einhalten. Die Analyse auf Lebendigkeit ist in Netzen mit Konfusion besonders schwierig. Wir betrachten nun Netze, die schon aufgrund ihrer Struktur unabhängig von konkreten Markierungen Konfusion ausschließen. Ein Konflikt zwischen mehreren Elementen $t_1,\dots,t_n$ soll also nur dadurch verschwinden können, daß er zugunsten einer der Transitionen $t_i$ $(1 \leq i \leq n)$ gelöst wird, daß also $t_i$ schaltet. Man erreicht dies durch die Forderung, daß die Transitionen $t_1,\dots,t_n$ neben einer gemeinsamen Vorstelle $s \in {\bullet}t_i$ keine weiteren Vorstellen besitzen. Kurz: Die Transitionen einer vorwärts verzweigten Stelle dürfen nicht rückwärts verzweigt sein. Dies ist äquivalent zur Forderung, daß bezüglich jeden Pfeiles $(s,t) \in F_N$ gilt: $s{\bullet}=\{t\}$ oder ${\bullet}t=\{s\}$. Da in solchen Netzen zwischen den Transitionen eines Konfliktes frei und unabhängig von anderen Stellen eine Transition zum Schalten ausgewählt werden kann, heißen sie Free Choice Netze.

(a) Definition Ein markiertes Netz $N$ heißt Free Choice Netz $:\Longleftrightarrow$ für jeden Pfeil $(s,t) \in F_N \cap (S_N \times T_N)$ gilt: $s{\bullet}=\{t\} \vee {\bullet}t=\{s\}$.

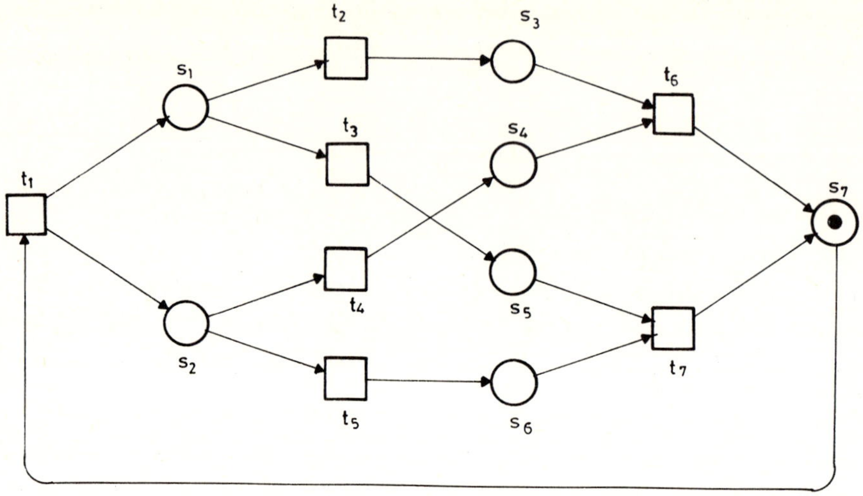


*Abb. 84 Ein Free Choice Netz*

(b) Satz Folgende Eigenschaften eines markierten Netzes N sind äquivalent:

(i) N ist ein Free Choice Netz .

(ii) $s \in S_N \wedge |s^\bullet| > 1 \Rightarrow \forall t \in s^\bullet : {}^\bullet t = \{s\}$ .

(iii) $s_1, s_2 \in S_N \wedge s_1^\bullet \cap s_2^\bullet \neq \emptyset \Rightarrow \exists t \in T_N \; s_1^\bullet = s_2^\bullet = \{t\}$ .

(iv) $s \in S_N \wedge |s^\bullet| > 1 \Rightarrow {}^\bullet(s^\bullet) = \{s\}$ .

Beweis

(i) $\Rightarrow$ (ii): Falls $|s^\bullet| > 1$ , gilt für jedes $t \in s^\bullet$ : $s^\bullet \neq \{t\}$ . Aus (i) folgt: ${}^\bullet t = \{s\}$.

(ii) $\Rightarrow$ (i) : Sei $(s,t) \in F_N \cap (S_N \times T_N)$ . Falls $|s^\bullet| = 1$ , folgt sofort: $s^\bullet = \{t\}$ . Falls $|s^\bullet| > 1$ , folgt aus (ii): ${}^\bullet t = \{s\}$ .

(i) $\Rightarrow$ (iii): Sei $t \in s_1^\bullet \cap s_2^\bullet$ . Da $\{s_1, s_2\} \subseteq {}^\bullet t$ , gilt insbesondere ${}^\bullet t \neq \{s_1\}$ und ${}^\bullet t \neq \{s_2\}$ . Aus (i) folgt: $s_1^\bullet = \{t\}$ und $s_2^\bullet = \{t\}$.

(iii) $\Rightarrow$ (i) : Sei $(s_1, t) \in F_N \cap (S_N \times T_N)$ . Falls ${}^\bullet t \neq \{s_1\}$ , gibt es ein $s_2 \in S_N$ , $s_2 \neq s_1$ mit $t \in s_2^\bullet$ . Da also $t \in s_1^\bullet \cap s_2^\bullet \neq \emptyset$ , gilt nach (iii): $s_1^\bullet = \{t\}$.

(iv) ist augenscheinlich zu (ii) äquivalent. ■

Im Rest dieses Abschnittes wird ein Satz hergeleitet, nach dem ein Free Choice Netz N genau dann lebendig ist, wenn jeder seiner Deadlocks einen unter $M_N$ markierten Trap enthält. Wir beweisen zuerst, daß dieses Kriterium hinreichend und später, daß es auch notwendig für die Lebendigkeit ist.

Um die Lebendigkeit von Free Choice Netzen zu charakterisieren, zeigen wir zunächst, wie aus einer Menge $T$ nicht aktivierbarer Transitionen durch Fortschalten weitere Transitionen gewonnen werden können, die dann auch nicht mehr aktivierbar sind.

(c) <u>Lemma</u> Sei $N$ ein Free Choice Netz und sei $T \subseteq T_N$. Falls $(\cdot T)\cdot$ in $[M_N>$ aktivierbar ist, so ist auch $T$ selbst in $[M_N>$ aktivierbar.

<u>Beweis</u>

Sei $t_1 \in T$, $s \in \cdot t_1$ und $t_2 \in s\cdot \setminus T$ (Abb.85). Da $t_1 \neq t_2$, gilt: $s\cdot \neq \{t_1\}$ und $s\cdot \neq \{t_2\}$. Aus der Definition der Free Choice Netze folgt dann: $\cdot t_1 = \cdot t_2 = \{s\}$. $t_2$ ist genau dann aktiviert, wenn $s$ markiert ist. In diesem Fall ist aber auch $t_1$ aktiviert. ∎

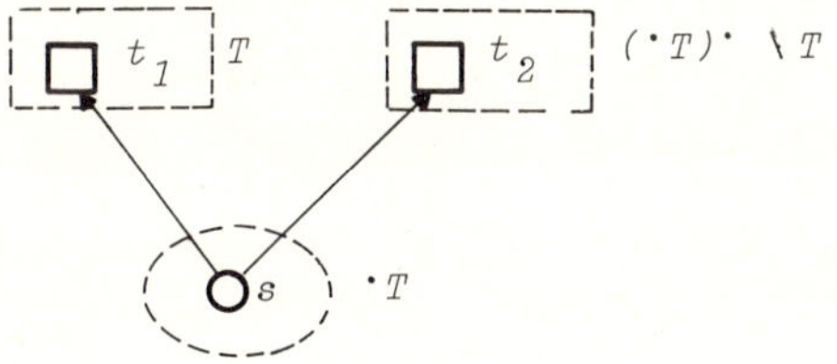


<u>Abb. 85</u> Zum Beweis von Lemma 7.2(c)

(d) <u>Definition</u> Sei $M$ eine Markierung eines Netzes $N$. Dann bezeichnet $\overline{M}$ die Menge der unter $M$ unmarkierten Stellen von $N$.

(e) <u>Lemma</u> Sei $N$ ein Free Choice Netz und sei $T \subseteq T_N$ eine in $[M_N>$ nicht aktivierbare Transitionenmenge. Dann gibt es eine Markierung $M \in [M_N>$, so daß gilt: $\cdot(\cdot T \cap \overline{M})$ ist in $[M>$ nicht aktivierbar.

<u>Beweis</u>

Sei $M_0 \in [M_N>$ eine Markierung für die es eine Transition $t \in \cdot(\cdot T \cap \overline{M}_0)$ gibt, die nach einer Markierung $M_1$ schaltet und dabei eine Stelle $s \in \cdot T \cap \overline{M}_0$ markiert (Abb.86). Nach Lemma 7.2 (c) liegen die beim Übergang von $M_N$ nach $M_1$ schaltenden Transitionen nicht in $(\cdot T)\cdot$. Daher sind auch unter $M_1$ alle Stellen aus $\cdot T \setminus \overline{M}_N$ markiert und somit in $\cdot T$ höchstens die Stellen aus $\cdot T \cap \overline{M}_N$ unmarkiert. Da $s$ unter $M_1$ markiert ist, gilt: $\cdot T \cap \overline{M}_1 \subsetneqq \cdot T \cap \overline{M}_0 \subseteq \cdot T \cap \overline{M}_N$.

Iteriert man nun (ausgehend von $M_1$) diese Konstruktion, so entsteht in endlich vielen Schritten eine Markierung $M$, so daß $\cdot(\cdot T \cap \overline{M})$ in $[M>$ nicht aktivierbar ist. Denn sonst wäre bald ganz $\cdot T$ markiert. ∎

Wir zeigen nun indirekt, daß ein Free Choice Netz $N$ lebendig ist, wenn jeder von $\emptyset$ verschiedene Deadlock einen unter $M_N$ markierten Trap enthält. Dazu gehen wir von einer

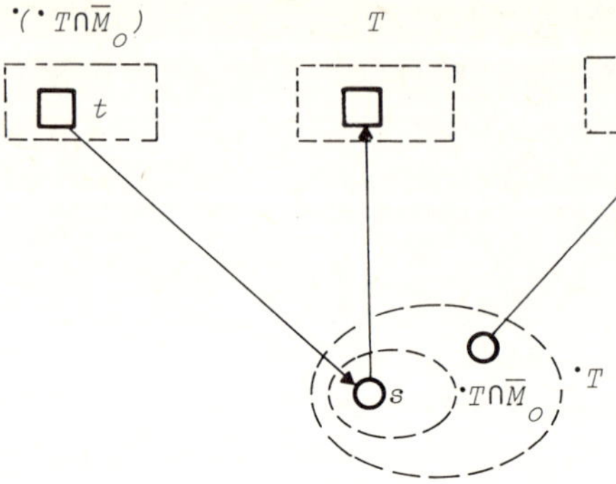


Abb. 86 Zum Beweis von Lemma 7.2 (e)

Menge $T\subseteq T_N$ von in $[M_N>$ nicht aktivierbaren Transitionen aus und konstruieren einen Deadlock $Q\subseteq {}^{\bullet}T$, der für eine Folgemarkierung $M\in[M_N>$ unmarkiert ist. Da Q nach Korollar 7.1(d)(v) Traps enthält, müssen diese nach Korollar 7.1(d)(ii) schon unter $M_N$ unmarkiert sein.

(f) Lemma Sei N ein markiertes Netz. Dann gilt für jede Transitionenmenge $T\subseteq T_N$: Falls ${}^{\bullet}({}^{\bullet}T\cap\overline{M}_N)\subseteq T$, gibt es entweder in T eine $M_N$-aktivierte Transition oder ${}^{\bullet}T\cap\overline{M}_N$ ist ein unmarkierter Deadlock.

Beweis

Sei keine Transition in T $M_N$-aktiviert und mit $Q:={}^{\bullet}T\cap\overline{M}_N$ sei $t\in{}^{\bullet}Q$. Nach Voraussetzung des Lemmas gilt: $t\in T$. Da t nicht $M_N$-aktiviert ist, gilt: ${}^{\bullet}t\cap\overline{M}_N\neq\emptyset$ und damit sogar ${}^{\bullet}t\cap Q\neq\emptyset$, d.h. $t\in Q^{\bullet}$ (Abb.87). Da dies für jedes $t\in{}^{\bullet}Q$ gilt, folgt: ${}^{\bullet}Q\subseteq Q^{\bullet}$.

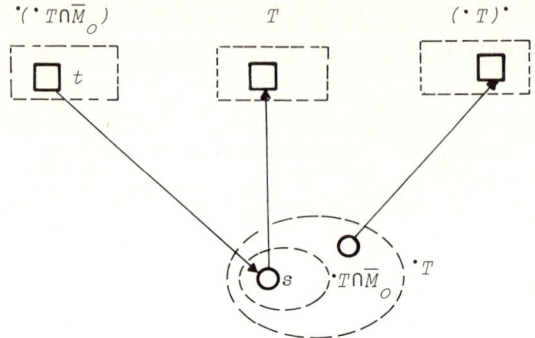

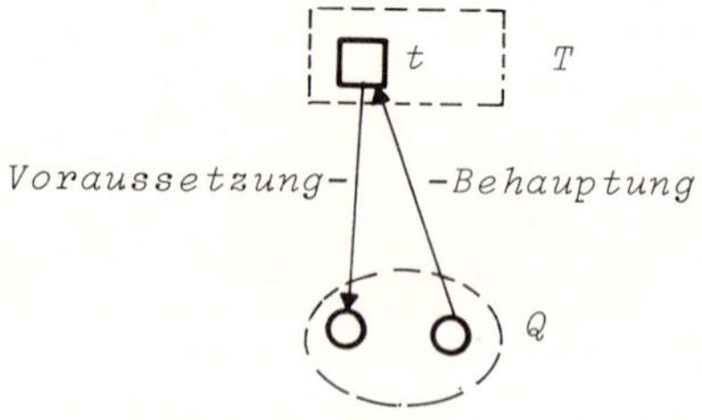


Abb. 87 Zum Beweis von Lemma 7.2 (f)

■

(g) Satz Sei N ein Free Choice Netz und sei $T \subseteq T_N$ eine in $[M_N\rangle$ nicht aktivierbare Menge von Transitionen. Dann gibt es eine Markierung $M \in [M_N\rangle$ und einen Deadlock von N , der unter M unmarkiert ist.

Beweis
durch Induktion über $|T_N \setminus T|$ .

$|T_N \setminus T| = 0$ : Da $T_N = T$ , gilt $\bullet(\bullet T \cap \overline{M}_N) \subseteq T$ trivialerweise. Nach Lemma 7.2(f) ist $\bullet T \cap M_N$ ein unmarkierter Deadlock.

Induktionsannahme: das Lemma gilt, falls $|T_N \setminus T| = n$ .

Sei nun $|T_N \setminus T| = n+1$ . Nach Lemma 7.2(e) gibt es eine Markierung $M \in [M_N\rangle$ , so daß $\bullet(\bullet T \cap \overline{M})$ keine in $[M\rangle$ aktivierbaren Transitionen enthält. Falls $\bullet(\bullet T \cap \overline{M}) \subseteq T$ , folgt die Behauptung aus Lemma 7.2(f). Sonst sei $t \in \bullet(\bullet T \cap \overline{M}) \setminus T$ . Da $T \cup \{t\}$ in $[M\rangle$ nicht aktivierbar ist (Lemma 7.2(e)) und $|T_N \setminus T \cup \{t\}| = n$ , folgt aus der Induktionsannahme: Es gibt eine Markierung $M' \in [M\rangle$ , unter der ein Deadlock von N unmarkiert ist. Es gilt nun insbesondere: $M' \in [M_N\rangle$ . ■

(h) Korollar Sei N ein Free Choice Netz. Falls jeder Deadlock von N einen unter $M_N$ markierten Trap enthält, ist N lebendig.

Beweis
Falls N nicht lebendig ist, gibt es eine Markierung $M \in [M_N\rangle$ und eine nichtleere Menge $T \subseteq T_N$ von Transitionen, die in $[M\rangle$ nicht aktivierbar sind. Dann gibt es nach Satz 7.2(g) eine Markierung $M' \in [M\rangle$ und einen unter $M'$ unmarkierten Deadlock Q . Korollar 7.1(d) zeigt, daß Q in $[M_N\rangle$ nicht unmarkiert werden kann, wenn Q unter $M_N$ einen markierten Trap enthält. ■

Wir werden zeigen, daß die in Satz 7.2(g) hergeleitete Bedingung für die Lebendigkeit von Free Choice Netzen auch notwendig ist. Dafür gehen wir von einem Deadlock Q aus, der unter der Anfangsmarkierung M einen unmarkierten Trap enthält. Durch das Schalten geeignet gewählter Transitionen aus $Q\bullet \setminus \bullet Q$ wird die Markenzahl auf Q so lange verringert, bis keine Transition aus $Q\bullet$ mehr schalten kann. Dies ist möglich, wenn die Traps von Q unmarkiert sind. Dann müssen also nur die Stellen in der Differenz $Q \setminus Q_1$ zwischen dem Deadlock Q und dem maximalen Trap $Q_1$ von Q so weit wie möglich entleert werden. Jeder dieser Stellen s wird eine Transition $\alpha(s) \in s\bullet$ zugeordnet. Eine Schwierigkeit besteht darin, diese Transitionen $\alpha(s)$ so zu schalten, daß nicht aktivierte Transitionen $\alpha(s)$ nicht wieder aktivierbar sind.

(i) Definition Sei N ein markiertes Netz und sei $S \subseteq S_N$ . Eine Abbildung $\alpha: S \to S\bullet$ nennen wir im weiteren eine Auswahlfunktion für S .

Eine Auswahlfunktion $\alpha$ ist <u>kreisfrei</u>, falls es keine Stellenmenge $\{s_0,\ldots,s_n\} \subseteq S$ gibt, so daß $s_i \in \alpha(s_{i-1})^\bullet$ $(i=1,\ldots,n)$ und $s_0 \in \alpha(s_n)^\bullet$ .

Eine Zuordnung $\alpha$ zerlegt $T_N$ in die Menge $\alpha(S)$ der Bilder von $\alpha$ und die Menge $\bar{\alpha}(S) := T_N \setminus \alpha(S)$ .

(j) Lemma Sei N ein markiertes Netz und sei $S \subseteq S_N$ eine beliebige Stellenmenge. Sei $Q_1 \subseteq S$ der größte Trap in S , und sei $Q_2 := S \setminus Q_1$ . Dann gibt es eine kreisfreie Auswahlfunktion $\alpha$ für $Q_2$ , so daß $\alpha(Q_2)^\bullet \cap {}^\bullet Q_1 = \emptyset$ .

Beweis

Wir zeigen das Lemma durch Induktion über $|Q_2|$ . Für $Q_2 = \emptyset$ erfüllt die Auswahlfunktion $\alpha: \emptyset \to \emptyset$ trivialerweise die gestellten Forderungen. Nach Induktionsannahme gelte das Lemma für $|Q_2| = n$ . Sei nun $|Q_2| = n+1$ , und sei $s_0 \in Q_2$ beliebig. Da $Q_1$ der größte Trap von S ist, gibt es ein $t \in T_N$ mit $s_0 \in {}^\bullet t$ und $t^\bullet \cap S = \emptyset$ ( Abb. 88). (In jedem anderen Fall würde $s_0$ zum Trap $Q_1$ gehören!)

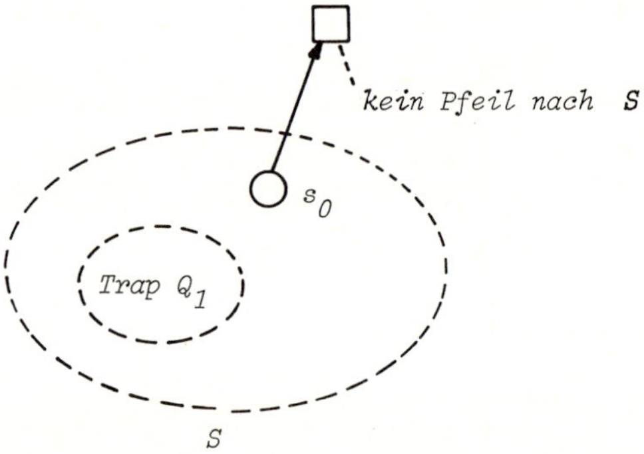


*Abb. 88 Zum Beweis von Lemma 7.2(j)*

Mit $Q_2' = Q_2 \setminus \{s_0\}$ , ist $Q_1$ auch der maximale Trap in $Q_1 \cup Q_2'$ . Nach Induktionsannahme gibt es eine kreisfreie Auswahlfunktion $\alpha'$ für $Q_2'$ , so daß $\alpha'(Q_2')^\bullet \cap {}^\bullet Q_1 = \emptyset$ . Wir definieren nun die Auswahlfunktion $\alpha$ für $Q_2$ durch $\alpha(s) = \alpha'(s)$ für $s \in Q_2'$ und $\alpha(s_0) = t$ .

Aus der Konstruktion von $\alpha$ folgt sofort: $\alpha(Q_2)^\bullet \cap {}^\bullet Q_1 = \emptyset$ . Da $\alpha'$ kreisfrei ist und $\alpha(s)^\bullet \cap S = t^\bullet \cap S = \emptyset$ , ist auch $\alpha$ kreisfrei. ■

Abb.89 zeigt ein Beispiel zu diesem Lemma.

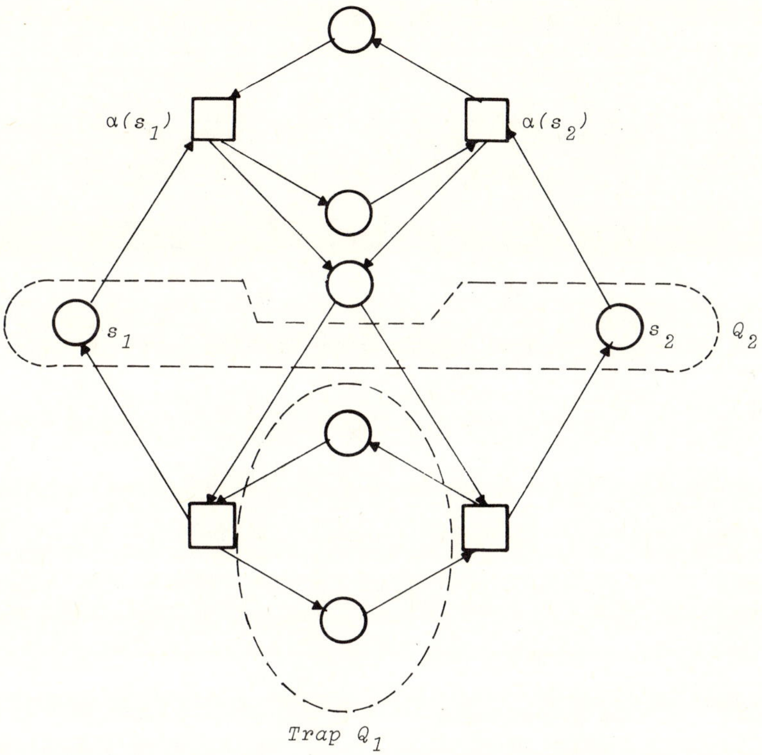


*Abb. 89 Ein Beispiel zu Lemma 7.2 (j)*

(k) Satz Sei $N$ ein Free Choice Netz und sei $Q \subseteq S_N$ ein Deadlock, dessen größter Trap unter $M_N$ unmarkiert ist. Dann gibt es eine Markierung $M \in [M_N\rangle$, so daß $Q^{\bullet}$ für kein $M' \in [M\rangle$ $M'$-aktiviert ist.

Beweis

Sei $Q_1$ der größte Trap von $Q$ und sei $Q_2 = Q \setminus Q_1$. Nach Lemma 7.2(j) gibt es eine kreisfreie Auswahlfunktion $\alpha$ für $Q_2$ mit $\alpha(Q_2) \cap {}^{\bullet}Q_1 = \emptyset$. Abb. 90 zeigt ein Beispiel für diese Konstruktion.

Im weiteren werden folgende Begriffe verwendet:

Eine Markierung $M_K \in [M_N>$ heißt <u>eingeschränkt erreichbar</u> von einer Markierung $M$ aus, wenn es eine Schaltfolge $M_N [t_1>M_1 \ldots M_{k-1}[t_k>M_K$ gibt, so daß $\forall 1 \leq i \leq k$ : $t_i \notin \bar{\alpha}(Q_2)$ .

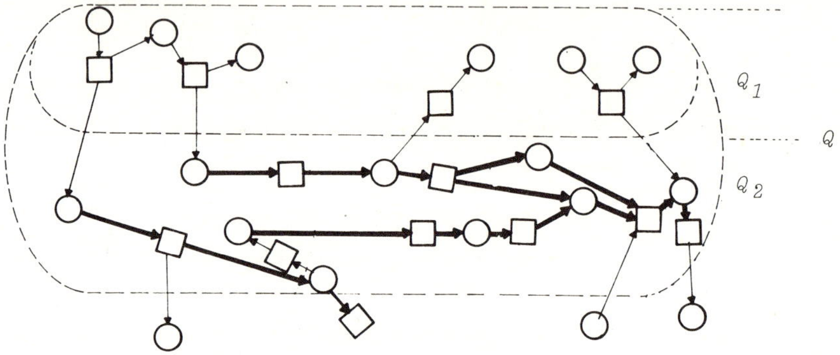


Abb. 90 *Ein Deadlock $Q$ mit dem maximalen Trap $Q_1$. Die starken Pfeile repräsentieren eine kreisfreie Auswahlfunktion $\alpha$ von $Q_2$*

Für $s,s' \in Q_2$ sei $s<s' \Leftrightarrow \exists s_0,\ldots,s_n$ mit $\alpha(s_i) \in {}^{\bullet}s_{i-1}$ $(i=1,\ldots,n) \wedge s_0 = s \wedge s_n = s'$ . Da $\alpha$ kreisfrei ist, bildet $<$ eine Halbordnung. $S \subseteq Q_2$ heißt <u>Anfang</u> von $Q_2$ , falls $\forall s \in S$ $\forall s' \in Q : s'<s \Rightarrow s' \in S$.

$S \subseteq Q$ heißt <u>stillgelegt</u> unter einer Markierung $M$ , falls für jede eingeschränkt erreichbare Markierung $M' \in [M>$ gilt: Keine Transition in $\alpha(S)$ ist $M'$-aktiviert.

Der Beweis des Satzes gründet auf fünf Behauptungen:

<u>Beh. 1</u> Sei $s \in Q_2$ und sei $S = \{s' \in Q_2 \mid s'<s\}$ unter einer Markierung $M$ stillgelegt. Dann gibt es eine eingeschränkt erreichbare Markierung $M' \in [M>$ , so daß $S \cup \{s\}$ unter $M'$ stillgelegt ist.

<u>Beweis</u>

Da $S$ stillgelegt ist, kann keine Transition $t \in {}^{\bullet}s \cap \alpha(Q_2)$ von eingeschränkt erreichbaren Markierungen aus schalten (da ${}^{\bullet}s \subseteq \alpha(Q_2) \cup \bar{\alpha}(Q_2)$) . Daher kann $\alpha(s)$ in der Klasse der von $M$ aus eingeschränkt erreichbaren Markierungen höchstens $M(s)$ mal schalten. Daraus folgt bereits die Behauptung.

Beh. 2 Es gibt eine von $M_N$ aus eingeschränkt erreichbare Markierung $M$, so daß $Q_2$ unter $M$ stillgelegt ist.

Beweis

Sei $Q_2 = \{s_1,\ldots,s_n\}$ und seien die Indizes so gewählt, daß für alle $0 \leq i \leq n$, $S_i = \{s_1,\ldots,s_n\}$ ein Anfang von $Q_2$ ist. Wir beweisen die Behauptung durch Induktion über $i$.

Für $i = 0$ gilt $S_i = \emptyset$ und die Behauptung fclgt mit $M = M_N$. Nach Induktionsannahme sei $M_i$ von $M_N$ aus eingeschränkt erreichbar, wobei $S_i$ unter $M$ stillgelegt ist. Nach Beh. 1 gibt es eine eingeschränkt erreichbare Markierung $M_{i+1} \in [M_i\rangle$, so daß $S_{i+1}$ unter $M_{i+1}$ stillgelegt ist. Mit $i = n$ folgt dann die Behauptung.

Beh. 3 Unter jeder eingeschänkt erreichbaren Markierung ist $Q_1$ unmarkiert.

Beweis

Wir führen den Beweis durch Induktion über die Menge solcher Markierungen: Nach Voraussetzung des zu beweisenden Satzes ist $Q_1$ unter $M_N$ unmarkiert. Sei nun $Q_1$ unter $M$ unmarkiert, und sei $M[t\rangle M'$ mit $t \notin \bar{\alpha}(Q_2)$. Zu zeigen ist: $t \notin {}^\bullet Q_1$. Nun gilt: ${}^\bullet Q_1 \subseteq {}^\bullet Q \subseteq Q^\bullet = Q_1^\bullet \cup Q_2^\bullet = Q_1^\bullet \cup \alpha(Q_2) \cup \bar{\alpha}(Q_2)$. $t \notin Q_1^\bullet$, da $Q_1$ unmarkiert ist. $t \notin \bar{\alpha}(Q_2)$, da $M$ eingeschränkt erreicht wurde. Falls $t \in \alpha(Q_2)$, folgt aus der Konstruktion von $\alpha$, daß $t \notin {}^\bullet Q_1$.

Beh. 4 Sei $M$ eine eingeschränkt erreichbare Markierung, so daß $Q_2$ unter $M$ stillgelegt ist. Dann ist keine Transition $t \in Q^\bullet$ M-aktiviert.

Beweis

Nach Konstruktion gilt: $Q^\bullet = Q_1^\bullet \cup \alpha(Q_2) \cup \bar{\alpha}(Q_2)$. Für $t \in Q_1^\bullet$ folgt die Behauptung aus Beh. 3. Für $t \in \alpha(Q_2)$ folgt die Behauptung, weil $Q_2$ unter $M$ stillgelegt ist. Für $t \in \bar{\alpha}(Q_2)$ gibt es eine Stelle $s \in Q_2$, so daß $t \in s^\bullet$ und $t \neq \alpha(s)$. Aufgrund der Free Choice Eigenschaft von $N$ gilt: ${}^\bullet t = {}^\bullet \alpha(s) = \{s\}$. Da $\alpha(s)$ nicht aktiviert ist, gilt $M(s) = 0$ und deshalb ist auch $t$ nicht aktiviert.

Beh. 5 Sei $M$ eine eingeschränkt erreichbare Markierung, so daß $Q_2$ unter $M$ stillgelegt ist. Dann ist jede Markierung $M' \in [M\rangle$ eingeschränkt erreichbar und $Q_2$ ist stillgelegt unter $M'$.

Beweis

Wir zeigen die Behauptung induktiv über den Aufbau von $[M\rangle$. Für $M$ selbst gilt die Behauptung aufgrund der Annahmen. Sei also $M' \in [M\rangle$ eingeschränkt erreichbar und sei $Q_2$ unter $M'$ stillgelegt. Für $M'[t\rangle M''$ haben wir zu zeigen, daß $t \notin \bar{\alpha}(Q_2)$. Dies folgt sofort aus Beh. 4.

Beweis des Satzes

Nach Beh. 2 gibt es eine von $M_N$ aus eingeschränkt erreichbare Markierung M, so daß $Q_2$ unter M stillgelegt ist. Nach Beh. 5 ist jedes $M' \in [M>$ eingeschränkt erreichbar und $Q_2$ ist unter M' stillgelegt. Der Satz folgt nun aus Beh. 4. ■

(l) Korollar Ein Free Choice Netz N ist genau dann lebendig, wenn jeder von $\emptyset$ verschiedene Deadlock von N einen unter $M_N$ markierten Trap enthält.

Beweis

"$\Leftarrow$": Korollar 7.2(h)

"$\Rightarrow$": Sei Q ein Deadlock, dessen Traps alle unmarkiert sind. Dann ist auch der maximale Trap (die Vereinigung aller Traps) von Q unmarkiert, und die Behauptung folgt aus dem obigen Satz. ■

Mit diesem Korollar können wir zeigen, daß das Netz in Abb.84 nicht lebendig ist, und daß es darüber hinaus unter keiner anderen Anfangsmarkierung lebendig ist: Offenbar ist $Q = \{s_1, s_2, s_3, s_6, s_7\}$ ein Deadlock, denn $Q^\bullet = T_N \subseteq {}^\bullet Q$. Dieser Deadlock enthält aber nur $\emptyset$ als Trap.

(m) Korollar Seinen N und N' Free Choice Netze, so daß $(S_N, T_N; F_N) = (S_{N'}, T_{N'}; F_{N'})$ und $M_N \leq M_{N'}$. Falls N lebendig ist, so ist auch N' lebendig.

Beweis

Falls N lebendig ist, so enthält jeder nicht leere Deadlock von N einen unter $M_N$ markierten Trap. Dann enthält auch jeder nicht leere Deadlock von N' einen unter $M_{N'}$ markierten Trap und die Behauptung folgt. ■

In Fig. 61 wurde gezeigt, daß eine solche Behauptung für beliebige markierte Netze nicht gilt.

## 7.3 Synchronisationsgraphen

Abschließend untersuchen wir Netze mit unverzweigten Stellen. Wenn jede Stelle genau eine Eingangs- und genau eine Ausgangstransition hat, sind Konfliktsituationen ausgeschlossen. Solche Netze beschreiben Systeme, die nur durch die Synchronisation ihrer aktiven Teile strukturiert sind; sie sind unter der Bezeichnung Synchronisationsgraphen bekannt geworden.

Lebendigkeit und Sicherheit von Synchronisationsgraphen sind durch sehr einfache Kriterien charakterisiert.

(a) Definition Ein markiertes Netz $N$ heißt Synchronisationsgraph $:\Longleftrightarrow$

(i) $\forall t_1, t_2 \in T_N \quad t_1 (F_N{}^*) t_2$ (N ist stark zusammenhängend).

(ii) $\forall s \in S_N \quad |{\bullet}s| = |s{\bullet}| = 1$ (Stellen sind unverzweigt).

Beispiele für Synchronisationsgraphen zeigen die Abbildungen 1,2,3,21 und 42.

Es ist eine grundlegende Eigenschaft von Synchronisationsgraphen, daß die Markenzahl auf Kreisen beim Schalten von Transitionen unverändert bleibt.

(b) Definition Sei $N$ ein Synchronisationsgraph. Eine Folge $w = (s_0, \ldots, s_n)$ von Stellen heißt Weg der Länge $n$ $:\Longleftrightarrow$ für $i = 1, \ldots, n$ gilt: $s_{i-1}{\bullet} = {\bullet}s_i$ und für alle $1 \leq i \neq j \leq n$ $s_i{\bullet} \neq s_j{\bullet}$. $w$ beginnt mit $s_0$ und endet mit $s_n$. $w$ heißt Kreis $:\Longleftrightarrow$ $w$ ist ein Weg, so daß gilt: ${\bullet}s_0 = s_n{\bullet}$

(c) Lemma Sei $N$ Synchronisationsgraph und sei $(s_0, \ldots, s_n)$ ein Kreis von $N$. Dann gilt für alle Markierungen $M \in [M_N\rangle$ : $\sum_{i=0}^{n} M(s_i) = \sum_{i=0}^{n} M_N(s_i)$ .

Beweis

Sei $M_1 [t\rangle M_2$ ein Übergang in $N$.

1. Fall: $t = s_i{\bullet}$ für ein $0 \leq i \leq n$. Das Schalten von $t$ vermindert die Markenzahl auf $s_i$ und erhöht die Markenzahl auf $s_{i+1}$ um jeweils 1 $(s_{n+1} := s_0)$. Auf den anderen Stellen des Kreises ändert sich die Markierung nicht.

2. Fall: $t \notin \{s_0, \ldots, s_n\}$. Die Markierung bleibt auf allen Stellen des Kreises unverändert. ■

(d) Korollar Wenn eine Teilmenge der Stellen eines Synchronisationsgraphen einen Kreis bildet, ist ihr charakteristischer Vektor eine S-Invariante.

Die Lebendigkeit von Synchronisationsgraphen ist auf einfache Weise charakterisierbar:

(e) Satz Sei $N$ ein Synchronisationsgraph. $N$ ist genau dann lebendig, wenn jeder Kreis von $N$ mindestens eine unter $M_N$ markierte Stelle enthält.

Beweis

"$\Rightarrow$": Wenn es einen Kreis gibt, dessen Stellen unter $M_N$ alle unmarkiert sind, so sind nach Lemma 7.3(c) diese Stellen auch unter allen Folgemarkierungen von $M_N$ unmarkiert. Die Transitionen des Kreises sind somit in $[M_N\rangle$ nicht aktivierbar.

"$\Leftarrow$": Sei $M \in [M_N>$ beliebig. Nach Lemma 7.3(c) enthält jeder Kreis mindestens eine unter $M$ markierte Stelle. Da $N$ endlich ist, kann es somit nicht beliebig lange Wege in $N$ geben, deren Stellen unter $M$ alle unmarkiert sind.

Sei nun $t \in T_N$ beliebig und sei $n$ die maximale Länge der mit $t$ endenden und unter $M_N$ unmarkierten Wege. Die erste Transition jedes solchen Weges ist aktiviert (sonst gäbe es einen längeren unmarkierten Weg). Es ist nun möglich, alle diese Transitionen unabhängig voneinander zu schalten. Dadurch entsteht eine Markierung $M \in [M_N>$, die die maximale Länge der mit $t$ endenden und unter $M$ unmarkierten Wege auf $n-1$ verkürzt. Die Iteration dieses Verfahren liefert nach $n-1$ Schritten eine Markierung, unter der $t$ aktiviert ist. ■

(f) Definition  Ein S/T-Netz $N$ heißt sicher, falls für alle $M \in [M_N>$ und alle $s \in S_N : M(s) \leq 1$ .

(g) Satz  Sei $N$ ein lebendiger Synchronisationsgraph. $N$ ist genau dann sicher, wenn für jede Stelle $s \in S_N$ gilt: $s$ gehört zu einem Kreis, der genau eine unter $M_N$ markierte Stelle besitzt.

Beweis
Daß diese Bedingung hinreicht, folgt aus Lemma 7.3(c).

Sei nun $s \in S_N$ eine Stelle, die ausschließlich zu mehrfach markierten Kreisen gehört. Da $N$ lebendig ist, ist die Transition in $\bullet s$ aktivierbar und es gibt eine Markierung $M \in [M_N>$ mit $M(s) = 1$ . Wir entfernen nun vorübergehend diese Marke aus $s$ . Dies ändert nach dem vorherigen Satz nichts an der Lebendigkeit der übrigen Markierung, da immer noch jeder Kreis mindestens eine markierte Stelle besitzt. Die Transition in $\bullet s$ kann nun wiederum aktiviert werden. Nach ihrem Schalten enthält $s$ zusammen mit der vorübergehend entfernten Marke nun zwei Marken. $N$ ist also nicht sicher. ■

(h) Korollar  Ein Synchronisationsgraph $N$ ist genau dann lebendig und sicher, wenn jeder Kreis von $N$ mindestens eine markierte Stelle enthält und wenn jede Stelle von $N$ zu einem Kreis gehört, der genau eine markierte Stelle enthält.

Aufgaben zu Kapitel 7

1. Für welche Anfangsmarkierungen des folgenden Netzes ist keine erreichbare Markierung tot?

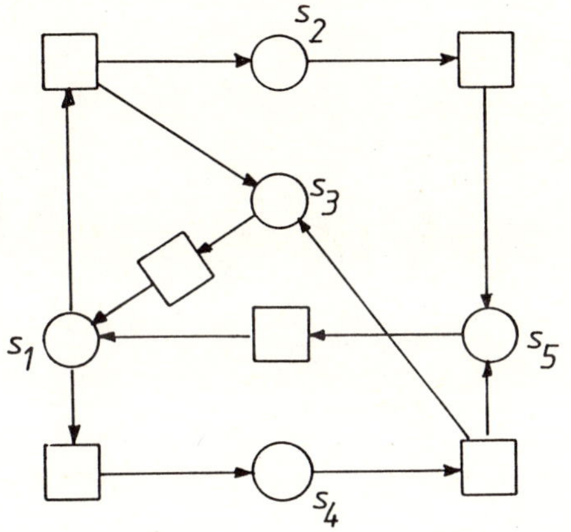


2. Gibt es eine Anfangsmarkierung für folgendes Netz, die lebendig ist?

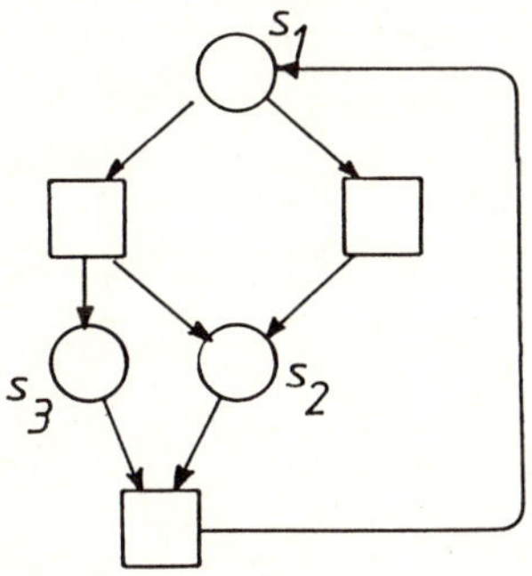

3. Konstruiere eine lebendige und sichere Anfangsmarkierung für folgenden Synchronisationsgraph:

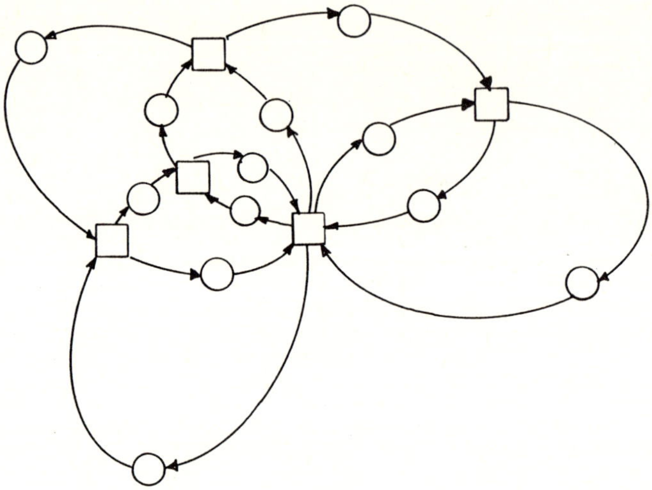

*4. Zeige, daß jeder Synchronisationsgraph mit einer lebendigen und sicheren Markierung versehen werden kann.

# Dritter Teil: Netze mit Individuen als Marken

Bisher wurden Netze betrachtet, deren Markierungen durch die Zahl und die Verteilung von Marken auf S-Elemente vollständig bestimmt sind. Wir gehen nun dazu über, individuelle Objekte als Marken zuzulassen, so daß eine Markierung auch von der Beschaffenheit ihrer Marken abhängt. Ein solches Prädikat/Ereignis-Netz wurde mit dem Bibliotheksbeispiel in Abb.18 vorgestellt. Wir werden zeigen, wie Beziehungen zwischen Individuen, die in allen Fällen gelten, analog zu Abschnitt 4.5 als logische Aussagen formuliert und als nichtaktivierbare T-Elemente dargestellt werden können. Die Herleitung von Eigenschaften solcher Netze, insbesondere die Analyse auf Aktivierbarkeit von T-Elementen, wird analog zu Kapitel 6 vom Konzept der Invarianten unterstützt. Diese Invarianten werden für Relationennetze erklärt, die in Kapitel 9 vorgestellt werden.

Von Prädikat/Ereignis-Netzen geht man in derselben Weise zu Relationennetzen über, wie von B/E-Systemen zu S/T-Netzen: Anstelle einzelner Individuen werden nun beliebig viele Individuen derselben Art zugelassen. Ein linear-algebraischer Kalkül über Multimengen und -relationen ermöglicht dann die Berechnung von Invarianten.

# Kapitel 8 Prädikat/Ereignis-Netze

## 8.1 Ein einführendes Beispiel

Wir diskutieren, ausgehend von einem B/E-System, das als "System der denkenden und essenden Philosophen" bekanntgewordene Beispiel:

Drei Philosophen sitzen um einen runden Tisch herum. Jeder Philosoph hat vor sich einen Teller. Zwischen je zwei Tellern liegt eine Gabel (Abb.91). Wenn ein Philosoph ißt, benutzt er dafür die beiden Gabeln rechts und links von seinem Teller. Solange ein Philosoph nicht ißt, denkt er nach. Abb.92 zeigt dies als B/E-System mit den Bedingungen $d_i$ (Philosoph $p_i$ denkt), $e_i$ (Philosoph $p_i$ ißt) und $g_i$ (i-te Gabel ist unbenutzt). Im dargestellen Fall ißt $p_1$, die beiden anderen Philosophen denken und nur die dritte Gabel liegt ungenutzt auf dem Tisch. Die denkenden Philosophen müssen nun mit dem Essen warten, bis $p_1$ die Gabeln neben sich zurücklegt ($u_1$) und zu denken beginnt. Dann entsteht ein Konflikt um die dritte Gabel, so daß entweder $p_2$ oder $p_3$ zu essen beginnen kann oder $p_1$ nochmals ißt.

*Abb. 91 Die denkenden und essenden Philosophen*

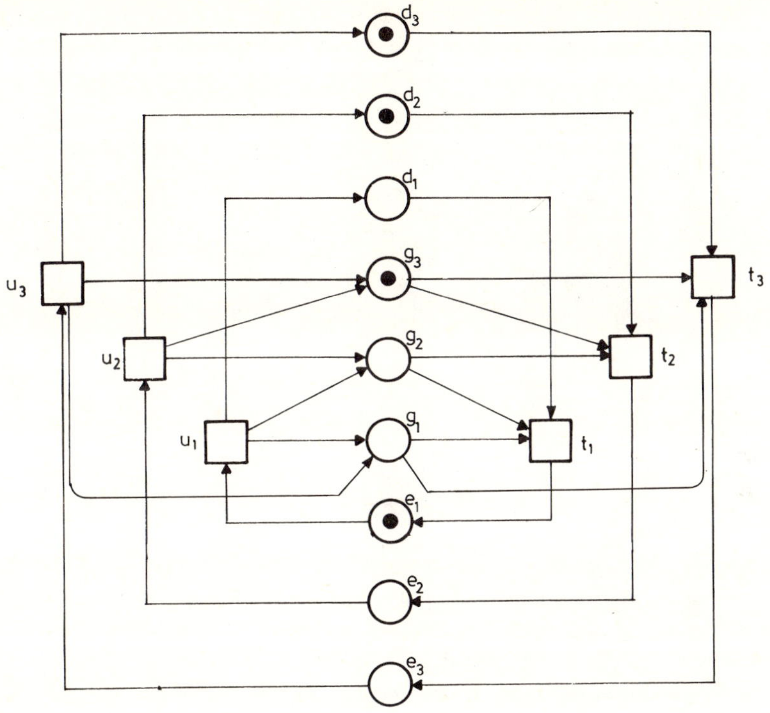


*Abb. 92* Ein B/E-System der Philosophen

Die drei Bedingungen $d_i$ ( Philosoph $p_i$ denkt nach ) $(i=1,2,3)$ fassen wir nun zusammen zu einem Prädikat d ( denkende Philosophen ). In jedem konkreten Fall c des Systems ist nun anzugeben, auf welche Philosophen das Prädikat d zutrifft. Wir stellen das Prädikat d als S-Element und die Philosophen $p_i$ als Marken dar und markieren d mit denjenigen Philosophen, auf die d zutrifft. Abb. 93 zeigt diesen Schritt.

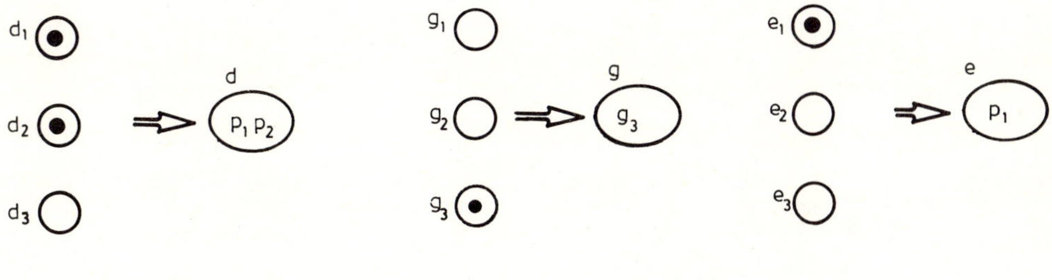


*Abb. 93* Übergang von Bedingungen zu Prädikaten

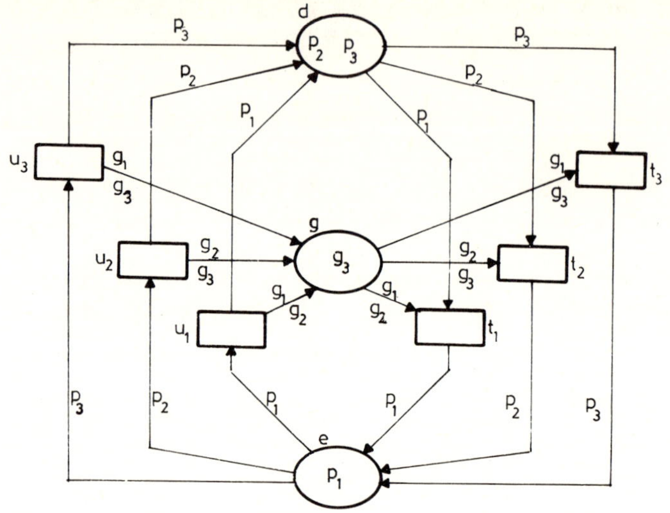


*Abb. 94* *Das System der Philosophen unter Verwendung von Prädikaten*

Ganz entsprechend konstruieren wir das Prädikat e ("essende Philosophen") und das Prädikat g ("unbenutzte Gabeln"). Die Menge der Dinge (Philosophen, Gabeln), auf die ein Prädikat zutrifft, kann sich durch Ereignisse ändern. Solche Ereignisse stellen wir wieder als T-Elemente zwischen den Prädikaten dar. Um anzuzeigen, welche Dinge ein Ereignis betrifft, werden die Pfeile entsprechend beschriftet. So ergibt sich eine zu Abb.92 äquivalente Darstellung in Abb.94.

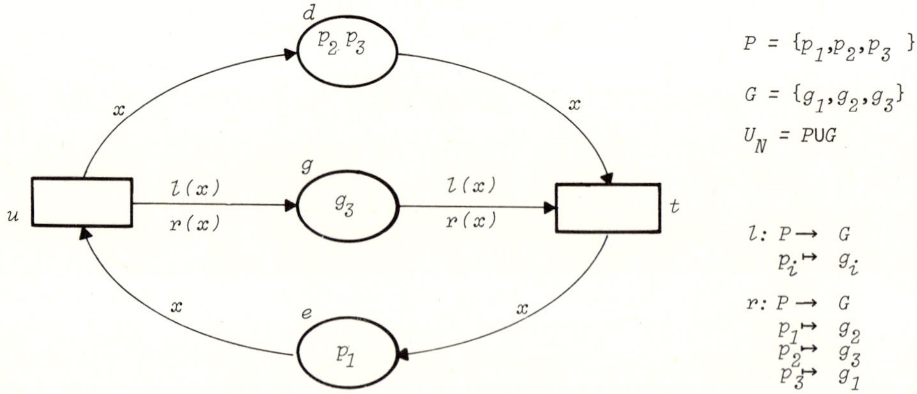


*Abb. 95* *Das System der Philosophen unter Verwendung von Prädikaten und Ereignisschemata*

In Abb.94 haben die Ereignisse $t_1, t_2$ und $t_3$ denselben Vorbereich und denselben Nachbereich; sie unterscheiden sich nur hinsichtlich der Objekte, die ihr Eintritt verändert. Diese drei Ereignisse kann man mit einem einzigen T-Element $t$ darstellen, wobei die jeweilig betroffenen Objektmengen durch Pfeilanschriften aus Variablen und Funktionen beschrieben werden, wie Abb.95 zeigt. Die Funktionen $l$ und $r$ ordnen jedem Philosophen seine linke bzw. rechte Gabel zu. Aus dem Ereignisschema $t$ gewinnt man eines der konkreten Ereignisse $t_i$ $(1 \leq i \leq 3)$ zurück, wenn man die Variable $x$ an den Pfeilen durch den entsprechenden Philosophen $p_i$ ersetzt. Entsprechend bildet das T-Element $u$ in Abb.95 eine Zusammenfassung der Ereignisse $u_1, u_2$ und $u_3$ von Abb.94.

Mit Abb.95 haben wir nun die Möglichkeit, eine Tafelrunde mit beliebig vielen Philosophen darzustellen : zu Anfang sei $d$ mit $\{p_1, \dots, p_n\}$ und $g$ mit $\{g_1, \dots, g_n\}$ markiert. Die beiden Funktionen $l$ und $r$ lauten nun: $l(p_i) := g_i$ $(i = 1, \dots, n)$ ; $r(p_i) := g_{i+1}$ $(i = 1, \dots, n-1)$ und $r(p_n) := g_1$ .

## 8.2 Prädikat/Ereignis-Netze

Die in 8.1 verwendeten Konzepte sollen nun präzisiert werden. Wir beginnen mit Algebren und definieren Terme über Algebren, um sie dann bei der Definition von Prädikat/Ereignis-Netzen als Pfeilanschriften verwenden zu können.

(a) Definition (i) Sei $D$ eine beliebige Menge. Für $n \in \mathbb{N}$ und $M \subseteq D^n$ heißt $f: M \to D$ partielle Operation auf $D$ . Ist $\Phi$ eine Menge partieller Operationen auf $D$ , so heißt $\underline{D} = (D, \Phi)$ eine Algebra. Insgesondere kann $\Phi$ Funktionen $d: D^0 \to D$ enthalten, die als Konstante aus $D$ auffassbar sind.

(ii) Sei $X$ eine von $D$ disjunkte Menge, deren Elemente wir Variablen nennen. Die Menge $\mathcal{T}(\underline{D}, X)$ der Terme über $D$ und $X$ ist die kleinste Menge von Ausdrücken, für die gilt:

(a) $X \subseteq \mathcal{T}(\underline{D}, X)$ .

(b) Falls $\mathcal{t}_1, \dots, \mathcal{t}_n \in \mathcal{T}(\underline{D}, X)$ und $f: D^n \to D \in \Phi$ , so gilt $f(\mathcal{t}_1, \dots, \mathcal{t}_n) \in \mathcal{T}(\underline{D}, X)$ .

Insbesondere ist also ein Element aus $D$ selbst schon ein Term, wenn es als nullstellige Funktion in $\Phi$ liegt.

(iii) Eine Abbildung $\beta: X \to D$ heißt Belegung von $X$ . Sie kann kanonisch erweitert werden zu $\beta: \mathcal{T}(\underline{D}, X) \to D$ durch $\beta(f(\mathcal{t}_1, \dots, \mathcal{t}_n)) := f(\beta(\mathcal{t}_1), \dots, \beta(\mathcal{t}_n))$. $\beta$ sei schließlich auch auf Termmengen $M \subseteq \mathcal{T}(\underline{D}, X)$ erweitert durch $\beta(M) := \{\beta(\mathcal{t}) \mid \mathcal{t} \in M\}$ .

Mit diesen Definitionen können wir nun Netze der in Abb.95 gezeigten Art erklären:

(b) Definition $N=(P,E;F,\underline{D},\lambda,c)$ ist ein Prädikat/Ereignis-Netz (kurz: P/E-Netz), falls gilt:

(i) $(P,E;F)$ ist ein Netz ohne isolierte Elemente. Die Elemente von $P$ und $E$ heißen Prädikate bzw. Ereignisse.

(ii) $\underline{D}$ ist eine Algebra.

(iii) $\lambda : F \rightarrow \mathcal{P}(\mathcal{T}(\underline{D},X)) \setminus \{\emptyset\}$ ist eine Abbildung.

(iv) $c : P \rightarrow \mathcal{P}(D)$ ist der Anfangsfall von $N$.

Mit $P_N, E_N, F_N, \underline{D}_N, \lambda_N, c_N$ bezeichnen wir die sechs Komponenten eines P/E-Netzes. Wir setzen im weiteren die Variablenmenge $X$ als gegeben voraus und schreiben $\mathcal{T}(N)$ für $\mathcal{T}(\underline{D}_N, X)$ sowie $\bar{f}$ für $\lambda_N(f)$ $(f \in F_N)$.

In Abb.95 sind die Termmengen $\bar{f}$ ohne Mengenklammern geschrieben.

Damit ein Ereignis $e$ eines P/E-Netzes stattfinden kann, muß man eine Belegung $\beta$ finden und auf die Pfeilanschriften in der Umgebung von $e$ anwenden. Für Pfeile $(p,e)$ muß dabei die Elementemenge $\beta(\overline{p,e})$ Teilmenge der Markierung von $p$ sein, für Pfeile $(e,p)$ darf kein Element von $\beta(\overline{e,p})$ schon in der Markierung von $p$ enthalten sein. Durch den Eintritt von $e$ werden von den Prädikaten $p \in {}^\bullet e$ die Marken $\beta(\overline{p,e})$ entfernt und den Prädikaten $p \in e^\bullet$ die Marken $\beta(\overline{e,p})$ hinzugefügt. Ein Beispiel zeigt Abb.96.

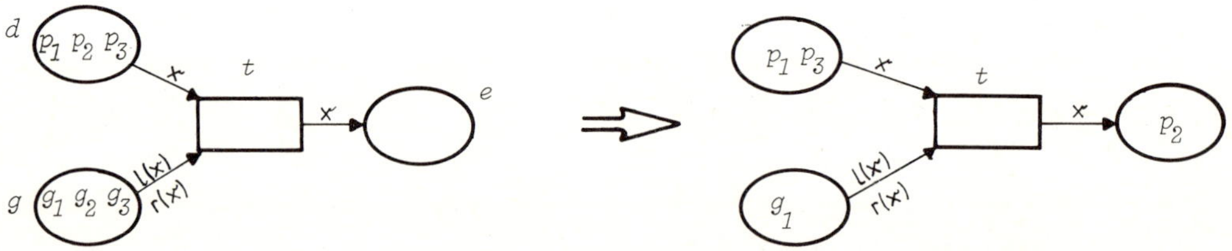


*Abb. 96 Der Eintritt von t in Abb. 95 mit $\beta(x) = p_2$*

(c) Definition Sei $N$ ein P/E-Netz.

(i) Eine Abbildung $c : P \rightarrow \mathcal{P}(D_N)$ heißt (analog zu B/E-Systemen) ein Fall.

(ii) Sei $e \in E_N$ ein Ereignis und sei $\beta$ eine Belegung, so daß $\forall f \in (P_N \times \{e\} \cup \{e\} \times P_N)$ Falls $t_1, t_2 \in \lambda(f)$ und $t_1 \neq t_2$, dann gilt $\beta(t_1) \neq \beta(t_2)$. In einem Fall $c$ von heißt dann $e$ mit $\beta$ aktiviert $:\Leftrightarrow \forall p \in {}^\bullet e : \beta(\overline{p,e}) \subseteq c(p)$ und $\forall p \in e^\bullet \;\; \beta(\overline{e,p}) \subseteq D_N \setminus c(p)$.

(iii) Ein mit $\beta$ c-aktiviertes Ereignis $e$ bestimmt einen <u>Folgefall</u> $c'$ von $c$ und $\beta$ durch

$$c'(p) := \begin{cases} c(p) \setminus \beta(\overline{p,e}) & \text{, falls } p \in {}^{\bullet}e \setminus e^{\bullet} \\ c(p) \cup \beta(\overline{e,p}) & \text{, falls } p \in e^{\bullet} \setminus {}^{\bullet}e \\ c(p) \setminus \beta(\overline{p,e}) \cup \beta(\overline{e,p}) & \text{, falls } p \in {}^{\bullet}e \cap e^{\bullet} \\ c(p) & \text{sonst.} \end{cases}$$

Wir sagen dann: $e$ überführt mit $\beta$ den Fall $c$ nach $c'$ und schreiben $c[e>_{\beta}c'$ . $[c_N>$ sei die kleinste Menge, die $c_N$ enthält und abgeschlossen ist gegenüber dem Eintritt von Ereignissen.

Zur graphischen Darstellung eines Falles $c$ schreibt man die Elemente $c(p)$ in den Kreis von $p$ .

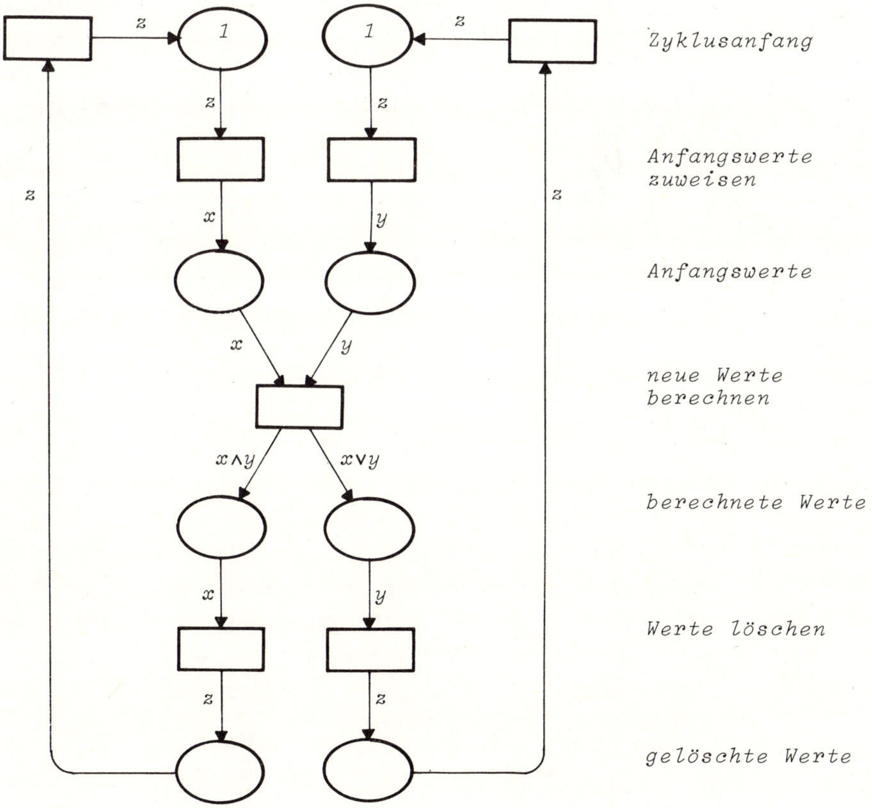


*Abb. 97 Das System aus Abb. 11 als P/E-Netz mit* $\underline{D} = (\{0,1\}, \{\wedge, \vee\})$

Abb.97 zeigt ein P/E-Netz, das dieselbe Leistung wie das B/E-System aus Abb.11 erbringt. Die dem Netz zugrunde liegende Algebra hat als Trägermenge die logischen Konstanten 0 und 1 und als Operationen die logischen Verknüpfungen $\wedge$ und $\vee$ .

Der Träger D der Algebra $\underline{D}_N$ ergibt sich fast immer in natürlicher Weise als disjunkte Vereinigung verschiedener Mengen $D_i$ , so daß jedes Prädikat p in allen erreichbaren Fällen nur auf Elemente einer dieser Mengen $D_i$ zutrifft. Für Abb.95 ergibt sich so die Menge der Gabeln zum Prädikat g und die Menge der Philosophen zu d und e .

## 8.3 Ein Organisationsschema für verteilte Datenbanken

Gehen wir von einer Situation aus, in der räumlich weit auseinanderliegende Stationen auf einen gemeinsamen Datenbestand zugreifen, wobei Leseoperationen wesentlich häufiger als Schreiboperationen vorkommen. Um Leitungskosten zu sparen, empfiehlt es sich in einem solchen Fall, jede Station mit einem eigenen Exemplar des Datenbestandes auszurüsten und einen Änderungsdienst einzurichten, der Schreiboperationen korrekt verarbeitet.

Änderungen im Datenbestand sind an jedem einzelnen Exemplar des Datenbestandes in gleicher Weise auszuführen. Eine Änderung wird von einer der beteiligten Stationen, dem Auftraggeber, veranlaßt, indem sie an alle anderen Komponenten eine entsprechende Nachricht schickt. Jeder Empfänger einer Nachricht nimmt die entsprechende Änderung vor und sendet eine Bestätigung an den Auftraggeber zurück. Erst wenn der Auftraggeber von allen anderen Komponenten eine Bestätigung erhalten hat, gilt die Änderung als erfolgreich durchgeführt. Da alle Komponenten nach demselben Schema arbeiten, können sie als Marken eines einzigen Netzes dargestellt werden (Abb.98).

Der Nachrichtenaustausch läuft über Pakete, deren Inhalt die Änderungsnachricht ist und deren Aufschrift aus dem Auftraggeber und dem Empfänger besteht. Da uns nur die Organisation der Datenänderung, nicht aber ihr Inhalt interessiert, stellen wir jedes Paket als ein Paar aus Auftraggeber und Empfänger dar.

Sei $K = \{d_0, \ldots, d_n\}$ die Menge der beteiligten Stationen. Solange keine Änderungsnachrichten unterwegs sind, trifft in Abb.98 auf alle Komponenten $d_i$ das Prädikat "passive Komponente" und für alle Pakete $(d_i, d_j)$ das Prädikat "inaktives Paket" zu. Eine Komponente $d_i \in K$ veranlaßt einen Änderungsvorgang, indem das Ereignis $e_1$

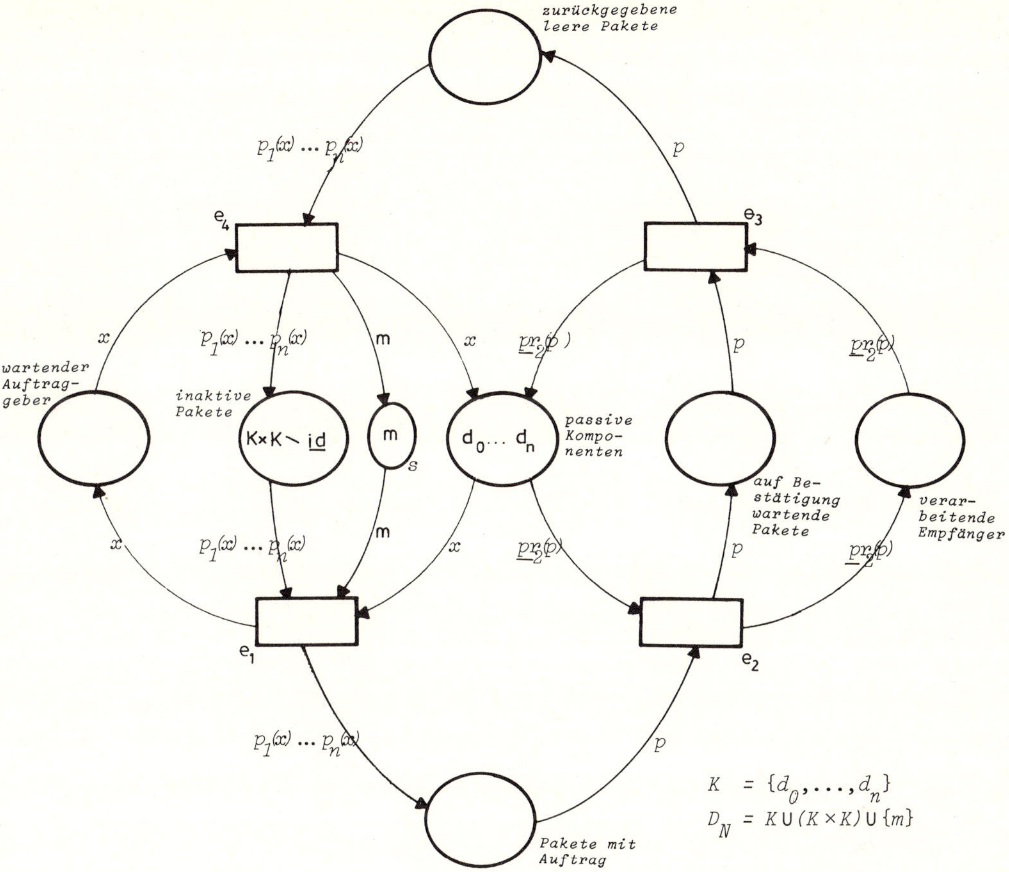


$$K = \{d_0, \ldots, d_n\}$$
$$D_N = K \cup (K \times K) \cup \{m\}$$

$$p_j : K \to K \times K$$
$$d_i \mapsto (d_i, d_{i+j \bmod n})$$

*Abb. 98* *Organisationsschema zur Aktualisierung verteilter Datenbanken*

mit $\beta(x) = d_i$ eintritt. Dann werden alle Pakete $p_1(d_i), \ldots, p_n(d_i)$ mit $p_j(d_i) := (d_i, d_{i+j \bmod n})$ mit einem Auftrag versehen. $d_i$ selbst wartet auf die Rückgabe der verarbeiteten Pakete. Das Ereignis $e_2$ veranlaßt die Empfänger der Pakete unabhängig voneinander, die Nachricht aufzunehmen und zu verarbeiten. Nach der Verarbeitung gibt jeder Empfänger mit $e_3$ das "leere" Paket an den Auftraggeber zurück. Wenn als Bestätigung für die durchgeführten Änderungen alle leeren Pakete vorliegen, geht der Auftraggeber mit $e_4$ in seinen passiven Zustand zurück. Die Pakete werden dadurch inaktiv. Außerdem wird auf $s$ eine Marke $m$ abgelegt, die einen neuerlichen Zyklus ermöglicht.

Abb.99 zeigt einen erreichbaren Fall für $n = 2$.

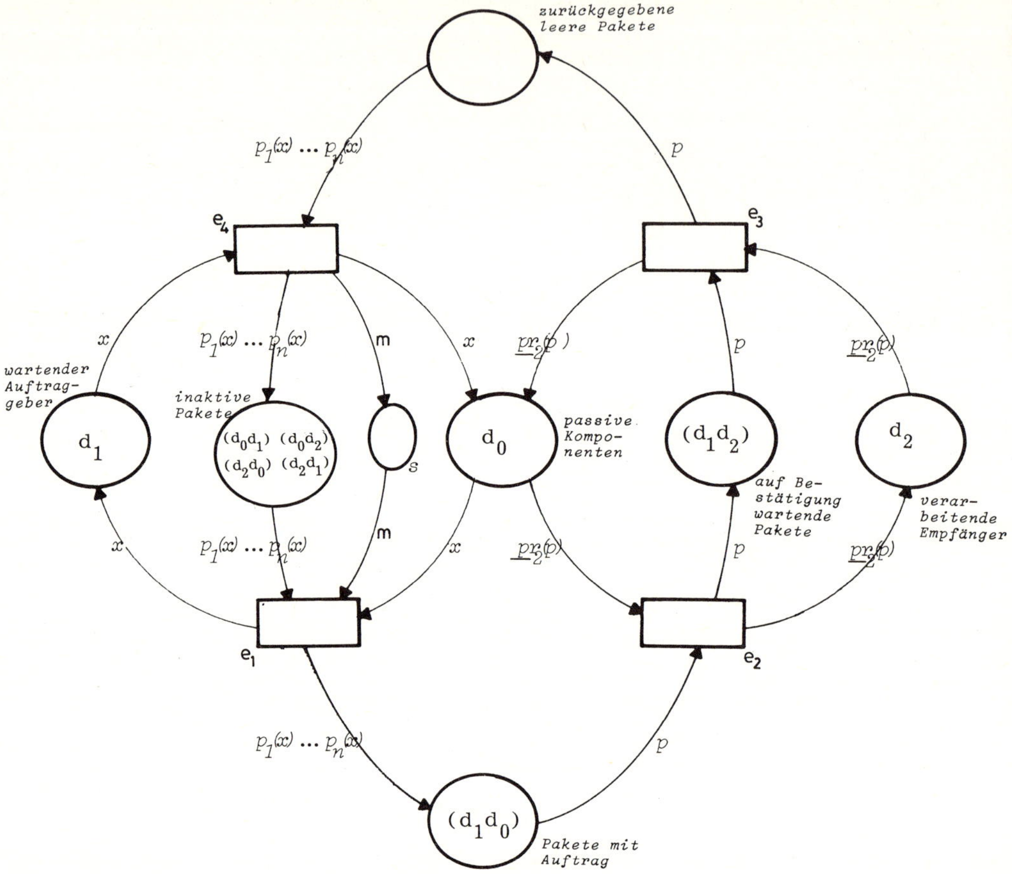


*Abb. 99* *Ein Fall zu Abb. 98 mit n = 2*

## 8.4 Fakten in P/E-Netzen

Obwohl sich die Objektmenge, auf die ein Prädikat eines P/E-Netzes zutrifft, durch den Eintritt von Ereignissen ändern kann, so können doch zwischen den Prädikaten Beziehungen bestehen, die für alle Fälle gelten. Solche Beziehungen können - analog zu B/E-Systemen - als logische Aussagen formuliert und als nichtaktivierbare T-Elemente dargestellt werden. In diesem Abschnitt wird analog zu 4.5 ein Zusammenhang zwischen der Gültigkeit logischer Aussagen und der Aktiviertheit von Ereignissen hergestellt.

Wir definieren zunächst diejenigen logischen Ausdrücke, die wir für die Bildung von

Fakten brauchen. In der Sprechweise der Prädikatenlogik handelt es sich um die Ausdrücke der ersten Stufe in pränexer Normalform ohne Existenzquantoren. Die Allquantoren können dann unterdrückt werden.

(a) Definition Sei N ein P/E-Netz.

(i) Die Menge $A_N$ der (logischen) Ausdrücke über N ist die kleinste Menge, für die gilt:

1. $t \in T(N) \wedge p \in P_N \Rightarrow p(t) \in A_N$
2. $a_1, a_2 \in A_N \Rightarrow (a_1 \wedge a_2) \in A_N$, $(a_1 \vee a_2) \in A_N$, $(a_1 \rightarrow a_2) \in A_N$, $(\neg a_1) \in A_N$.

(ii) Jeder Fall c von N induziert für jeden Ausdruck $a \in A_N$ und jede Belegung $\beta$ einen Wert $c_\beta(a) \in \{0,1\}$, definiert durch

$$
\begin{aligned}
c_\beta : A_N &\rightarrow \{0,1\} \\
p(t) &\mapsto \begin{cases} 1, & \text{falls } \beta(t) \in c(p) \quad (1 \equiv \text{wahr}) \\ 0, & \text{falls } \beta(t) \notin c(p) \quad (0 \equiv \text{falsch}) \end{cases} \\
a_1 \wedge a_2 &\mapsto \underline{\min}\{c_\beta(a_1), c_\beta(a_2)\} \\
a_1 \vee a_2 &\mapsto \underline{\max}\{c_\beta(a_1), c_\beta(a_2)\} \\
a_1 \rightarrow a_2 &\mapsto c_\beta(\neg a_1 \vee a_2) \\
\neg a &\mapsto 1 - c_\beta(a).
\end{aligned}
$$

(iii) Für jeden Fall c von N sei die Funktion $\hat{c}$ erklärt als

$$
\hat{c} : A_N \rightarrow \{0,1\}
$$

$$
a \mapsto \begin{cases} 1, & \text{falls für alle Belegungen } \beta \text{ gilt: } c_\beta(a) = 1 \\ 0, & \text{sonst.} \end{cases}
$$

(iv) Zwei Ausdrücke $a_1, a_2 \in A_N$ heißen äquivalent (Schreibweise: $a_1 \equiv a_2$) $:\Longleftrightarrow$ für jeden Fall c von N gilt: $\hat{c}(a_1) = \hat{c}(a_2)$.

Analog zu Abschnitt 4.5 konstruieren wir nun zu jedem Ereignis e eines P/E-Netzes N einen logischen Ausdruck $a(e)$, so daß $a(e)$ in allen Fällen wahr ist, in welchen e mit keiner Belegung $\beta$ aktiviert ist. Dies dient der Vorbereitung des Faktenkalküls.

(b) Definition Sei N ein endliches P/E-Netz, sei $p \in P_N$ und $e \in E_N$.

(i) Für $(p,e) \in F_N$ und $\overline{(p,e)} = \{t_1, \ldots, t_k\}$ sei $a(p,e)$ ein Ausdruck äquivalent zu $p(t_1) \wedge \ldots \wedge p(t_k)$.

(ii) Für $(e,p) \in F_N$ und $\overline{(e,p)} = \{t_1, \ldots, t_g\}$ sei $a(e,p)$ ein Ausdruck äquivalent zu $p(t_1) \vee \ldots \vee p(t_g)$.

(iii) Mit $\cdot e = \{p_1, \ldots, p_n\}$ und $e \cdot = \{p_{n+1}, \ldots, p_m\}$ sei $a(e)$ ein Ausdruck äquivalent zu $(a(p_1,e) \wedge \ldots \wedge a(p_n,e)) \rightarrow (a(e,p_{n+1}) \vee \ldots \vee a(e,p_m))$.

(iv) Mit $\cdot e = \emptyset$ und $e \cdot = \{p_1, \ldots, p_m\}$ sei $a(e)$ ein Ausdruck äquivalent zu

$$0 \to (a(e,p_1) \lor \ldots \lor a(e,p_m)) \ .$$

(v)  Mit  $\cdot e = \{p_1, \ldots, p_n\}$  und  $e \cdot = \emptyset$  sei  $a(e)$  ein Ausdruck äquivalent zu
$(a(p_1,e) \land \ldots \land a(p_n,e)) \to 1$ .

In Abb. 95 gilt:  $a(u) \equiv e(x) \to d(x) \lor g(l(x)) \lor g(r(x))$
$a(t) \equiv d(x) \land g(l(x)) \land g(r(x)) \to e(x)$ .

(c) <u>Satz</u>  Sei  N  ein endliches P/E-Netz und sei  $e \in E_N$ . Dann gilt für jeden Fall
$c \in [c_N> : \hat{c}(a(e)) = 0 \iff$  e  ist mit keiner Belegung  $\beta$  c-aktiviert.

<u>Beweis</u>
Sei  $\cdot e = \{p_1, \ldots, p_n\}$  und  $e \cdot = \{p_{n+1}, \ldots, p_m\}$ . Dann gilt:
$\hat{c}(a(e)) = 0$
$\iff \forall \beta \ c_\beta(a(e)) = 0$
$\iff \forall \beta \ (\exists 1 \leq i \leq n \ c_\beta(a(p_i,e)) = 1 \quad \lor \quad \exists n+1 \leq j \leq m \ c_\beta(a(e,p_j)) = 0)$
$\iff \forall \beta \ (\exists p \in \cdot e \quad c_\beta(a(p,e)) = 1 \quad \lor \quad \exists p \in e \cdot \ c_\beta(a(e,p)) = 0 )$
$\iff \forall \beta \ (\exists p \in \cdot e \quad \exists t \in \overline{(p,e)} \quad c_\beta(p(A)) = 1$
$\qquad \lor \ \exists p \in e \cdot \quad \exists t \in \overline{(e,p)} \quad c_\beta(p(A)) = 0)$
$\iff \forall \beta \ (\exists p \in \cdot e \quad \exists t \in \overline{(p,e)} \quad \beta(t) \notin c(p)$
$\qquad \lor \ \exists p \in e \cdot \quad \exists t \in \overline{(e,p)} \quad \beta(t) \in c(p))$
$\iff \forall \beta \ (\exists p \in \cdot e \quad \beta \overline{(p,e)} \not\subseteq c(p) \quad \lor \quad \exists p \in e \cdot \quad \beta \overline{(e,p)} \cap c(p) \neq \emptyset)$
$\iff$  e  ist mit keiner Belegung  $\beta$  c-aktiviert. ∎

Analog zu 4.5 folgt aus dem letzten Abschnitt, daß nicht aktivierbare T-Elemente Aussagen repräsentieren, die in allen Fällen gültig sind. Wir zeigen nun, daß <u>jede</u> solche Aussage durch nichtaktivierbare Transitionen repräsentierbar ist.

(d) <u>Definition</u>  Sei  N  ein P/E-Netz.

(i)  Ein Ausdruck  $a \in A_N$  heißt <u>in  N  allgemeingültig</u>, wenn für alle Fälle $c \in [c_N>$  gilt:  $\hat{c}(a) = 0$ .

(ii)  Seien  $P_1, P_2 \subseteq P_N$  und sei  $t = (P_1, P_2)$  ein neues T-Element mit  $\cdot t = P_1$  und $t \cdot = P_2$ , so daß  $P_1 \cup P_2 \neq \emptyset$ . Jedem neuen Pfeil  $f \in (P_1 \times \{t\}) \cup (\{t\} \times P_2)$  von und nach  t  sei durch eine Abbildung  $\lambda$  eine Termmenge  $\lambda(f) \subseteq T(N)$  zugeord $(t, \lambda)$  heißt ein <u>Faktum von  N</u>  $:\iff$  t  ist mit keinem Fall  $c \in [c_N>$  und mit keiner Belegung  $\beta$  aktiviert.

(iii)  Entsprechend Def. 8.2(b) verwenden wir auch bei Fakten  t  die Notation $\overline{(p,t)}$  und  $\overline{(t,p)}$  für  $\lambda(p,t)$  bzw.  $\lambda(t,p)$ . Der logische Ausdruck $a(t)$  ist wie  $a(e)$  für Ereignisse  e  definiert.

In der graphischen Darstellung von P/E-Netzen zeichnen wir wie für B/E-Systeme Fakten als ⊏▭ und beschriften die angrenzenden Pfeile entsprechend.

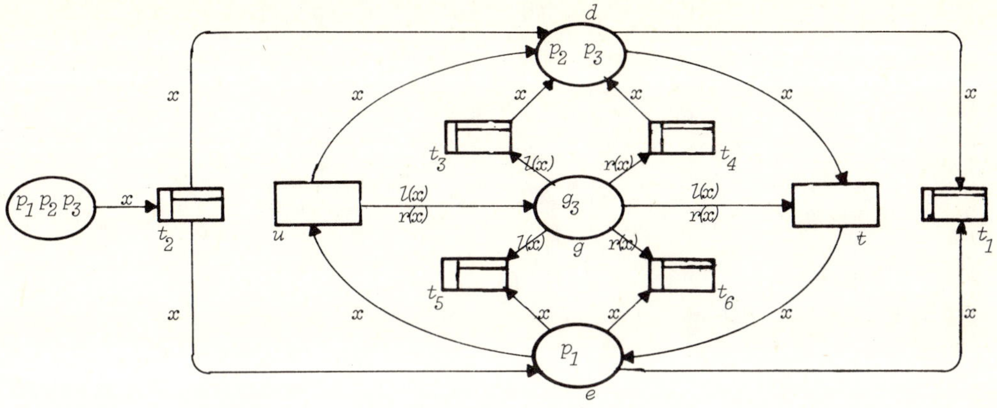


*Abb. 100* *Einige Fakten zu Abb. 95*

Abb.100 zeigt einige Fakten im System der denkenden und essenden Philosophen. Im einzelnen bedeutet:

$t_1$ : $\neg\ (d(x) \wedge e(x))$ : Ein denkender Philosoph ißt nicht, und ein essender Philosoph denkt nicht nach.

$t_2$ : $p(x) \rightarrow d(x) \vee e(x)$ : Jeder Philosoph ißt oder denkt nach. Eine andere Tätigkeit ist nicht dargestellt.

$t_3$ : $g(l(x)) \rightarrow d(x)$ : Ist die linke Gabel eines Philosophen unbenutzt, so denkt er nach.

$t_4$ : entsprechend $t_3$ für die rechte Gabel.

$t_5$ : $-\ (e(x) \wedge g(l(x))$ : Wenn ein Philosoph ißt, so ist seine linke Gabel nicht unbenutzt, und wenn die linke Gabel eines Philosophen unbenutzt ist, so ißt er nicht.

$t_6$ : entsprechend $t_5$ für die rechte Gabel.

(e) Satz Sei N ein P/E-Netz und sei $a \in A_N$ . $a$ ist allgemeingültig in N $\Longleftrightarrow$ es gibt Fakten $t_1,\ldots,t_n$ , so daß $a \equiv a(t_1) \wedge \ldots \wedge a(t_n)$ .

Beweis

"$\Leftarrow$" folgt sofort aus Satz 8.4(c) .

"⇒": Sei $a' = a_1 \wedge \ldots \wedge a_k$ ein zu $a$ äquivalenter Ausdruck in konjunktiver Normalform. Jedes $a_g (1 \leq g \leq k)$ ist äquivalent zu einem Ausdruck der Form $\neg q_1(t) \vee \ldots \vee \neg q_n(t_n) \vee q_{n+1}(t_{n+1}) \vee \ldots \vee q_m(t_m)$ mit $q_1, \ldots, q_m \in P_N$. Für jedes $p \in P_N$ sei nun $T_p := \{t_i \mid 1 \leq i \leq n \wedge q_i = p\}$ und $\overline{T}_p := \{t_j \mid n+1 \leq j \leq m \wedge q_j = p\}$. Sei nun $t_g$ ein neues Element mit $\bullet t_g = \{p \mid T_p \neq \emptyset\}$, $t_g \bullet = \{p \mid \overline{T}_p \neq \emptyset\}$ und sei $\overline{(p, t_g)} := T_p$ sowie $\overline{(t, p_g)} := \overline{T}_p$. Offenbar gilt: $a_g \equiv a(t_g)$ $(g = 1, \ldots, k)$. Damit ist jedes $t_g$ ein Faktum und es folgt: $a \equiv a(t_1) \wedge \ldots \wedge a(t_n)$. ■

Wie bei B/E-Systemen stellt sich auch hier die Frage, wie man Fakten nachweisen kann. Wir werden sehen, daß auch für P/E-Netze das Konzept der Invarianten solche Berechnungen unterstützt. Zum Umgang mit Invarianten wählen wir ein etwas anderes Netzmodell, die Relationennetze, in die sich P/E-Netze unter Zuhilfenahme einer Normalform äquivalent übersetzen lassen.

## 8.5 P/E-Netze in Normalform

In der angestrebten Normalform geht es darum, die Zahl der Variablen in der Umgebung von Ereignissen zu reduzieren. Anstelle von n Variablen $x_1, \ldots, x_n$, die einzeln mit Objekten aus $D_N$ belegt werden, tritt nun eine einzige Variable $x$, die mit Objekten aus $(D_N)^n$ belegt wird. Ihre Projektion $pr_i(x)$ auf die i-te Komponente simuliert dann die ursprüngliche Variable $x_i$. Die Änderungen betreffen also nur die Pfeilanschriften und die Elemente, mit welchen die Variablen belegt werden.

(a) Definition Sei N ein endliches P/E-Netz und sei $X = \{x_1, \ldots, x_n\}$ die Menge der Variablen, die in Termen aus $T := \cup\{\overline{f} \mid f \in F_N\}$ auftreten.

(i) Mit $\underline{D}_N = (D, \Phi)$ sei $\hat{\underline{D}} = (D \cup D^n, \Phi \cup \{\underline{pr}_i \mid 1 \leq i \leq n\})$. Jedem Term $t \in T$ wird nun der Term $\hat{t} \in T(\hat{\underline{D}}, \{x\})$ wie folgt zugeordnet:

$\hat{t} := \underline{pr}_i(x)$, falls $t = x_i$ $(1 \leq i \leq n)$

$\hat{t} := f(\hat{t}_1, \ldots, \hat{t}_n)$, falls $t = f(t_1, \ldots, t_n)$.

(ii) Sei $\hat{N} := (P_N, E_N; F_N, \hat{\underline{D}}, \lambda, c_N)$, wobei $\lambda(f) := \{\hat{t} \mid t \in \lambda_N(f)\}$.

(b) Definition Ein P/E-Netz mit Pfeilanschriften aus $T(D, X)$ ist in Normalform, falls $|X| = 1$.

(c) Korollar Sei N ein P/E-Netz. Dann ist $\hat{N}$ in Normalform.

Das Netz in Abb.95 ist in Normalform. Ein Schema für den Übergang zur Normalform zeigt Abb. 101.

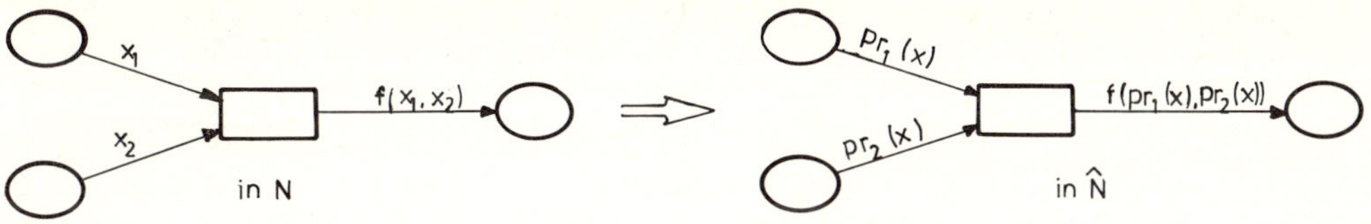


*Abb. 101* *Konstruktion der Normalform eines P/E-Netzes*

(d) Definition Zwei P/E-Netze N und N' sind äquivalent $:\Longleftrightarrow P_N = P_{N'} \wedge E_N = E_{N'}$ $\wedge F_N = F_{N'} \wedge c_N = c_{N'} \wedge \forall c_1, c_2 \in [c_N\rangle$ $\forall e \in E_N$ : es gibt eine Belegung $\beta$ mit $c_1[e\rangle_\beta c_2$ in N $\Longleftrightarrow$ es gibt eine Belegung $\beta'$ mit $c_1[e\rangle_{\beta'} c_2$ in N'.

(e) Lemma Jedes P/E-Netz N ist zu seiner Normalform $\hat{N}$ äquivalent.

Beweis

Sei $X = \{x_1, \ldots, x_n\}$ die Variablenmenge von N und sei x die Variable von $\hat{N}$. Der durch $\beta: X \rightarrow D$ induzierten Belegung sei $\beta'$ zugeordnet duch $\beta'(x) := (\beta(x_1) \ldots, \beta(x_n))$. Ist $\beta': \{x\} \rightarrow D$ gegeben, so sei $\beta$ gegeben durch $\beta(x_i) := pr_i(\beta'(x))$. ■

Die Bibliotheksorganisation von Abb.18 ist als P/E-Netz dargestellt, dessen Ereignisse mit zusätzlichen Bedingungen beschriftet sind. Diese Bedingungen müssen erfüllt sein, wenn ein Ereignis eintritt. Man kann sie ansehen als Kurzschreibweise für zusätzliche Prädikate, die beim Eintritt des Ereignisses erfüllt sein müssen und durch diesen Eintritt nicht verändert werden. Im Kalkül der P/E-Netze sind sie als zusätzliche S-Elemente darzustellen.

Für den Systementwurf ist die Verwendung von mehr als einer Variablen und die Beschriftung von Ereignissen mit Zusatzbedingungen selbstverständlich zu empfehlen. Erst dann, wenn Systemeigenschaften als Fakten dargestellt werden sollen, sind solche Beschriftungen zu ersetzen und erst wenn Invarianten berechnet werden sollen, ist darüber hinaus die (immer mögliche) Beschränkung auf eine einzige Variable in der Umgebung jedes Ereignisses nötig.

Aufgaben zu Kapitel 8

1. Stelle das System der vier Jahreszeiten aus Abb. 1 als P/E-Netz mit möglichst wenigen Prädikaten dar.

2. Stelle in Abb. 98 folgende wahre Aussagen als Fakten dar:

   a) Wenn ein Paket auf seine Bestätigung wartet, verarbeitet sein Empfänger die entnommene Nachricht.

   b) Wenn ein leeres Paket nocht nicht zurückgegeben ist, wartet sein ursprünglicher Auftraggeber (Absender).

*3. Ergänze das System der denkenden und essenden Philosophen (Fig. 95) um einen "fairen" Mechanismus, der sicherstellt, daß jeder Philosoph, der essen möchte, auch irgendwann einmal essen kann.

## Kapitel 9 Relationennetze

Neben den P/E-Netzen stellen wir nun ein weiteres Netzmodell mit Individuen als Marken vor, das insbesondere einen Invariantenkalkül ermöglicht.

Aus Kapitel 6 ergeben sich einige Anforderungen für die Konstruktion von S-Invarianten: Damit Ausdrücke der Form $\underline{N}' \cdot x = 0$ oder $i \cdot M = i \cdot M_N$ einen Sinn erhalten, muß man Matrixeinträge miteinander und mit Markierungen multiplizieren können; die Resultate dieser Operationen müssen addierbar sein. Bezüglich der Addition wird ein neutrales Element "0" verlangt und die Multiplikation muß distributiv zur Addition sein.

Da die Matrixeinträge Pfeilanschriften sind, müssen diese Anschriften und damit das gesamte Netzmodell so gewählt werden, daß solche Operationen möglich sind.

Dies gelingt, indem man den Markierungsbegriff von S/T-Netzen so auf Individuen verallgemeinert, wie der Fallbegriff von B/E-Systemen zur Konstruktion von P/E-Netzen verallgemeinert wurde: Eine Markierung gibt nun für jede Stelle nicht nur die Anzahl, sondern auch die Sorte der Marken an. Eine Markierung $M(s)$ einer Stelle $s$ ist somit eine Abbildung $M(s): D \to \mathbb{N}$, die für jede Sorte $d \in D$ eine Anzahl festlegt. Wenn eine Transition schaltet, verändert sich die Verteilung der sortierten Marken auf den Stellen.

Wir zeigen, auf welche Weise P/E-Netze als spezielle Relationennetze aufgefaßt werden können. Aus einer Matrixdarstellung für Relationennetze wird ein Kalkül für S-Invarianten gewonnen. Er kann dazu verwendet werden, T-Elemente als Fakten zu beweisen.

### 9.1 Einführende Beispiele

Die Grundidee von Relationennetzen veranschaulichen wir zunächst an einem Spezialfall, der durch die Darstellung von P/E-Netzen als Relationennetze entsteht. Jedes P/E-Netz kann zu einem Relationennetz umgestaltet werden: Eine Pfeilanschrift $\overline{f}$ eines P/E-Netzes in Normalform erklärt für jede Belegung $\beta$ der Variablen $x$ die Menge $\beta(\overline{f}) \subseteq D$. Wir können deshalb die Bedeutung von $\overline{f}$ als Tupelmenge $(\beta(x), y)$ mit $y \in \beta(\overline{f})$ auffassen, d.h. $\overline{f}$ bezeichnet die Relation $\{(a,b) \mid \exists$ Belegung $\beta$

mit $a = \beta(x) \wedge b \in \beta(\overline{f})\} \subseteq D \times D$ . Eine Transition t schaltet in einem Modus $d \in D$ , indem jeder Vorstelle $s \in {}^{\bullet}t$ die Elemente $(\overline{s,t})[d]$ entnommen und jeder Nachstelle $s \in t^{\bullet}$ die Elemente $(\overline{t,s})[d]$ hinzugefügt werden (vgl. A6(iv)). Abb.102 zeigt ein solches Relationennetz, das dieselbe Bedeutung wie das Netz aus Abb.100 hat. Der Graph einer Funktion wird dabei als Relation aufgefaßt. (id bezeichnet die Identitätsrelation.)

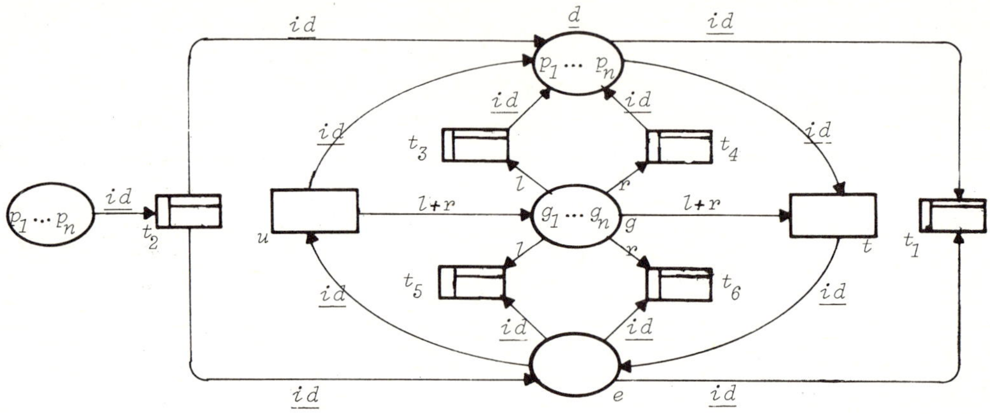


*Abb. 102 Das System der denkenden und essenden Philosophen als Relationennetz (vgl. Abb. 100)*

Bei der Konstruktion eines Relationennetzes N' aus einem P/E-Netz N werden also Markierungen $M(s) \subseteq D$ von N durch ihre charakteristische Abbildung $M(s): D \rightarrow \{0,1\}$ dargestellt. Jede Pfeilanschrift $\overline{f} \subseteq T(\underline{D},\{x\})$ von N wird in N' zu einer Relation $\overline{f} \subseteq D \times D$ , die ihrerseits als charakteristische Abbildung $\overline{f}: D \times D \rightarrow \{0,1\}$ auffaßbar ist. Im allgemeinen Fall werden nun in Relationennetzen Markierungen der Form $M(s): D \rightarrow \mathbb{N}$ und Pfeilanschriften der Form $\overline{f}: D \times D \rightarrow \mathbb{N}$ zugelassen. Eine Transition t schaltet im Modus $a \in D$ , indem jeder Vorstelle $s \in {}^{\bullet}t$ von jeder Sorte $d \in D$ $(\overline{s,t})(a,d)$ Elemente entnommen und jeder Nachstelle $s \in t^{\bullet}$ von jeder Sorte $d \in D$ $(\overline{t,s})(a,d)$ Elemente hinzugefügt werden. Abb.103 zeigt dazu ein Beispiel.

Relationennetze sind dann vorteilhaft, wenn man zwischen Individuen einer Sorte nicht unterscheiden möchte. Die Möglichkeit, Individuen auszuzeichnen, soll nicht in einen Zwang dazu, d.h. zu Überspezifikationen, führen. Ein Beispiel dazu ist das System der lesenden und schreibenden Prozesse aus Abb.66. Dort möchte man gegebenenfalls die einzelnen Prozesse unterscheiden können, nicht aber die k Kontrollmarken. So ergibt sich Abb.104.

Abbildungen der Form $A: D \rightarrow \mathbb{Z}$ und $\rho: D \times D \rightarrow \mathbb{Z}$ zur Darstellung von Markierungen bzw. Pfeilanschriften von Relationennetzen werden wir im weiteren Multimengen bzw.

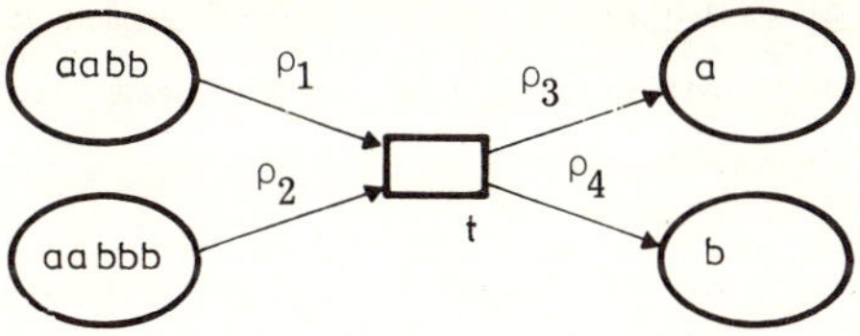


*Sei* $D=\{a,b\}$ .

$\rho_1(a,a)=2$
$\rho_1(a,b)=1$
$\rho_1(b,a)=1$
$\rho_1(b,b)=2$

$\rho_2(a,x)=1$
$\rho_2(b,x)=2$
*für* $x\in D$

$\rho_3(a,a)=0$
$\rho_3(a,b)=1$
$\rho_3(b,a)=2$
$\rho_3(b,b)=3$

$\rho_4(x,y)=2$
*für* $x,y\in D$

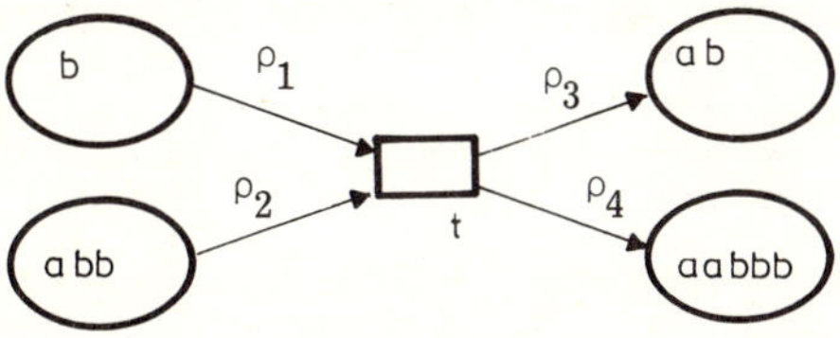


*Markierung nach dem Schalten mit a*

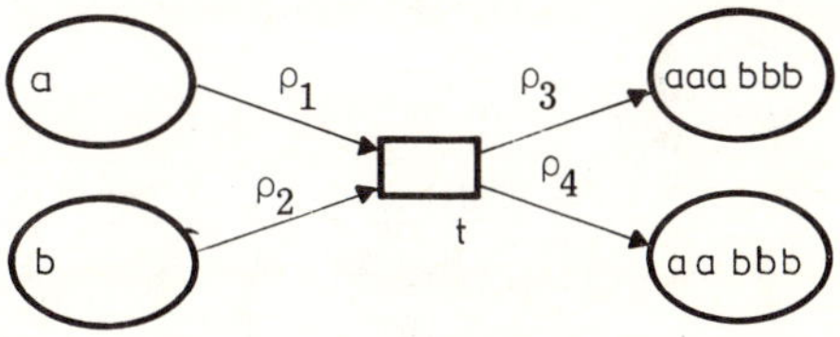


*Markierung nach dem Schalten mit b*

*Abb.103 Das Schalten einer Transition t eines Relationennetzes*

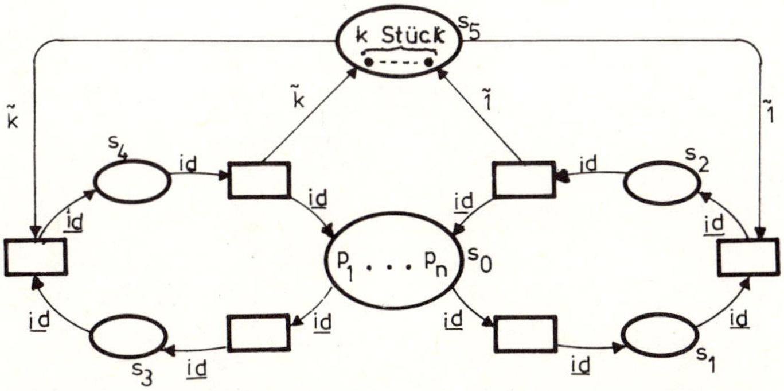


*Abb. 104 Das System der lesenden und schreibenden Prozesse aus Abb. 66 mit der Identifizierung der einzelnen Prozesse. Für* $x\in\mathbb{N}$ *sei die Multirelation* $\tilde{x}$ *definiert durch* $\forall d\in d$
$\tilde{x}[d](\bullet)=x$ *und* $\tilde{x}[d](d')=0$ *für* $d'\neq\emptyset$ .

Multirelationen nennen. Diese Bezeichnungen spiegeln ihre Entwicklung als Verallgemeinerungen charakteristischer Abbildungen von Mengen bzw. Relationen wider.

## 9.2 Relationennetze

Die Verwendung von Multimengen und Multirelationen in Relationennetzen wurde schon im letzten Abschnitt erläutert. Eine Multimenge $M$ erklärt zu jedem Element $d$ einer Typenmenge $D$, wie oft $d$ in $M$ vorkommt. Dabei soll zulässig sein, daß $d$ auch "negativ oft" vorkommt. Mit Multimengen kann man rechnen wie mit ganzen Zahlen. Man kann sie insbesondere addieren, subtrahieren und mit ganzen Zahlen multiplizieren, indem man die entsprechenden Operationen für jede Sorte einzeln ausführt. Multirelationen sind Multimengen über dem Kreuzprodukt $D \times D$ einer Typenmenge $D$.

(a) Definition Sei $D$ eine Menge.

(i) Eine Multimenge über $D$ ist eine Abbildung $M: D \to \mathbb{Z}$. $\mathcal{M}(D)$ sei die Menge aller Multimengen über $D$.

(ii) Eine Multimenge $A \in \mathcal{M}(D)$ heißt nichtnegativ $:\Longleftrightarrow \forall d \in D: A(d) \geq 0$. $\mathcal{M}_+(D)$ sei die Menge aller nichtnegativen Multimengen über $D$.

(iii) Addition, Produkt mit ganzen Zahlen $z \in \mathbb{Z}$ und die Ordnung $\leq$ seien für Multimengen $A, B \in \mathcal{M}(D)$ erklärt als:

$(\mathcal{M}_1)$ $A+B: D \to \mathbb{Z}$, $d \mapsto A(d)+B(d)$ $(\mathcal{M}_2)$ $z \cdot A: D \to \mathbb{Z}$, $d \mapsto z \cdot A(d)$

$(\mathcal{M}_3)$ $A \leq B :\Longleftrightarrow \forall d \in D \;\; A(d) \leq B(d)$.

Für den kalkülmäßigen Umgang mit Multimengen sind einige Notationen und Kurzschreibweisen zweckmäßig.

(b) Definition Sei $D$ eine Menge.

(i) Für $A, B \in \mathcal{M}(D)$ sei $-A := (-1) \cdot A$ und $A - B := A + (-B)$.

(ii) Für $z \in \mathbb{Z}$ sei die Multimenge $\underline{z} \in \mathcal{M}(D)$ gegeben durch $\underline{z}(d) = z$. Insbesondere ist $\underline{0}$ die leere Multimenge.

Multimengen $A$ mit Bildern $A(d) \in \{0,1\}$ sind (charakteristische Abbildungen von) Mengen. Dann kann die Addition $+$ als disjunkte Vereinigung $\dot{\cup}$ und die Ordnung $\leq$ als Inklusion $\subseteq$ aufgefaßt werden. Falls $B \subseteq A$, gilt dann: $A - B = A \setminus B$.

Mit $D = \{d_1, \ldots, d_n\}$ werden wir Multimengen $A \in \mathcal{M}(D)$ auch schreiben als Linearkombination $m_1 d_1 + \ldots + m_n d_n$, wobei $m_i = A(d_i)$ $(i = 1, \ldots, n)$. Es reicht dabei aus, die Elemente $d_i$ mit $m_i \neq 0$ aufzuführen. In diesem Sinne bezeichnet bereits jeder Summand

$m_i d_i$ selbst eine Multimenge $M$ (mit $M(d_i) = m_i$ , $M(d) = 0$ für $d \neq d_i$) und man kann gemäß $M_1$ , $M_2$ und $M_3$ mit dieser Darstellung rechnen wie mit ganzzahligen Vektoren. Wenn man den Faktor 1 nicht anschreibt, bezeichnet jedes Element $d \in D$ selbst eine Multimenge und wir schreiben $D$ für $\sum_{d \in D} d$ .

(c) <u>Definition</u> Sei $D$ eine Menge.

(i) $R(D) := M(D^2)$ ist die Menge der <u>Multirelationen über $D$</u> , $R_+(D) := M_+(D^2)$ ist die Menge der <u>positiven Multirelationen</u> über $D$ .

(ii) Für $\rho \in R(D)$ und $a \in D$ sei $\rho[a]: \begin{array}{l} D \to \mathbf{Z} \\ d \mapsto \rho(a,d) \end{array}$ .

$\rho[a]$ ist also eine Multimenge.

(iii) Sei $\underline{id} \in R_+(D)$ gegeben durch $\underline{id}(x,y) = 1$ , falls $x = y$ , $\underline{id}(x,y) = 0$ , falls $x \neq y$ . Sei $\Theta \in R_+(D)$ definiert durch $\Theta(x,y) = 0$ .

Multirelationen sind spezielle Multimengen. Deshalb kann man mit ihnen gemäß den Regeln aus 9.2(a) rechnen.

Relationennetze sind Netze mit positiven Multimengen als Markierungen und positiven Multirelationen als Pfeilanschriften.

(d) <u>Definition</u> Ein 7-Tupel $N=(S,T;F,K,D,\lambda,M)$ heißt <u>Relationennetz</u> (kurz R-Netz)

:⟺ (i) $(S,T;F)$ ist ein Netz aus <u>Stellen</u> $S$ und <u>Transitionen</u> $T$ .

(ii) $D$ ist eine Menge und $\lambda: F \to R_+(D)$ ordnet jedem Pfeil eine positive Multirelation als Anschrift zu.

(iii) $K: S \to (D \to \mathbb{N} \cup \{\omega\})$ erklärt eine (möglicherweise unbeschränkte) <u>Kapazität</u> für jede Stelle.

(iv) $M: S \to M_+(D)$ ist eine <u>Anfangsmarkierung</u>, die die Kapazität respektiert, d.h. es gilt: $\forall s \in S \; M(s) \leq K(s)$ .

Mit $S_N, T_N, F_N, K_N, D_N, \lambda_N$ und $M_N$ bezeichnen wir wieder die Komponenten eines R-Netzes $N$ . Wie bei P/E-Netzen schreiben wir auch hier $\overline{f}$ für $\lambda(f)$ .

(e) <u>Definition</u> Sei $N$ ein R-Netz.

(i) Eine Abbildung $M: S_N \to M_+(D_N)$ heißt <u>Markierung von $N$</u> :⟺ $\forall s \in S_N$ $M(s) \leq K_N(s)$ .

(ii) Für $d \in D_N$ heißt eine Transition $t \in T_N$ <u>mit $d$ M-aktiviert</u> :⟺ $\forall s \in {}^\bullet t$ $M(s) \geq \overline{(s,t)}[d] \;\wedge\; \forall s \in t^\bullet \; M(s) \leq K_N(s) - \overline{(t,s)}[d] \;\wedge\; \sum_{s \in {}^\bullet t} \overline{(s,t)}[d] + \sum_{s \in t^\bullet} \overline{(t,s)}[d] > \underline{0}$ .

(iii) Eine mit $d$ M-aktivierte Transition $t \in T_N$ bestimmt eine <u>Folgemarkierung</u> $M'$ von $M$ durch

$$M'(s) := \begin{cases} M(s)-(\overline{s,t})[d] \text{ , falls } s \in {}^{\bullet}t \setminus t^{\bullet} \\ M(s)+(\overline{t,s})[d] \text{ , falls } s \in t^{\bullet} \setminus {}^{\bullet}t \\ M(s)-(\overline{s,t})[d]+(\overline{t,s})[d] \text{ , falls } s \in {}^{\bullet}t \cap t^{\bullet} \\ M(s) \text{ sonst.} \end{cases}$$

Wir sagen dann: t schaltet mit d von M nach M' und schreiben $M[t>_d M'$.

(iv) [M> sei die kleinste Markierungsmenge, die M enthält und abgeschlossen ist gegenüber dem Schalten von Transitionen.

In der graphischen Darstellung werden Pfeile f mit $\overline{f}$ beschriftet. Eine Markierung M wird graphisch dargestellt, indem in jede Stelle s M(s)(d) Marken der Sorte d gezeichnet werden.

Die Netze in Abb.102 und Abb.104 sind Relationennetze. Der Träger $D_N$ eines R-Netzes N ergibt sich im allgemeinen in natürlicher Weise als disjunkte Vereinigung verschiedener Mengen $D_i$, so daß für jede Stelle s die erreichbaren Markierungen nur für die Elemente einer dieser Mengen von 0 verschieden sind. In Abb.104 gehört die Prozeßmenge $\{p_1,\dots,p_n\}$ zu $s_1,\dots,s_4$ ; die k Kontrollmarken gehören zu $s_5$ .

Relationennetze beinhalten die bisher betrachteten Netzmodelle (B/E-Systeme, S/T-Netze, P/E-Netze) als Spezialfälle. Die entsprechenden Einschränkungen der Markierungen zeigt Abb.105.

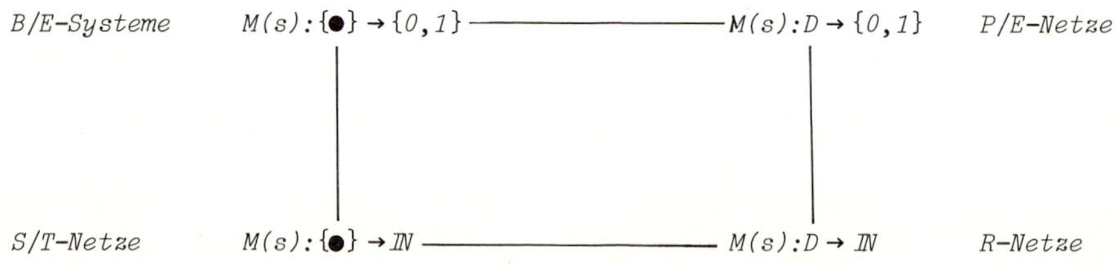


*Abb.105 Zusammenhang verschiedener Netzmodelle*

## 9.3 Die Übersetzung von P/E-Netzen in R-Netze

In Abschnitt 8.5 wurde für P/E-Netze eine Normalform hergeleitet. Jedem P/E-Netz in Normalform wird nun ein verhaltensgleiches R-Netz zugeordnet. Die Idee zu dieser Konstruktion wurde bereits in Abschnitt 9.1 erläutert.

(a) Definition (i) Sei $\underline{D}$ eine Algebra. Für Terme $t \in T(\underline{D}, \{x\})$ sei die Multirelation $\rho(t) : D^2 \to \{0,1\}$ erklärt als

$\rho(t)(a,b) = 1 \iff \exists$ Interpretation $\beta$ mit $a = \beta(x) \wedge b = \beta(t)$ .

(ii) Sei N ein P/E-Netz in Normalform mit Termen über $\{x\}$ . Sei $\rho_N : F_N \to \mathcal{R}_+(D_N)$ definiert durch $\rho_N(f) := \sum_{t \in \overline{f}} \rho(t)$ . Aus Def. 8.2(b) folgt: $\rho_N(f)(a,b) \leq 1$ . Für beliebige Fälle c von N sei $M_c : P_N \to \mathcal{M}_+(D_N)$ erklärt als $M_c(p)(d) = 1 \iff d \in c(p)$ , $M_c(p)(d) = 0$ sonst.

(b) Satz Sei $N = (P,E;F,\underline{D},\lambda,c)$ ein P/E-Netz in Normalform und sei das R-Netz N' gegeben durch $N' = (P,E;F,K,D,\rho_N,M_c)$ mit $\forall p \in P \;\; K(p) = \underline{1}$ . Dann gilt $\forall c,c' \in C_N \;\; \forall e \in E \;\; \forall$ Belegungen $\beta : \{x\} \to D$: $c[e\rangle_\beta c'$ in $N \iff M_c[e\rangle_{\beta(x)} M_{c'}$ in N' .

Beweis

1. Fall: sei $p \in {}^\bullet e \setminus e^\bullet$ . $c'(p) = c(p) \setminus \beta(\overline{p,e})$

$\iff$ (für $d \in \beta(\overline{p,e})$ gilt: $d \in c(p) \wedge d \notin c'(p)$ und für $d \notin \beta(\overline{p,e})$ gilt: $d \in c(p) \iff d \in c'(p)$)

$\iff$ (für $d \in D$ mit $\rho_N(p,e)(\beta(x),d) = 1$ gilt: $M_c(p)(d) = 1 \wedge M_{c'}(p)(d) = 0$ und für $d \in D$ mit $\rho_N(p,e)(\beta(x),d) = 0$ gilt: $M_c(p)(d) = M_{c'}(p)(d)$)

$\iff M_{c'}(p) = M_c(p) - \rho_N(p,e)[\beta(x)]$ .

Entsprechend zeigt man für $p \in e^\bullet \setminus {}^\bullet e$ : $c'(p) = c(p) \cup \beta(\overline{p,e}) \iff M_{c'}(p) = M_c(p) + \rho_N(p,e)[\beta(x)]$ usw., und die Behauptung folgt. ■

## 9.4 Das Rechnen mit Multirelationen

Ein Invariantenkalkül für R-Netze erfordert insbesondere für die ihm zugrunde liegende Matrixdarstellung von R-Netzen eine Addition und ein Produkt der Matrixeinträge. Die Matrixeinträge sind die Pfeilanschriften, somit also Multirelationen. Für Multirelationen wurde bereits in Abschnitt 9.2 eine Addition erklärt. Wir definieren nun auch ein Produkt, das sich als eine Übertragung des Relationenproduktes (vgl. A6(ii)) auf Multirelationen herausstellt. Wir zeigen insbesondere, daß die Addition distributiv zum Produkt ist. Schließlich zeigen wir, wie man mit Vektoren aus Multimengen und Multirelationen rechnet. Damit sind dann die Voraussetzungen für einen Invariantenkalkül gegeben.

Wir stellen zunächst die Operationen auf Multirelationen zusammen.

Die Applikation einer Multirelation $\rho$ auf ein einzelnes Element $d \in D$ wurde bereits in 9.2 als Multimenge $\rho[a]$ mit $\rho[a](d) := \rho(a,d)$ erklärt. Wendet man $\rho$ auf eine Multimenge A an, so entsteht die Multimenge $\rho[A]$ . Zur Berechnung von $\rho[A](d)$ betrachtet man für jedes $e \in D$ die Zahl $A(e)$ als Faktor, der $\rho(e,d)$ modifiziert.

$A(e)\cdot\rho(e,d)$ liefert den Beitrag von $e$ für $\rho[A](d)$ . Die Summe über alle Produkte dieser Form bildet dann $\rho[A](d)$ .

Die Komposition $\rho\circ\sigma$ zweier Multirelationen $\rho$ und $\sigma$ ist wiederum eine Multirelation. Zur Berechnung von $\rho\circ\sigma(a,b)$ betrachtet man für jedes $e\in D$ die Zahlen $\rho(a,e)$ und $\sigma(e,b)$ . Ihr Produkt liefert den Beitrag von e für $\rho\circ\sigma(a,b)$ . Die Summe über alle Produkte dieser Form liefert $\rho\circ\sigma(a,b)$ .

(a) <u>Definition</u> Sei $D$ eine Menge. Seien $a\in D$ ; $A\in\mathcal{M}(D)$ ; $\rho,\sigma\in\mathcal{R}(D)$ und $z\in\mathbf{Z}$ .
Von Multimengen übertragen wir für Mulitrelationen die Addition und das Produkt mit ganzen Zahlen:

$$(\mathcal{R}_1)\quad \rho+\sigma:\ \begin{array}{ccc} D^2 & \to & \mathbf{Z} \\ (a,b) & \mapsto & \rho(a,b)+\sigma(a,b) \end{array} \qquad (\mathcal{R}_2)\quad z\cdot\rho:\ \begin{array}{ccc} D^2 & \to & \mathbf{Z} \\ (a,b) & \mapsto & z\cdot(\rho(a,b)) \end{array}$$

Die Applikation einer Multirelation auf ein Element oder eine Multimenge sind erklärt als:

$$(\mathcal{R}_3)\quad \rho[a]:\ \begin{array}{ccc} D & \to & \mathbf{Z} \\ d & \mapsto & \rho(a,d) \end{array} \qquad (\mathcal{R}_4)\quad \rho[A]:\ \begin{array}{ccc} D & \to & \mathbf{Z} \\ d & \mapsto & \sum\limits_{e\in D} A(e)\cdot\rho(e,d) \end{array}$$

Die Komposition von Multirelationen ist definiert als:

$$(\mathcal{R}_5)\quad \rho\circ\sigma:\ \begin{array}{ccc} D^2 & \to & \mathbf{Z} \\ (a,b) & \mapsto & \sum\limits_{e\in D} \rho(a,e)\cdot\sigma(e,b) \end{array} .$$

Mit den Relationen $\rho_1$ und $\rho_3$ aus Abb.103 gilt beispielsweise für die Multimenge $A$ , erklärt durch $A(a)=2$ und $A(b)=-1$:

$$\rho_1[A](a) \overset{\mathcal{R}_4}{=} A(a)\cdot\rho_1(a,a)+A(b)\cdot\rho_1(b,a) = 2\cdot2-1\cdot1 = 3$$
$$\rho_1[A](b) \overset{\mathcal{R}_4}{=} A(a)\cdot\rho_1(a,b)+A(b)\cdot\rho_1(b,b) = 2\cdot1-1\cdot2 = 0$$

$$\rho_1\circ\rho_3(a,b) \overset{\mathcal{R}_5}{=} \rho_1(a,a)\cdot\rho_3(a,b)+\rho_1(a,b)\cdot\rho_3(b,b) = 2\cdot1+1\cdot3 = 5$$
$$\rho_1\circ\rho_3(b,a) \overset{\mathcal{R}_5}{=} \rho_1(b,a)\cdot\rho_3(a,a)+\rho_1(b,b)\cdot\rho_3(b,a) = 1\cdot0+2\cdot2 = 4 .$$

(b) <u>Lemma</u> Sei $D$ eine Menge. Seien $a\in D$; $A,B\in\mathcal{M}(D)$; $\rho,\sigma,\tau\in\mathcal{R}(D)$ und $z\in\mathbf{Z}$ .
Dann gilt:

(i) $A+B = B+A$.

(ii) $\rho+\sigma = \sigma+\rho$.

(iii) $z\cdot(\rho+\sigma) = (z\cdot\rho)+(z\cdot\sigma)$.

(iv) $\rho\circ(z\cdot\sigma) = z\cdot(\rho\circ\sigma)$.

(v) $(\rho+\sigma)[a] = \rho[a]+\sigma[a]$.

(vi) $\rho[A+B] = \rho[A]+\rho[B]$.

(vii) $(\rho\circ\sigma)[a] = \sigma[\rho[a]]$.

(viii) $\rho\circ(\sigma+\tau) = (\rho\circ\sigma)+(\rho\circ\tau)$.

<u>Beweis</u>

Seien $a,b\in D$ .

(i) $(A+B)(a) \overset{M_1}{=} A(a)+B(a) = B(a)+A(a) \overset{M_1}{=} (B+A)(a)$.

(ii) $(\rho+\sigma)(a,b) \overset{R_1}{=} \rho(a,b)+\sigma(a,b) = \sigma(a,b)+\rho(a,b) \overset{R_1}{=} (\sigma+\rho)(a,b)$.

(iii) $z\cdot(\rho+\sigma)(a,b) \overset{R_2}{=} z\cdot((\rho+\sigma)(a,b)) \overset{R_1}{=} z\cdot(\rho(a,b)+\sigma(a,b)) = (z\cdot\rho(a,b))+(z\cdot\sigma(a,b))$
$\overset{R_2}{=} (z\cdot\rho)(a,b)+(z\cdot\sigma)(a,b) \overset{R_1}{=} ((z.\rho)+(z\cdot\sigma))(a,b)$.

(iv) $\rho\circ(z\cdot\sigma)(a,b) \overset{R_5}{=} \sum_{e\in D} \rho(a,e)\cdot(z\cdot\sigma(e,b)) = z\cdot \sum_{e\in D} \rho(a,e)\cdot\sigma(e,b) \overset{R_5}{=} z\cdot(\rho\circ\sigma)(a,b)$ .

(v) $(\rho+\sigma)[a](b) \overset{R_3}{=} (\rho+\sigma)(a,b) \overset{R_1}{=} \rho(a,b)+\sigma(a,b) \overset{R_3}{=} \rho[a](b)+\sigma[a](d) \overset{M_1}{=}$

$(\rho[a]+\sigma[a])(b)$ .

(vi) $\rho[A+B](a) \overset{R_4}{=} \sum_{e\in D} (A+B)(e)\cdot\rho(e,a) \overset{M_1}{=} \sum_{e\in D} (A(e)+B(e))\cdot\rho(e,a) =$

$(\sum_{e\in D} A(e)\cdot\rho(e,a))+(\sum_{e\in D} B(e)\cdot\rho(e,a)) \overset{R_4}{=} \rho[A](a)+\rho[B](a)$.

(vii) $(\rho\circ\sigma)[a](b) \overset{R_3}{=} (\rho\circ\sigma)(a,b) \overset{R_5}{=} \sum_{e\in D} \rho(a,e)\cdot\sigma(e,b) \overset{R_3}{=} \sum_{e\in D} (\rho[a](e))\cdot\sigma(e,b)$
$\overset{R_4}{=} \sigma[\rho[a]](b)$.

(viii) $(\rho\circ(\sigma+\tau))(a,b) \overset{R_5}{=} \sum_{e\in D} \rho(a,e)\cdot(\sigma+\tau)(e,b) \overset{R_1}{=} \sum_{e\in D} \rho(a,e)\cdot(\sigma(e,b)+\tau(e,b))$

$= \sum_{e\in D} \rho(a,e)\cdot\sigma(e,b) + \sum_{e\in D} \rho(a,e)\cdot\tau(e,b) \overset{R_5}{=} ((\rho\circ\sigma)+(\rho\circ\tau))(a,b)$ . ■

Für einen Invariantenkalkül benötigt man wie in Kapitel 6 eine Darstellung von R-Netzen als Matrix und die Charakterisierung des Fortschaltens als Vektoraddition. Deshalb werden wir nun Vektoren aus Multimengen und Multirelationen betrachten und ihre Rechenregeln zusammenstellen.

(c) <u>Definition</u> Seien $S$ und $D$ Mengen. Seien $X,Y:S\to \mathcal{M}(D)$ Vektoren von Multimengen, seien $\Phi,\Psi:S\to \mathcal{R}(D)$ Vektoren von Multirelationen. Sei $d\in D$ und sei $z\in\mathbb{Z}$ .

Wie üblich definieren wir Addition und das Produkt mit ganzen Zahlen:

$(V_1)$ $X+Y: \; S \to M(D)$, $s \mapsto X(s)+Y(s)$ $\qquad$ $(V_2)$ $z\cdot X: \; S \to M(D)$, $s \mapsto z\cdot(X(s))$

$(V_3)$ $\Phi+\Psi: \; S \to R(D)$, $s \mapsto \Phi(s)+\Psi(s)$ $\qquad$ $(V_4)$ $z\cdot\Phi: \; S \to R(D)$, $s \mapsto z\cdot(\Phi(s))$

Für Vektoren aus Multirelationen erklären wir die Applikation auf D-Elemente komponentenweise:

$$(V_5)\quad \Phi<d>: \; S \to M(D). \quad s \mapsto \Phi(s)[d]$$

Schließlich definieren wir für Vektoren aus Multirelationen zwei Operationen, die in Multimengen bzw. Multirelationen resultieren:

die Vektorapplikation

$$(V_6):\quad \Phi[X]:=\sum_{s\in S}\Phi(s)[X(s)] \qquad \in M(D)$$

und das Vektorprodukt

$$(V_7):\quad \Phi*\Psi:=\sum_{s\in S}\Phi(s)\circ\Psi(s) \qquad \in R(D) \quad .$$

Der Null-Relationenvektor $\underset{\sim}{\Theta}$ sei definiert als $\underset{\sim}{\Theta}: \; S \to R(D)$, $s \to \Theta$ .

(d) <u>Lemma</u> Seien S und D Mengen; seien $\Phi,\Psi,\Omega: S\to R(D)$ Vektoren und sei $z\in\mathbb{Z}$ . Dann gilt:

(i) $\Phi*(\Psi+\Omega)=(\Phi*\Psi)+(\Phi*\Omega)$.

(ii) $\Phi*(z\cdot\Psi) = z\cdot(\Phi*\Psi)$.

(iii) $\Phi[\Psi<d>] = (\Psi*\Phi)[d]$.

<u>Beweis</u>

(i) $$\Phi*(\Psi+\Omega) \overset{V_7}{=} \sum_{s\in S}\Phi(s)\circ((\Psi+\Omega)(s)) \overset{V_3}{=} \sum_{s\in S}\Phi(s)\circ(\Psi(s)+\Omega(s)) \overset{9.4(b)viii}{=}$$
$$\sum_{s\in S}(\Phi(s)\circ\Psi(s))+(\Phi(s)\circ\Omega(s)) \overset{9.4(b)ii}{=} \sum_{s\in S}\Phi(s)\circ\Psi(s) + \sum_{s\in S}\Phi(s)\circ\Omega(s)$$
$$\overset{V_7}{=} (\Phi*\Psi)+(\Phi*\Omega) \quad .$$

(ii) $$\Phi*(z\cdot\Psi) \overset{V_7}{=} \sum_{s\in S}\Phi(s)\circ((z\cdot\Psi)(s)) \overset{V_4}{=} \sum_{s\in S}\Phi(s)\circ(z\cdot(\Psi(s))) \overset{9.4(b)iv}{=}$$

$$\sum_{s\in S} z\cdot(\Phi(s)\circ\Psi(s)) \overset{9.4(b)iii}{=} z\cdot(\sum_{s\in S}\Phi(s)\circ\Psi(s)) \overset{V_7}{=} z\cdot(\Phi*\Psi)$$

(iii) $$\Phi[\Psi<d>] \overset{V_6}{=} \sum_{s\in S}\Phi(s)[\Psi<d>(s)] \overset{V_5}{=} \sum_{s\in S}\Phi(s)[\Psi(s)[d]] \overset{9.4(b)vii}{=}$$

$$\sum_{s\in S}(\Psi(s)\circ\Phi(s))[d] \overset{9.4(b)v}{=} (\sum_{s\in S}\Psi(s)\circ\Phi(s))[d] \overset{V_7}{=} (\Psi*\Phi)[d].$$ ■

## 9.5 Matrixdarstellung für R-Netze

(a) Definition Sei N ein R-Netz.

(i) Für Transitionen $t\in T_N$ sei der Vektor $\underline{t}: S_N \to R(D_N)$ erklärt durch

$$\underline{t}(s) := \begin{cases} -(\overline{s,t}), & \text{falls } s\in {}^\bullet t \setminus t^\bullet \\ (\overline{t,s}), & \text{falls } s\in t^\bullet \setminus {}^\bullet t \\ (\overline{t,s})-(\overline{s,t}), & \text{falls } s\in {}^\bullet t\cap t^\bullet \\ \Theta, & \text{sonst}. \end{cases}$$

(ii) Die Matrix $\underline{N}: S_N\times T_N \to R(D_N)$ sei definiert durch

$\underline{N}(s,t) := \underline{t}(s)$ .

(iii) Für $\Psi: S_N \to R(D_N)$ sei $\underline{N}'*\Psi: T_N \to R(D_N)$.
$t \mapsto \underline{t}*\Psi$

(b) Satz Sei N ein R-Netz, seien $M,M'\in[M_N\rangle$, sei $t\in T_N$, sei $d\in D_N$. Ist t mit d M-aktiviert, so gilt:

$M[t\rangle_d M' \iff M+\underline{t}<d> = M'$ .

Beweis

Sei $s\in S_N$. 1. Fall: $s\in {}^\bullet t\setminus t^\bullet$. Dann gilt: $M'(s) \overset{9.2(e)}{=} M(s)-(\overline{s,t})[d]$ $\overset{9.5(a)}{=} M(s)+\underline{t}(s)[d] \overset{V_5}{=} M(s)+\underline{t}<d>(s)$ . Für die Fälle $s\in t^\bullet\setminus {}^\bullet t$, $s\in t^\bullet\cap {}^\bullet t$ und $s\notin t^\bullet\cup {}^\bullet t$ ergibt sich entsprechend ebenfalls $M'(s) = M(s)+\underline{t}<d>(s)$ . Daraus folgt die Behauptung. ■

| | *t* | *u* | $i_1$ | $i_2$ | $i_3$ | $M_N$ |
|---|---|---|---|---|---|---|
| *d* | $-\underline{id}$ | $\underline{id}$ | $\underline{id}$ | $l+r$ | | $\{p_1,\dots,p_n\}$ |
| *g* | $-(l+r)$ | $l+r$ | | $-\underline{id}$ | $\underline{id}$ | $\{g_1,\dots,g_n\}$ |
| *e* | $\underline{id}$ | $-\underline{id}$ | $\underline{id}$ | | $l+r$ | $\underline{0}$ |

*Abb.106 Matrix, Invarianten und Anfangsmarkierung zu Abb.102*

## 9.6 S-Invarianten für R-Netze

(a) Definition Sei $N$ ein R-Netz. Ein Stellenvektor $i : S_N \to \mathcal{R}(D_N)$ heißt S-Invariante von $N$, falls $\underline{N}' * i = \underset{\sim}{\mathcal{O}}$.

(b) Korollar Seien $i_1$ und $i_2$ S-Invarianten eines R-Netzes $N$ und sei $z \in \mathbb{Z}$. Dann sind auch $i_1 + i_2$ und $z \cdot i_1$ S-Invarianten von $N$.

Beweis

Sei $t \in T_N$ beliebig.

(i) $\underline{t} * (i_1 + i_2) \overset{9.4(d)i}{=} \underline{t} * i_1 + \underline{t} * i_2 \overset{\text{nach Voraussetzung}}{=} \mathcal{O} + \mathcal{O} = \mathcal{O}$.

(ii) $\underline{t} * (z \cdot i_1) \overset{9.4(d)ii}{=} z \cdot (\underline{t} * i_1) \overset{\text{nach Voraussetzung}}{=} z \cdot \mathcal{O} = \mathcal{O}$. ■

(c) Satz Sei $N$ ein R-Netz. Dann gilt für jede S-Invariante $i$ von $N$ und jede Folgemarkierung $M \in [M_N\rangle : i[M] = i[M_N]$.

Beweis

Seien $M, M' \in [M_N\rangle$, sei $d \in D_N$ und sei $t \in T_N$, so daß $M[t\rangle_d M'$.

$$i[M'] \overset{\text{Satz } 9.5(b)}{=} i[M + \underline{t}\langle d\rangle] \overset{V_6}{=} \sum_{s \in S_N} i(s)[(M + \underline{t}\langle d\rangle)(s)] \overset{V_1}{=} \sum_{s \in S_N} i(s)[M(s) + \underline{t}\langle d\rangle(s)]$$

$$\overset{9.4(b)vi}{=} \sum_{s \in S_N} (i(s)[M(s)] + i(s)[\underline{t}\langle d\rangle(s)]) \overset{9.4(b)i}{=} (\sum_{s \in S_N} i(s)[M(s)]) +$$

$$(\sum_{s \in S_N} i(s)[\underline{t}\langle d\rangle(s)]) \overset{V_6}{=} i[M] + i[\underline{t}\langle d\rangle] \overset{9.4(d)iii}{=} i[M] + (\underline{t} * i)[d] = i[M] + \mathcal{O}[d]$$

$= i[M] + \underline{0} = i[M]$. ■

## 9.7 Anwendungsbeispiel für S-Invarianten: Der Beweis von Fakten

Mit Hilfe von Invarianten gelingt vielfach der Beweis von Systemeigenschaften, insbesondere solchen, die als Fakten formuliert sind. Wir zeigen dies für die in Abb.100 behaupteten Fakten des Systems der denkenden und essenden Philosophen. Abb.102 zeigt dieses System für eine beliebige Anzahl von $n$ Philosophen als R-Netz $N$. Als Kapazität $K_N$ setzen wir $\forall s \in S_N \; K_N(s) = \underline{1}$. Seine Matrix und einige Invarianten sind in Abb.106 wiedergegeben. Im weiteren verwenden wir insbesondere die Notationen und Kurzschreibweisen aus 9.2(b).

<u>Behauptung</u> Die T-Elemente $t_1,\ldots,t_6$ in Abb.102 sind Fakten.

Beweis

<u>Beh. 1</u> Sei $M: S_N \to \mathcal{M}(D_N)$ und sei $a \in D_N$, so daß $t_1$ mit $a$ M-aktiviert ist. Dann gilt: $M(d) + M(e) \geq 2a$.

<u>Bew.</u> Nach Def. 9.2(e) gilt: $M(d) \geq \underline{id}[a]$ und $M(e) \geq \underline{id}[a]$, somit: $M(d)+M(e) \geq 2a$.

<u>Beh.2</u> $\forall M \in [M_N\rangle$ gilt: $M(d)+M(e) = P$.

<u>Bew.</u> $M(d)+M(e) = \underline{id}[M(d)] + \underline{id}[M(e)] = i_1[M] = i_1[M_N] = \underline{id}[M_N(d)] + \underline{id}[M_N(e)]$
$= M_N(d) + M_N(e) = P + \underline{0} = P$.

<u>zu $t_1$</u>: $t_1$ mit $a$ M-aktiviert $\Rightarrow$ $M(d)+M(e) \geq 2a$ (Beh. 1). Nach Beh. 2 gilt aber für alle $M \in [M_N\rangle$ : $M(d)+M(e) \leq a$. Somit gilt: $M \notin [M_N\rangle$ und $t_1$ ist Faktum.

<u>Beh. 3</u> Sei $M: S_N \to \mathcal{M}(D_N)$ und sei $a \in D_N$, so daß $t_2$ mit $a$ M-aktiviert ist. Dann gilt: $M(d)(a) + M(e)(a) \leq 0$.

<u>Bew.</u> Nach Def. 9.2(e) gilt: $M(d) \leq \underline{1} - a$ und $M(e) \leq \underline{1} - a$, somit $M(d)+M(e) \leq \underline{2} - 2a$
$\Rightarrow$ $M(d)(a) + M(e)(a) \leq (\underline{2} - 2a)(a) = \underline{2}(a) - 2a(a) = 2-2 = 0$.

<u>zu $t_2$</u>: $t_2$ mit $a$ M-aktiviert $\Rightarrow$ $M(d)(a) + M(e)(a) \leq 0$ (Beh. 3). Da $\bullet s = \emptyset$, gilt: $M(s) \leq M_N(s) = P$. Da $s \in \bullet t$ und $\overline{(s,t)} = \underline{id}$, gilt: $a \in P$. Nach Beh. 2 gilt aber für alle $M' \in [M_N\rangle$ : $M'(d)(a) + M'(e)(a) = 1$. Somit gilt: $M \notin [M_N\rangle$ und $t_2$ ist Faktum.

<u>Beh. 4</u> Sei $M$ eine Markierung von $N$ und sei $a \in D_N$, so daß $t_3$ mit $a$ M-aktiviert ist. Dann gilt: $(l+r)[M(d)] - M(g) \neq G$.

<u>Bew.</u> Nach Def. 9.2(e) gilt: $M(d) \leq \underline{1} - a$ und $M(g) \geq l[a]$, somit $(l+r)[M(d)]$
$\leq (l+r)[\underline{1} - a]$ und $-M(g) \leq -l[a]$. Daraus folgt: $(l+r)[M(d)] - M(g) \leq (l+r)[\underline{1} - a] - l[a]$
$= (l+r)[\underline{1}] - (l+r)[a] - l[a] = [l+r][\underline{1}] - 2l[a] - r[a] = l[\underline{1}] + r[\underline{1}] - 2l[a] - r[a] = G + G - 2l[a] - r[a]$
$= 2G - 2l[a] - r[a] \neq G$.

<u>Beh. 5</u> $\forall M \in [M_N\rangle$ $(l+r)[M(d)] - M(g) = G$.

<u>Bew.</u> $(l+r)[M(d)] - M(g) = (l+r)[M(d)] - \underline{id}[M(g)] = i_2[M] = i_2[M_N] = (l+r)[P] - G = 2G - G = G$.

<u>zu $t_3$</u> : $t_3$ mit $a$ M-aktiviert $\Rightarrow$ $(l+r)[M(d)] - M(g) \neq G$ (Beh. 4). Nach Beh. 5 gilt jedoch für alle $M' \in [M_N\rangle$ : $(l+r)[M'(d)] - M'(g) = G$. Somit gilt: $M \notin [M_N\rangle$ und $t_3$ ist ein Faktum.

zu $t_4$: Der Beweis verläuft wie der für $t_3$ .

Beh. 6 Sei $t_5$ mit a M-aktiviert. Dann gilt: $(l+r)[M(e)]+M(g)\neq G$ .

Bew. Nach Def. 9.2 gilt: $M(e)\geq a$ und $M(g)\geq l(a)$ , somit $(l+r)[M(e)]\geq(l+r)[a]$ und $M(g)\geq l(a)$ . Daraus folgt: $(l+r)[M(e)]+M(g)\geq(l+r)[a]+l[a]=l[a]+r[a]+l[a]=2l[a]+r[a]\neq G$ .

Beh. 7 $\forall M\in[M_N> \quad (l+r)[M(e)]+M(g)=G$ .

Bew. $(l+r)[M(e)]+M(g)=i_3[M]=i_3[M_N]=(l+r)[\underline{0}]+G=G$ .

zu $t_5$: $t_5$ mit a M-aktiviert $\Rightarrow$ $(l+r)[M(d)]-M(g)\neq G$ (Beh. 6). Nach Beh. 7 gilt: $M\notin[M_N>$ , $t_5$ ist also Faktum.

zu $t_6$: Der Beweis verläuft wie der zu $t_5$ . ∎

## 9.8 Schemata für Relationennetze

Auch wenn man die einem R-Netz zugrunde liegende Algebra nicht spezifiziert, sind in vielen Fällen Eigenschaften eines Netzes herleitbar. Sie gelten dann für alle Algebren mit entsprechenden Operationen oder bei Zusatzannahmen für Teilklassen von Algebren. Ein solches Netzschema ist mit Element- und Funktionssymbolen anstelle von Elementen bzw. Funktionen beschriftet.

(a) Abb.107 zeigt ein solches Schema mit zwei Fakten. In der Tat sind $t_4$ und $t_5$ Fakten bei jeder konkreten Interpretation von f und a . Daß dies wirklich so ist, läßt sich mit Hilfe der in Abb.108 angegebenen Invariante beweisen:

Behauptung Die T-Elemente $t_4$ und $t_5$ des Netzes N in Abb.107 sind für alle Algebren $\underline{D}_N=(D;\{f\})$ Fakten, wenn die Kapazität $K_N=\underline{1}$ vorausgesetzt wird.

Beweis
Sei $\underline{D}_N=(D;\{f\})$ eine beliebige Algebra für N .

Beh. 1 Sei $M\colon S_N\to D_N$ , sei $d\in D_N$ , so daß $t_4$ mit d M-aktiviert ist. Dann gilt: $f[M(s_1)]+M(s_2)-M(s_3)\neq\underline{0}$ .

Bew. Nach Def. 9.2(e) gilt: $M(s_1)\geq d$ und $M(s_3)\leq\underline{1}-f[d]$ , somit $f[M(s_1)]+M(s_2)-M(s_3)\geq f[d]+M(s_2)-\underline{1}+f[d]=2f[d]-\underline{1}+M(s_2)\geq 2f[d]-\underline{1}\neq\underline{0}$ .

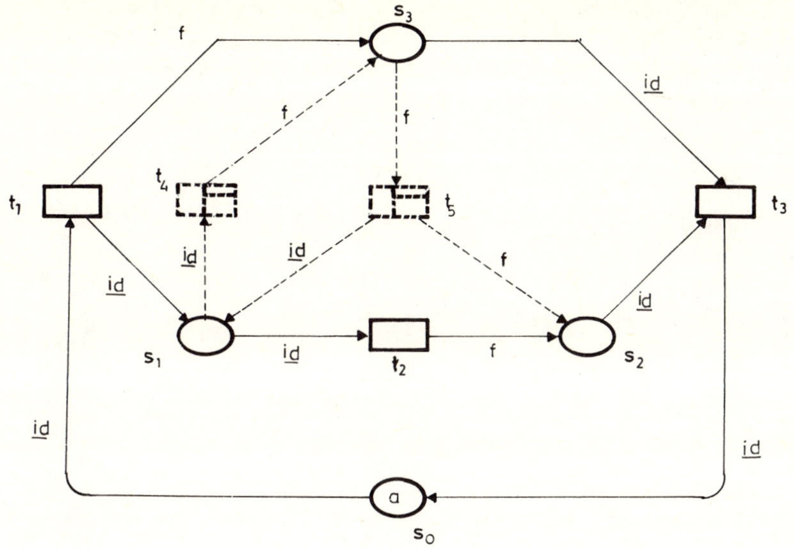


Abb. 107 *Ein Netzschema mit zwei Fakten* $t_4$ *und* $t_5$

| | $t_1$ | $t_2$ | $t_3$ | $i$ | $M_N$ |
|---|---|---|---|---|---|
| $s_0$ | $-id$ | | $id$ | | $a$ |
| $s_1$ | $id$ | $-id$ | | $f$ | |
| $s_2$ | | $f$ | $-id$ | $id$ | |
| $s_3$ | $f$ | | $-id$ | $-id$ | |

Abb.108 *Matrix, Invariante und Anfangsfall zu Abb.107*

Beh. 2 $\forall M \in [M_N\rangle \quad f[M(s_1)]+M(s_2)-M(s_3)=\underline{0}$

Bew. $f[M(s_1)]+M(s_2)-M(s_3)=i[M]=i[M_N]=\underline{0}$ .

zu $t_4$: Aus Beh. 1 und Beh. 2 folgt, daß $t_4$ mit keiner Markierung $M \in [M_N\rangle$ und keinem $d \in D_N$ aktiviert ist.

Beh. 3 Sei $M: S_N \to D_N$, sei $d \in D_N$, so daß $t_5$ mit d M-aktiviert ist. Dann gilt: $f[M(s_1)] + M(s_2) - M(s_3) \neq \underline{0}$.

Bew. Nach Def. 9.2(e) gilt: $M(s_3) \geq f[a]$, $M(s_1) \leq \underline{1} - a$, $M(s_2) \leq \underline{1} - f[a]$, somit: $f[M(s_1)] + M(s_2) - M(s_3) \leq f[\underline{1} - a] + (\underline{1} - f[a]) - f[a] = f[\underline{1}] - f[a] + \underline{1} - f[a] - f[a] = \underline{1} + f[\underline{1}] - 3f[a] \neq \underline{0}$.

zu $t_5$: Aus Beh. 2 und Beh. 3 folgt, daß $t_5$ mit keiner Markierung $M \in [M_N\rangle$ und keinem $d \in D_N$ aktiviert ist. ■

(b) Im Netzschema N in Abb. 109 sei für jede Stelle $s \in S_N$ die Kapazität $K_N(s) = \underline{1}$ vorausgesetzt. N enthält ein zusätzliches, gestrichelt dargestelltes T-Element t, das unter manchen Interpretationen ein Faktum ist, unter anderen jedoch nicht. Legt man beispielsweise die aus den (einstelligen) Operationen f,g,h und k frei erzeugte Algebra zugrunde, so ist t sicherlich ein Faktum: Wäre t nämlich mit einem Element a M-aktiviert, so müßte gelten: $k(a) \in M(s_2)$. Da kein in $s_2$ endender Pfeil die Anschrift k enthält, ist dies unmöglich. t ist auch Faktum, wenn $f = g = h = k$ oder wenn, wie wir noch sehen werden, $k = g \circ g^{-1} = \underline{id}$ und $h = g^{-1} \circ f$. t ist kein Faktum, wenn $k = g^{-1}$ und $h \neq f$. Dann nämlich ist t mit d unter der Markierung $(\underline{0}, \underline{0}, g[d], f[d])$ aktiviert und schaltet nach $(\underline{0}, \underline{0}, \underline{0}, f[d] + h[d])$ (eine Markierung M von N wird hier in der Form $(M(s_0), \ldots, M(s_3))$ dargestellt).

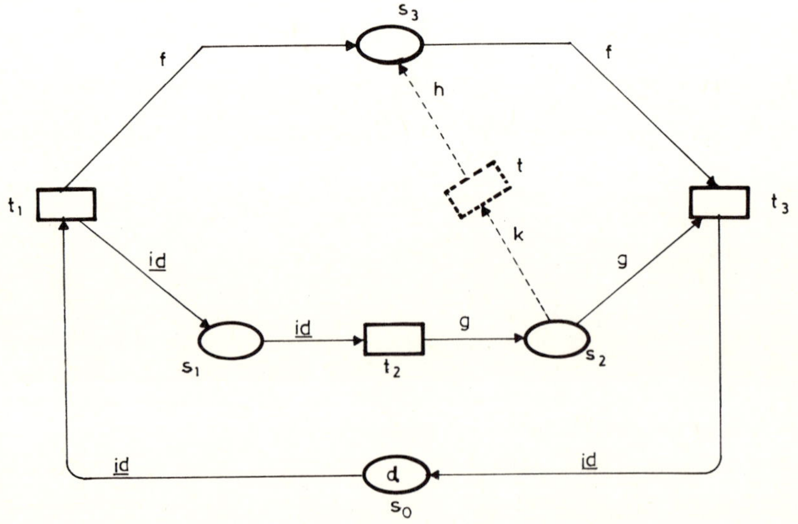


*Abb. 109 Ein Netzschema*

| | $t_1$ | $t_2$ | $t_3$ | $i_1$ | $i_2$ | $i_3$ | $i_4$ | $i_5$ | $M_N$ |
|---|---|---|---|---|---|---|---|---|---|
| $s_0$ | $-\underline{id}$ | | $\underline{id}$ | $g$ | $f$ | | | | $d$ |
| $s_1$ | $\underline{id}$ | $-\underline{id}$ | | $g$ | | $\underline{id}$ | $f \circ g$ | $f$ | |
| $s_2$ | | $g$ | $-g$ | $\underline{id}$ | | $g^{-1}$ | $f$ | $g^{-1} \circ f$ | |
| $s_3$ | $f$ | | $-f$ | | $\underline{id}$ | $-f^{-1}$ | $-g$ | $-\underline{id}$ | |
| | | | | | | *falls* $f \circ f^{-1} = \underline{id} = g \circ g^{-1}$ | *falls* $f \circ g = g \circ f$ | *falls* $g \circ g^{-1} = \underline{id}$ | |

*Abb.110 Matrix, Invarianten und Anfangsmarkierung zu Abb.109*

Entsprechend verhält es sich mit den Invarianten von N (vgl. Abb.110). Nur $i_1$ und $i_2$ sind unter allen Interpretationen Invarianten. Die anderen aufgeführten Vektoren $i_3, i_4, i_5$ sind nur unter den jeweils angegebenen Bedingungen Invarianten.

Die Kenntnis von Invarianten kann auch hier den Nachweis von Fakten unterstützen. Für alle Interpretationen mit $k = g \circ g^{-1} = \underline{id}$ und $h = g^{-1} \circ f$ zeigen wir unter Verwendung von $i_5$, daß t ein Faktum ist, folgendermaßen:

Beh. 1 Sei $M: S_N \rightarrow D_N$ und sei $d \in D_N$, so daß t mit d M-aktiviert ist. Dann gilt: $f[M(s_1)] + h[M(s_2)] - M(s_3) \neq \underline{0}$

Bew. Nach Def. 9.2(e): $M(s_2) \geq \underline{id}[d] \wedge M(s_3) \leq \underline{1} - h[d]$, d.h. $M(s_2) \geq d \wedge -M(s_3) \geq h[d] - \underline{1}$. Daraus folgt: $h[M(s_2)] \geq h[d] \wedge -M(s_3) \geq h[d] - \underline{1}$. Somit gilt: $h[M(s_2)] - M(s_3) \geq 2h[d] - \underline{1}$ und, da $M(s_1) \geq \underline{0}$, $f[M(s_1)] + h[M(s_2)] - M(s_3) \geq 2h[d] - \underline{1}$. Es gilt insbesondere: $(2h[d] - \underline{1})(h[d]) = 2h[d] - h[d] = h[d]$ und die Behauptung folgt.

Beh. 2 $\forall M \in [M_N\rangle : f[M(s_1)] + h[M(s_2)] - M(s_3) = \underline{0}$.

Bew. $f[M(s_1)] + h[M(s_2)] - M(s_3) = f[M(s_1)] + g^{-1} \circ f[M(s_2)] - \underline{id}[M(s_3)] = i[M] = i[M_N] = \underline{0}$.

Aus Beh. 1 und 2 folgt sofort, daß t mit keiner Markierung $M \in [M_N\rangle$ und keinem $d \in D_N$ aktiviert ist. ■

# Anhang: Mathematische Begriffe und Bezeichnungen

## I Mengen

A1 Wie üblich benutzen wir für Mengen $M$ die Schreibweise $x \in M$ und $A \subseteq M$ um die Elementbeziehung bzw. die Teilmengenbeziehung zwischen $x$ und $M$ bzw. $A$ und $M$ darzustellen.

A2 Seien $A, B, C$ Mengen. Wie üblich bezeichne $A \cup B, A \cap B$ und $A \setminus B := \{a \in A \mid \neg (a \in B)\}$ die Vereinigung, den Durchschnitt und das Komplement von $B$ in $A$.

A3 Aus der Mengenalgebra sei neben den Distributivgesetzen $A \cap (B \cup C) = (A \cap B) \cup (A \cap C)$ und $A \cup (B \cap C) = (A \cup B) \cap (A \cup C)$ an folgende Beziehungen erinnert:

(i) $A \setminus (B \cup C) = (A \setminus B) \setminus C$

(ii) $A \setminus (A \setminus B) = A \cap B$

(iii) $(A \cup B) \setminus C = (A \setminus C) \cup (B \setminus C)$

(iv) $(A \setminus B) \setminus A = \emptyset$

(v) $A \setminus (B \cup C) = (A \setminus B) \cap (A \setminus C)$

(vi) $(A \setminus B) \cap C = (A \cap C) \setminus (B \cap C)$

(vii) $A \subseteq B \Rightarrow A \setminus B = \emptyset$

A4 $\mathbb{N}$ bzw. $\mathbb{Z}$ bezeichnet die Menge der natürlichen Zahlen $\{0,1,2,\ldots\}$ bzw. der ganzen Zahlen $\{\ldots -2,-1,0,1,2,\ldots\}$.

## II Relationen

A5 Definition Sei $M$ eine Menge. Mit $x, y \in M$ ist $(x,y)$ ein Paar über $M$. Für $A, B \subseteq M$ sei $A \times B := \{(x,y) \mid x \in A \wedge y \in B\}$. $\rho \subseteq M \times M$ heißt Relation und wir schreiben $x \rho y$ für $(x,y) \in \rho$.

A6 Definition Sei $M$ eine Menge und seien $\rho, \sigma \subseteq M \times M$ zwei Relationen über $M$. Wir definieren:

(i) $\rho^{-1} := \{(y,x) \mid (x,y) \in \rho\}$.

(ii) $\rho\circ\sigma := \{(x,z) \mid \exists y\in M \;\; x\rho y \wedge y\sigma z\}$.

(iii) mit $\rho^0 := \{(x,x) \mid x\in M\}$ und $\rho^{i+1} := \rho^i\circ\rho$ $(i=0,1,\dots)$ sei $\rho^+ := \bigcup_{i=1}^{\infty} \rho^i$ und $\rho^* := \rho^+ \cup \rho^0$.

(iv) für $a\in M$ sei $\rho[a] := \{b\in M \mid a\rho b\}$.

A7 Korollar Sind $\rho,\sigma \subseteq M\times M$ Relationen, so gilt:

(i) $\rho = \rho^1$.

(ii) $\rho\subseteq\sigma \Rightarrow \rho^*\subseteq\sigma^*$.

(iii) $\rho^*\cup\sigma^* \subseteq (\rho\cup\sigma)^*$.

(iv) $(\rho^*)^* = \rho^*$.

A8 Lemma Seien $\rho,\sigma,\tau,\psi \subseteq M\times M$ Relationen. Dann gilt:

(i) $\rho\subseteq\sigma^* \wedge \tau\subseteq\psi^* \Rightarrow (\rho\cup\tau)^*\subseteq(\sigma\cup\psi)^*$

(ii) $\rho\subseteq\sigma^* \Rightarrow (\rho\cup\sigma)^*\subseteq\sigma^*$

Beweis

(i) $\rho\cup\tau\subseteq\sigma^*\cup\psi^*\subseteq(\sigma\cup\psi)^* \Rightarrow (\rho\cup\tau)^*\subseteq((\sigma\cup\psi)^*)^* = (\sigma\cup\psi)^*$

(ii) $\rho\subseteq\sigma^* \Rightarrow \rho\cup\sigma^*\subseteq\sigma^* \Rightarrow (\rho\cup\sigma^*)^*\subseteq(\sigma^*)^* = \sigma^* \Rightarrow (\rho\cup\sigma)^*\subseteq\sigma^*$. ■

## III Funktionen

A9 Definition Seien $A,B$ Mengen, sei $M\subseteq A$.

(i) $f:A\to B$ bezeichnet eine (totale) Funktion (oder Abbildung) von $A$ nach $B$.

(ii) Mit $f:A\to B$ sei $f(M) := \{f(a) \mid a\in M\}$.

(iii) Die Abbildung $f|M : M\to B$ ist definiert durch $f|M\,(a) = f(a)$ für alle $a\in M$.

(iv) Die Relation $\{(a,f(a)) \mid a\in A\}$ ist der Graph der Funktion $f:A\to B$.

A10 Definition Sei $A$ eine Menge.

(i) $id: A\to A$ mit $id(a) = a$ heißt Identitätsfunktion oder Identität

(ii) mit $n,i\in\mathbb{N}$ sei $pr_i: \; A^n \to A$, $(a_1,\dots,a_n) \mapsto a_i$

## IV Halbordnungen

A11 Definition Sei M eine Menge. Eine Relation $\rho \subset M \times M$ heißt Ordnung (oder Halbordnung) $:\Longleftrightarrow \forall a,b \in M$

(i) $\neg(a \rho a)$ ($\rho$ ist irreflexiv).

(ii) $a\rho b \wedge b\rho c \Rightarrow a\rho c$ ($\rho$ ist transitiv).

Aus (i) und (ii) folgt die Asymetrie von $\rho$ : $a\rho b \Rightarrow \neg(b\rho a)$ .

Ordnungen $\rho \subseteq M \times M$ schreiben wir unabhängig vom Träger M mit dem Symbol "<" . Sei $a \leq b :\Longleftrightarrow a<b \vee a=b$ .

Graphisch stellen wir endliche Ordnungen als Pfeilmengen dar, so daß ein Pfeil $a \longrightarrow b$ genau dann vorkommt, wenn $a<b \wedge \nexists c \; a<c<b$ .

## V Graphen

A12 Definition Ein Tupel $G=(H,P)$ heißt (pfeilbeschrifteter, gerichteter) Graph über L $:\Longleftrightarrow$ H und L sind Mengen, so daß $P \subseteq H \times L \times H$ . Die Elemente von H,L und P heißen Knoten, Pfeilbeschriftungen bzw. Pfeile.

Die zeichnerische Darstellung von Graphen ist offensichtlich.

A13 Definition Sei $G=(H,P)$ ein Graph über L . Für $i=1,2,\ldots$ sei $p_i=(h_i,l_i,h_i^!) \in P$ . $w=p_1p_2\ldots$ ist ein Weg in G , falls für $i=1,2,\ldots$ $h_i^!=h_{i+1}$ . Wir schreiben dann auch $w=h_1l_1h_2l_2\ldots$ . w ist endlich, falls für ein $n \in \mathbb{N}$ $p_{n+1}$ nicht gebildet wird. In diesem Fall ist n die Länge von w . Der leere Weg $\varepsilon$ hat die Länge 0 . Ein endlicher Weg der Länge n ist ein Kreis, falls $h_n=h_1$ .

A14 Definition Seien $G_i=(H_i,P_i)$ Graphen über $L_i$ $(i=1,2)$ . $G_1$ heißt $\alpha$-$\beta$-isomorph (kurz: isomorph) zu $G_2 :\Longleftrightarrow \alpha:H_1 \to H_2$ und $\beta:L_1 \to L_2$ sind bijektive Abbildungen, so daß $(h,l,h') \in P_1 \Longleftrightarrow (\alpha(h),\beta(l),\alpha(h')) \in P_2$ .

A15 Definition Sei $G=(H,P)$ ein Graph.

(i) G ist azyklisch, falls G keine Kreise erhält.

(ii) $h \in H$ ist endlich (vorwärts) verzweigt, falls für jeden Knoten $h \in H$ , $\{(h_1,l,h_2) \in P \mid h_1=h\}$ endlich ist.

Wir führen nun König's Lemma in einer für uns zweckmäßigen Fassung an:

A16 Satz Sei $G=(H,P)$ ein endlich verzweigter Graph mit einem Anfangsknoten. Ist jeder Weg in $G$ endlich, so ist $G$ selbst auch endlich.

Beweis

Für $h \in H$ sei $suc(h)$ die Menge der Knoten $h' \in H$, so daß ein Weg von $h$ nach $h'$ führt.

Nehmen wir nun an, $G$ sei unendlich. Dann können wir, im Widerspruch zu den Voraussetzungen des Satzes, folgendermaßen einen unendlichen Weg $h_1 l_1 h_2 \ldots$ induktiv erzeugen: Sei $h_1$ der Anfangsknoten von $G$. Offenbar ist $suc(h_1)$ unendlich. Sei nun $h_1 l_1 \ldots l_{n-1} h_n$ konstruiert und sei $suc(h_n)$ unendlich. Da $h_n$ endlich verzweigt, gibt es mindestens einen Pfeil $(h_n, l, h')$, so daß $suc(h')$ unendlich ist. Dann sei $l_i := l$ und $h_{i+1} := h'$.

## VI Das Supremum von Zahlenmengen und das Rechnen mit $\omega$

A17 Definition (i) Wir erweitern die kanonische Ordnung $<$ sowie $+$ und $-$ von $\mathbb{N}$ auf $\mathbb{N} \cup \{\omega\}$, so daß $\forall n \in \mathbb{N}\ n < \omega$ und $\forall m \in \mathbb{N} \cup \{\omega\}: m + \omega = \omega + m = \omega$.

(ii) Für $A \subseteq \mathbb{N} \cup \{\omega\}$ sei $\underline{sup}(A) := \begin{cases} a, & \text{falls } a \in A \wedge \forall a' \in A\ \ a' \leq a \\ \omega, & \text{falls } \forall n \in \mathbb{N}\ \exists a \in A\ \ n \leq a \end{cases}$

A18 Korollar Seien $A, B \subseteq \mathbb{N} \cup \{\omega\}$, so daß mit $A = \{a_1, a_2, \ldots\}$ und $B = \{b_1, b_2, \ldots\}$ $a_1 < b_1 \wedge a_2 < b_2 \wedge \ldots$. Dann gilt: $\underline{sup}(A) \leq \underline{sup}(B)$.

## VII Vektoren und Matrizen

Als Indexmengen für Vektoren und Matrizen verwenden wir nicht Anfangsstücke der natürlichen Zahlen, sondern beliebige endliche Mengen. Als Bildbereich betrachten wir hier nur die ganzen Zahlen $\mathbb{Z}$.

A19 Definition Sei $A$ eine nichtleere, endliche Menge. Eine Abbildung $v: A \to \mathbb{Z}$ heißt Vektor oder A-Vektor. Für zwei Vektoren $v_1: A \to \mathbb{Z}$ und $v_2: A \to \mathbb{Z}$ definieren wir

(i) ihre Summe $v_1 + v_2$ als den Vektor $v: A \to \mathbb{Z}$ mit $v(a) := v_1(a) + v_2(a)$,

(ii) ihr Produkt $v_1 \cdot v_2$ als die ganze Zahl $\sum_{a \in A} v_1(a) \cdot v_2(a)$.

(iii) mit $z \in \mathbb{Z}$ das Skalarprodukt $z \cdot v_1$ als den Vektor $v: A \to \mathbb{Z}$, definiert durch $v(a) := z \cdot v_1(a)$ .

A20 Definition Sei A eine Menge

(i) Ein Vektor $v: A \to \{0\}$ heißt Nullvektor und wird mit 0 bezeichnet (sein Urbildbreich A ergibt sich im jeweiligen Zusammenhang).

(ii) Ein Vektor $v: A \to \{0,1\}$ heißt charakteristisch.

Für $A' \subseteq A$ sei
$$c_{A'}: A \to \{0,1\}$$
$$a \mapsto 1, \text{ falls } a \in A'$$
$$\mapsto 0, \text{ sonst}$$

$c_{A'}$ ist der charakteristische Vektor von $A'$ .

(iii) Ein Vektor $v: A \to \mathbb{Z}$ heißt positiv $:\Longleftrightarrow \forall a \in A \quad v(a) \geq 0$

A21 Definition Seien A und B disjunkte, nichtleere, endliche Mengen.

(i) Eine Abbildung $C: A \times B \to \mathbb{Z}$ heißt Matrix.

(ii) Die Transponierte $C'$ einer Matrix $C: A \times B \to \mathbb{Z}$ ist die Matrix $C': B \times A \to \mathbb{Z}$ mit $C'(b,a) := C(a,b)$ .

(iii) Das Produkt einer Matrix $C: A \times B \to \mathbb{Z}$ mit einem Vektor $v: B \to \mathbb{Z}$ liefert den Vektor $C \cdot v: A \to \mathbb{Z}$ mit $C \cdot v(a) := \sum_{b \in B} C(a,b) \cdot v(b)$ .

Graphisch werden Vektoren und Matrizen nach dem Schema von Abb.111 als Tabelle dargestellt. Mit $A = \{a_1, \ldots, a_n\}$ und $B = \{b_1, \ldots, b_m\}$ sei $v: A \to \mathbb{Z}$ ein Vektor und $C: A \times B \to \mathbb{Z}$ eine Matrix. Für $i = 1, \ldots, n$ und $j = 1, \ldots, m$ sei $v_i := v(a_i)$ und $c_{ij} := C(a_i, b_j)$ .

| | $v$ |
|---|---|
| $a_1$ | $v_1$ |
| $a_2$ | $v_2$ |
| ⋮ | ⋮ |
| $a_n$ | $v_n$ |

| $C$ | $b_1$ | --- | $b_m$ |
|---|---|---|---|
| $a_1$ | $c_{11}$ | --- | $c_{1m}$ |
| $a_2$ | $c_{21}$ | --- | $c_{2m}$ |
| ⋮ | ⋮ | | |
| $a_n$ | $c_{n1}$ | --- | $c_{nm}$ |

*Abb.111 Graphische Darstellung von Vektoren und Matrizen*

# Index

(Unterstrichene Seitenzahlen verweisen auf Definitionen)

# Literaturverzeichnis

Wir geben einen sehr kurzen Überblick über die Entwicklung der Netztheorie, soweit diese aus der Literatur ersichtlich ist. Danach geben wir Hinweise auf andere Bücher über Netze und auf bibliographische Werke. Schließlich wird für jedes Kapitel eine Auswahl von Arbeiten aufgeführt, die

- diesem Buch zugrunde liegen,
- die ersten in ihrem Gebiet waren,
- besonders typisch für ihren Gegenstand sind oder
- vor kurzer Zeit publiziert wurden und als Grundlage für weitere Untersuchungen dienen können.

Anschließend geben wir einen Überblick über Modifikationen und sogenannte Verallgemeinerungen von S/T-Netzen, und erwähnen einige Anwendungen und Implementierungen von Netzen. Wir schließen mit dem Hinweis auf einige verwandte Systemmodelle.

Dieses Literaturverzeichnis schließt ca. Ende 1983 ab. Hinweise auf neuere Veröffentlichungen kann man dem "Petri Net Newsletter" (vgl. [26]) entnehmen.

## 1. Einige Meilensteine in der Entwicklung der Netztheorie

In der Einleitung wurde schon erwähnt, daß Netztheorie mit der Dissertation von C.A. Petri ihren Anfang nahm. In dieser Arbeit wurde die Notwendigkeit für eine Theorie asynchron arbeitender Maschinen gezeigt:

[1] C.A. Petri: *Kommunikation mit Automaten* Schriften des Institutes für Instrumentelle Mathematik, Bonn 1962.

Eine englische Übersetzung dieser Arbeit ist

[2] C.A. Petri: *Communication with Automata* Final report, Voume 1, Supplement 1 RADC TR-65-377-vol-1-suppl 1, Applied Data Research, Princeton, NJ, Contract AF 30(602)-3324 (Januar 1966).

Weitere frühe Arbeiten sind

[3] C.A. Petri: *Fundamentals of a Theory of Asynchronous Information Flow* Information Processing 1962, Proceedings of the IFIP Congress 62, Munich. North Holland Publishing Company Amsterdam (1962) S. 386-390

und

[4] C.A. Petri: *Grundsätzliches zur Beschreibung diskreter Prozesse* Drittes Colloquium über Automatentheorie, Birkhäuser Verlag Basel (1967) S. 121-140.

Ende der sechziger Jahre wurden im Rahmen des "Information Systems Theory Project" B/E-Systeme genauer untersucht:

[5] A.W. Holt, H. Saint, R. Shapiro, S. Warshall: *Final Report of the Information Systems Theory Project* Technical Report RADC-TR-68-305, Rome Air Development Center, Griffis Air Force Base, New York (September 1968), 352 Seiten. Erhältlich bei Clearinghouse for Federal Scientific and Technical Information, US Department of Commerce.

In diesem Zusammenhang ist auch

[6] S.S. Patil: *Coordination of Asynchronous Events* Ph.D. Thesis (Mai 1970) Cambridge, Mass.: MIT Project MAC, Technical Report 72 (Juni 1970)

ein grundlegendes Papier, das den Anfang der (kurzen) Forschung am MIT über Netze darstellt.

Als Beispiel für "klassische" Arbeiten über S/T-Netze wählen wir M. Hack's Einführung der Free Choice Netze

[7] M.H.T. Hack: *Analysis of Production Schemata by Petri Nets* Technical Report 94, Project MAC (Februar 1972)

und Commoner's Untersuchung zur Lebendigkeit kantengewichteter Free Choice Netze und sogenannter "simple" Netze:

[8] Frederic G. Commoner: *Deadlocks in Petri Nets* Applied Data Research Inc., Wakefield, Massachusetts 01880, Report Nr. CA-7206-2311 (1972).

Prozesse und K-Dichte wurden von C.A. Petri in

[9] C.A. Petri: *Non-sequential Processes* Interner Bericht GMD-ISF-77-5 (1977) Gesellschaft für Mathematik und Datenverarbeitung, Bonn

eingeführt. Die grundlegende Arbeit über Netze mit individuellen Marken ist

[10] H. Genrich, K. Lautenbach: *System Modelling with High Level Petri Nets* Theorectical Computer Science 13 (1981), S. 109-136.

Allgemeine Netztheorie setzt die verschiedenen Netzmodelle miteinander in Beziehung. (In diesem Buch wurde darauf außer mit dem kleinen Beispiel in Abb. 9 nicht eingegangen.) C.A. Petri (und andere) entwickelten diese Theorie in

[11] C.A. Petri: *Concepts of Net Theory* Mathematical Foundations of Computer Science, Preceedings of Symposium and Summer School, High Tatras, September 3-8, 1973. Math. Inst. of the Slovak Acad. of Science (1973), S. 137-146

[12] C.A. Petri: *General Net Theory* Proceedings of the Joint IBM University of Newcastle upon Tyne Seminar on Computing System Design, September 1976, B. Shaw (Hrsg.) (1977)

[13] C.A. Petri: *State-Transition Structures in Physics and in Computation* International Journal of Theoretical Physics, Vol. 21 Nos. 10/11 (1982) S. 979-992.

## 2. Konferenzen über Petrinetze

Die ersten Konferenzen, die sich zumindest in großen Teilen mit Petrinetzen befaßten war die "MAC Conference on Concurrent Systems" 1970, die GMD-Tagung "Ansätze zur Organisation rechnergestützter Informationssysteme" 1974, die MIT-"Conference on Petri Nets and Related Methods" 1975 (unveröffentlicht), und die "Journêes d'étude AFCET Rêseaux de Petri", 1977:

[14] J. Dennis (Hrsg.): *Record of the Project MAC Conference on Concurrent Systems and Parallel Computation* New York, ACM (Juni 1970)

[15] C.A. Petri (Hrsg.): *Ansätze zur Organisationstheorie rechnergestützter Informationssysteme* R. Oldenbourg Verlag München, Wien. Berichte der Gesellschaft für Mathematik und Datenverarbeitung Nr. 111 (1979)

[16] Institut de Programmation, Université Paris VI (Hrsg.): *Journées d'étude AFCET Réseaux de Petri*, Paris (1977).

Besonders wichtig war der zweiwöchige "Advanced Course on General Net Theory of Processes and Systems" in Hamburg, Oktober 1979. Sein Material ist in

[17] W. Brauer (Hrsg.): *Net Theory and Applications* Springer Lecture Notes in Computer Science, 84 (1980)

veröffentlicht.

Dieser Band kann als eine Übersicht der Entwicklung bis 1979 angesehen werden. Neueres Material ist in den Sammelbänden der "European Workshops on Applications and Theory of Petri Nets" enthalten. Diese Workshops werden seit 1980 jährlich veranstaltet. Die ersten Bände sind

[18] C. Girault, W. Reisig (Hrsg.): *Application and Theory of Petri Nets* Informatik-Fachberichte 52, Springer-Verlag (1982), und

[19] A. Pagnoni, G. Rozenberg (Hrsg.): *Application and Theory of Petri Nets* Informatik-Fachberichte 66, Springer-Verlag (1983).

## 3. Lehrbücher

Soweit Lehrbücher den Stoff nicht abdeckten, wurde oftmals [17] zur Einführung in Netztheorie verwendet. Insbesondere enthält [17] einen Vorschlag zur Standardisierung der Terminologie, der in diesem Buch weitgehend berücksichtigt worden ist:

[20] H.J. Genrich, E. Stankiewicz-Wiechno: *A Dictionary of Some Basic Notions of Net Theory* in [17].

Wir führen nun einige Bücher auf, die von kommerziellen Verlagen vertrieben werden. Auf die vielen Einführungen in Zeitschriften und internen Berichten gehen wir hier nicht ein.

Auf englisch:

[21] J.L. Peterson: *Petri Net Theory and the Modeling of Systems* Prentice-Hall Inc., Englewood Cliffs, N.J. 07632 ISMN 0-13-661983-5 (1981).

Auf französisch:

[22] G.W. Brams (nom collective): *Rêseaux de Paris, Thêorie et Pratique* Masson, Editeur, 120 boulevard Saint-Germain 75280 Paris Cedex 06 ISMN 2-903-60712-5 (1982). Zwei Bände.

Auf deutsch:

[23] P.H. Starke: *Petri-Netze* VEB Deutscher Verlag der Wissenschaften, Berlin (DDR)(1980).

[24] U. Winand, B. Rosenstengel: *Petri-Netze. Eine anwendungsorientierte Einführung* Vieweg-Verlag Braunschweig, ISBN 3-528-03582-X (1981).

Das vorliegende Buch wurde auch in italienisch vom Verlag Arnoldo Mondadori und auf englisch vom Springer-Verlag herausgegeben.

Die vier Bücher [21]-[24] diskutieren vor allem S/T-Netze.

## 4. Bibliographien

Viele Arbeiten sind in den Literaturverzeichnissen von [17] aufgeführt. Eine ausführliche, kommentierte Bibliographie bis ca. 1979 enthält das Buch [21]. Die Bibliographie

[25] E. Pless, H. Plünnecke: *A Bibliographie of Net Theory* Second Edition ISF-Report 80.05. Gesellschaft für Mathematik und Datenverarbeitung Bonn (1980)

stellt ca. 500 Arbeiten zusammen, die bis 1980 veröffentlicht wurden. Eine neue Bibliographie der Gesellschaft für Mathematik und Datenverarbeitung erscheint 1986.

Im Rundbrief der GI-Fachgruppe "Petrinetze und verwandte Systemmodelle" werden fortlaufend Literaturhinweise veröffentlicht:

[26] Gesellschaft für Informatik (Hrsg.): *Petri Net Newsletter* Bonn, ISSN 0173-7473.

## 5. Literatur zu Kapitel 2

Von Anfang an waren Bedingungen und Ereignisse fundamentale Begriffe der Netztheorie. Die ersten ausführlichen Untersuchungen enthält [5], [6] und

[27] A. Holt: *Introduction to Occurrence Systems* Associative Information Techniques, New York: American Elsevier (1971), S. 175-203.

Die im vorliegenden Buch verwendeten Begriffe sind den folgenden beiden Arbeiten entnommen:

[28] C.A. Petri: *Interpretations of Net Theory* Interner Bericht 75-07, zweite Auflage 20.12.1976. Gesellschaft für Mathematik und Datenverarbeitung, Institut für Informationssystemforschung, Bonn (1976)

[29] H.J. Genrich, K. Lautenbach, P.S. Thiagarajan: *Elements of General Net Theory* in [17].

## 6. Literatur zu Kapitel 3

Die Idee, C/E-Systeme auf halbgeordnete Mengen auseinanderzufalten, wurde in [5] eingeführt. Prozesse, wie in 3.3(a) definiert, hat C.A. Petri in [9] zum ersten Mal diskutiert. Dort wird eine Anzahl von Eigenschaften vorgestellt, die ein angemessener Prozeßbegriff haben sollte. Fünf davon werden in [29] zur Definition von Prozessen verwendet.

Eine frühe Arbeit über K-Dichte ist

[30] E. Best: *A Theorem on the characteristics of non-sequential processes* Fundamenta Informaticae III. (1980), S. 77-94.

Kausalnetze wurden auch unabhängig von ihrer Beziehung zu B/E-Systemen studiert. Beispiele sind

[31] E. Best, A. Merceron: *Discreteness, K-density and D-continuity of Occurrence-Nets* 6. GI-Tagung über Theoretische Informatik. Lecture Notes in Computer Science 145, Springer-Verlag (1983)

und

[32] C. Fernândez, P.S. Thiagarajan: *D-Continuous Causal Nets: A Model of Non-Sequential Processes* Theoretical Computer Science 28 (1984), S. 171-196.

Für Schemata nicht-sequentieller Systeme wurden Prozesse und Halbordnungen in folgenden Arbeiten verwendet:

[33] A. Mazurkiewicz: *Concurrent Program Schemes and their Interpretation* University of Aarhus, DAIMI PB-78 (1977)

[34] J. Winkowski: *Behaviours of Concurrent Systems* Theoretical Computer Science 12 (1980), S. 39-60

[35] W. Reisig: *Schemes for Nonsequential Processing Systems* 9th Symposium on Mathematical Foundations of Computer Science, Lecture Notes in Computer Science 88, Springer-Verlag (1980)

[36] M. Nielsen, G. Plotkin, G. Winskel: *Petri Nets, Event Structures and Domains, Part I* Theoretical Computer Science 12 (1981), S. 85-108

[37] J. Winkowski: *An Algebraic Description of System Behaviours* Theoretical Computer Science 21 (1982), S. 315-340

[38] G. Winskel: *Events in Computation* Ph. D. Thesis, University of Edingburgh (1980).

## 7. Literatur zu Kapitel 4

Synchronieabstände wurden das erste Mal in

[39] C.A. Petri: *Concepts of Net Theory* Mathematical Foundations of Computer Science 1973, High Tatra; Mathematics Institute of Slovak Academy of Science (1973), S. 137-146

erwähnt. Die Definition in [29] ist zu unserer äquivalent. Mehr über Synchronieabstände enthalten folgende Arbeiten:

[40] C. André, P. Armand, F. Boeri: *Synchronic Relations and Applications in Parallel Computation* Digital Processes 5 (1979), S. 99-113

[41] U. Goltz, W. Reisig, P.S. Thiagarajan: *Two Alternative Definitions of Synchronic Distance* in [18]

[42] U. Goltz, W. Reisig: *Weighted Synchronic Distances* in [18]

[43] A. Pagnoni: *A Fair Competition Between Two or More Partners* in [18].

Fakten wurden zum erstenmal in [28] diskutiert. Weitere Untersuchungen enthalten

[44] H.J. Genrich, G. Thieler-Mevissen: *The Calculus of Facts* Mathematical Foundations of Computer Science 1976, Lecture Notes in Computer Science 45, Springer-Verlag (1976), S. 588-595

und

[45] G. Thieler-Mevissen: *The Petri Net Calculus of Predicate Logic* Interner Bericht ISF-76-09 (1976), Gesellschaft für Mathematik und Datenverarbeitung, Bonn.

## 8. Literatur zu Kapitel 5

Arbeiten über Petrinetze betreffen zu großen Teilen S/T-Netze. Beide Begriffe wurden oftmals synonym verwendet. Um einen repräsentativen Überblick über das Gebiet zu erhalten, unterscheiden wir einige Teilgebiete:

### a) Überdeckungsgraphen

Erste Ideen zu einem "Reachability Tree" enthält

[46] R.M. Karp, R.E. Miller: *Parallel Program Schemata* Journal of Computer and System Sciences 3 (1969), S. 147-195.

Ein von unserem Vorgehen etwas verschiedenes Verfahren zur Konstruktion eines Überdeckungsgraphen enthält

[47] M. Jantzen, R. Valk: *Formal Properties of Place/Transition Nets* in [17].

### b) Lebendigkeit

Lebendigkeitsfragen wurden oft als zentrale Anliegen der Analyse von Netzen angesehen. Mehrere verschiedene Lebendigkeitsbegriffe enthält

[48] K. Lautenbach: *Liveness in Petri Nets* Interner Report GMD-ISF 75-02-1 (1975).

Lebendigkeit wird in folgenden Arbeiten behandelt:

[49] M. Hack: *The Recursive Equivalence of the Reachability Problem and the Liveness Problem for Petri Nets and Vector Addition Systems* Proceedings of the 15th Annual Symposium on Switching and Automata Theory, New York IEEE (1974)

[50] K. Gostelow: *Computation Modules and Petri Nets* Third IEEE-ACM Milwaukee Symposium on Automatic Computation and Control, New York (1975)

[51] H. Schmid, E. Best: *Towards a Constructive Solution of the Liveness Problem in Petri Nets* Interner Bericht 4/76, Institut für Informatik, Universität Stuttgart, (1976)

[52] Y. Lien: *Termination Properties of Generalized Petri Nets* SIAM Journal of Computing 5, Nr. 2 (1976), S. 251-265.

Lebendigkeit wird ebenfalls in [5] und [8] untersucht.

### c) Weitere Eigenschaften

In diesem Buch nicht behandelte Eigenschaften von S/T-Netzen sind unter anderem Persitenz, die Existenz von Homestates und Äquivalenz. Homestates werden im ersten Band von [22] behandelt. Persistenz untersuchen folgende Arbeiten:

[53] L. Landweber, E. Robertson: *Properties of Conflict-Free and Persistent Petri Nets* Journal of the ACM, Vol. 25, Nr. 3 (1978), S. 352-364

[54] J.H. Müller: *Decidability of Reachability in Persistent Vector Replacement Systems* 9th Symposium on Mathematical Foundations of Computer Science, Lecture-Notes in Computer Science Vol. 88, Springer-Verlag (1980), S. 426-438

[55] E. Mayr: *Persistence of Vector Replacement Systems is Decidable* Acta Informatica 15 (1981), S. 94-97

[56] H. Yomoasaki: *On Weak Persistency of Petri Nets* Information Processing Letters 13, 3 (1981), S. 94-97.

Äquivalenzbegriffe studieren die Arbeiten:

[57] J.R. Jump, P.S. Thiagarajan: *On the Equivalence of Asynchronous Control Structures* 13th Annual Switching and Automata Theory Symposium (Oktober 1972), S. 212-223. auch: SIAM Journal of Computing, Vol. 2, No. 3 (Juni 1973), S. 67-87

[58] C. André: *Use of Behaviour Equivalence in Place/Transition Net Analysis* in [18]

[59] C. André: *Structural Transformation giving B-equivalent PT-Nets* in [19]

[60] F. De Cindio, G. De Michelis, L Pomello, C. Simone: *Equivalence Notions for Concurrent Systems* in [19]

[61] M Yoeli, T. Etzion: *Behavioural Equivalence of Concurrent Systems* in [19].

d) Analyseverfahren

Eine in diesem Buch nicht behandelte Analysemethode ist die Reduktion. Sie wird im ersten Band von [22] behandelt und auch in

[62] G. Berthelot, G. Roucairol, R. Valk: *Reduction of Nets and Parallel Programs* in [17]

dargestellt. Ähnliche Methoden werden in

[63] J.R. Valette: *Analysis of Petri Nets by Stepwise Refinements* Journal of Computer and System Sciences 18, No. 1 (1979), S. 35-46

[64] M.Toulotte, J.P. Parsy: *A Method for Decomposing Interpreted Petri Nets and its Utilization* Digital Processes 5 (1979), S. 223-234

[65] I. Suzuki, T. Murata: *A Method for Hierarchically Representing Large Scale Petri Nets* Proceedings of the 1980 International Conference on Circuits and Computer, October 1980

[66] M. Silva: *Simplification des Réseaux de Petri par élimination des places implicites* Digital Processes 6 (1980), S. 245-256

vorgeschlagen.

e) Das Erreichbarkeitsproblem

Seit der Einführung von Vektoradditionssystemen [46] war das Erreichbarkeitsproblem offen. Er wurde schließlich in

[67] S.R. Kosaraju: *Decidability of Reachability in Vector Addition Systems* Proceedings of the Fourteenth Annual ACM Symposium on Theory of Computing San Francisco, California, Mai 5-7, 1982, S. 267-281

gelöst. Einige Korrekturen des Beweises enthält

[68] H.J. Müller: *Filling a Gap in Kosaraju's Proof for the Decidability of the Reachability Problem in VAS* Newsletter of the Special Interest Group "Petri Nets and Related System Models", No. 12, Oktober 1982 (vgl. [26]).

Meilensteine auf dem Weg zur Lösung des Erreichbarkeitsproblems sind [54] und folgende Arbeiten:

[69] J. van Leeuwen: *A Partial Solution to the Reachability for Vector-Addtition Systems* Proc. of the sixth Annual ACM Symposium on Theory of Computing (1974), S. 303-307

[70] G.S. Sacerdote, R.L. Tenney: *The Decidability of the Reachability Problem of Vector Addition Systems* Proc. of the nineth Annual ACM Symposium on Theory of Computing (1977), S. 61-76

[71] J. Hopcroft, J.J. Pansiot: *On the Reachability of five dimensional Vector Addition Systems* Theoretical Computer Science 8 (1979), S. 135-159

[72] E.W. Mayr: *An Algorithm for the General Petri Net Reachability Problem* Proc. of the 13th Annual ACM Symposium on Theory of Computing (1981), S. 238-246.

f) Entscheidbarkeit und Komplexität

Einen Überblick über Entscheidbarkeits- und Komplexitätsfragen gibt

[73] M. Jantzen: *Komplexität von Petrinetz-Algorithmen* Unveröffentlicht, Universität Hamburg (1984).

Entscheidbarkeit und Komplexität von Netzeigenschaften werden in [21, 47] und den folgenden Arbeiten behandelt:

[74] H. Baker: *Rabin's Proof of the Undecidability of the Reachability Set Inclusion Problem for Vector Addition Systems* Computation Structures Group Memo 79, Project MAC, MIT Cambridge, Massachusetts (Juli 1973)

[75] M. Hack: *Decidability Questions for Petri Nets* Ph. D. thesis, Department of Electrical Engineering, MIT (Dezember 1975). auch: Technical Report 161, Laboratory for Computer Science, MIT, Cambridge, Massachusetts (Juni 1976)

[76] M. Hack: *The Equality Problem for Vector Addition System is Undecidable* Theoretical Computer Science 2 (1976), S. 77-95

[77] T. Araki, T. Kasami: *Some Decision Problems Related to the Reachability Problem for Petri Nets* Theoretical Computer Science 2 (1977), S. 85-104

[78] T. Araki, T. Kasami: *Decidable Problems on the Strong Connectivity of Petri Net Reachability Sets* Theoretical Computer Science 4 (1977), S. 99-119

[79] N. Jones, L. Landweber, Y.E. Lien: *Complexity of Some Problems in Petri Nets* Theoretical Computer Science 4 (1977), S. 277-299

[80] C. Rackoff: *The Covering and Boundedness Problem for Vector Addition Systems* Theoretical Computer Science 6 (1978), S. 223-231

[81] E.W. Mayr: *The Complexity of the Finite Containment Problem for Petri Nets* Cambridge, Mass, MIT Lab. for Computer Science, Technical Report 181 (1977)

[82] E.W. Mayr: *The Complexity of the Finite Containment Problem for Petri Nets* Journal of the ACM 28, 3 (1981), S. 561-576

[83] M. Jantzen, H. Bramhoff: *Notions of Computability by Petri Nets* in [19].

g) Petrinetzsprachen

In den 70er Jahren wurde viel Energie auf die Untersuchung von Netzsprachen verwendet (dabei werden den Transitionen Symbole zugeordnet und die durch Schaltfolgen entstehenden Sprachen studiert). Typisch für diese Untersuchung sind [75] und

[84] M. Hack: *Petri Net Languages* Computation Structures Group Memo 124, Project MAC, MIT (1975). auch: Technical Report 159, Laboratory for Computer Science MIT Cambridge, Massachusetts (1976)

[85] J.L. Peterson: *Computation Sequence Sets* Journal of Computer and System Sciences 13, 1 (1976), S. 1-24

[86] R. Valk, G. Vidal-Naquet: *Petri Nets and Regular Languages* Journal of Computer and System Sciences 23 (1981), S. 299-325

[87] S. Crespi-Reghizzi, D. Mandrioli: *Petri Nets and Szilard Languages* Information and Control 33, No. 2 (1977), S. 177-192

[88] J. Grabowski: *The Unsolvability of Some Petri Net Language Problems* Information Processing Letters 9, No. 2 (1979), S. 60-63

[89] D. Mandrioli: *A Note on Petri Net Languages* Information and Control 34, No. 2 (1977), S. 169-171

[90] P. Starke: *Free Petri Net Languages* Seventh Symposium on Mathematical Foundations of Computer Science 1978, Lectures Notes in Computer Science 64, Springer-Verlag (1978), S. 506-515

[91] M. Jantzen: *On the Hierarchy of Petri Net Languages* R.A.I.R.O. Informatique théoretique/Theoretical Informatics Vol. 13, No. 1 (1979), S. 19-30

[92] T. Araki, T. Kagimasa, N. Tokura: *Relations of Flow Languages to Petri Net Languages* Theoretical Computer Science 15 (1981), S. 51-75.

Ausführlich werden Netzsprachen auch in den Büchern [21, 23] behandelt.

h) Charakterisieren von Systemverhalten

Da kausale Abhängigkeit und Unabhängigkeit aus Schaltfolgen nicht ersichtlich ist, wurden verschiedene andere Methoden zur Darstellung des konkreten Verhaltens für S/T-Netze vorgeschlagen:

[93] P. Starke: *Processes in Petri Nets* Elektronische Informationsverarbeitung und Kybernetik, EIK 17 8/9 (1981), S. 389-416

[94] G. Rozenberg, R. Verraedt: *Subset Languages for Petri Nets* Part I: *Relationship to String Languages and Normal Forms* Part II: *Closure Properties* Theoretical Computer Science (1983), Vol. 26, S. 301-326 und Vol. 27, S. 85-108

[95] H.D. Burkhard: *Ordered Firing in Petri Nets* Elektronische Informationsverarbeitung und Kybernetik (EIK 17) 2/3 (1981), S. 71-86

[96] U. Goltz, W. Reisig: *The Non-Sequential Behaviour of Petri Nets* Information & Control, Vol. 57, Nos. 2-3 (1983), S. 125-147

[97] R. Valk: *Infinite Behaviour of Petri Nets* Theoretical Computer Science 25, No. 3 (1983), S. 311-341.

## 9. Literatur zu Kapitel 6

S- und T-Invarianten wurden von K. Lautenbach in [48] eingeführt. Einen Überblick über Netzeigenschaften, die mit linear-algebraischen Techniken herleitbar sind, gibt

[98] J. Sifakis: *Structural Properties of Petri Nets* Mathematical Foundations of Computer Science, Lecture Notes in Computer Science 64, Springer-Verlag (1978), S. 474-483

und

[99] G. Memmi, G. Roucairol: *Linear Algebra in Net Theory* in [17].

Weitere Einzelheiten enthält der erste Band von [22] und

[100] J. Martinez, M. Silva: *A Simple and Fast Algorithm to obtain all Invariants of a Generalized Petri Net* in [18].

Das Platzreservierungssystem aus Abschnitt 6.5 hat K. Lautenbach konstruiert. Ihm liegt ein Beispiel von E. Ashcroft zugrunde.

## 10. Literatur zu Kapitel 7

### a) Free Choice Netze

Wie bereits erwähnt, wurden Free Choice Netze von M. Hack in [7] eingeführt. Eine Liste von Korrekturen dazu enthält

[101] M. Hack: *Corrections to "Analysis of Production Schemata by Petri Nets"* Computation Structures Group Note 17, Project MAC (Juni 1974).

Das Deadlock/Trap-Kriterium für die Lebendigkeit von Free Choice Netzen wurde in [7] eingeführt. Darauf basiert der Beweis in diesem Buch. Weitere Untersuchungen über Free Choice Netze sind:

[102] E. Best, M.W. Shields: *Some Equivalence Results for Free Choice Nets and Simple Nets and on the Periodicity of Live Free Choice Nets* CAAP 83, 8th Colloquium on Trees in Algebra and Programming, L'Aquila, Lecture Notes in Computer Science 159, Springer-Verlag (1983), S. 141-154.

[103] K. Döpp: *Zum Hackschen Wohlformungssatz für Free-Choice-Petrinetze* EIK 19, 1/2 (1983), S. 3-15.

Verallgemeinerungen des Lebendigkeitskriteriums für Free Choice Netze enthalten die folgenden beiden Studien:

[104] M. Hack: *Extended State Machine Allocatable Nets (ESMA), an Extension of Free Choice Petri Nets Results* Computations Structures Group Memo 78, Project MAC, MIT Cambridge, Massachusetts (1973), revised as Memo 78-1 (1974)

[105] W. Griese: *Liveness in NSC-Petri Nets* in: Discrete Structures and Algorithms, U. Pape (Hrsg.), Carl Hanser Verlag, München (1980).

Mehr über Free Choice Netze enthalten

[106] P.S. Thiagarajan, K. Voss: *A Fresh Look at Free Choice Nets* Arbeitspapiere der GMD Nr. 58, Oktober 1983

und

[107] E. Best, K. Voss: *Free Choice Systems have Home States* Acta Informatica 21 (1984), S. 89-100.

Ähnliche Resultate über weitere Netzklassen enthält [47]. "Bipolare Schemata" können als spezielle Klassen von Free Choice Netzen betrachtet werden:

[108] H.J. Genrich, P.S. Thiagarajan: *A Theory for Bipolar Synchronization Schemes* Theoretical Computer Science 30 (1984), S. 241-318.

Sie werden auch in [29] erwähnt.

b) Synchronisationsgraphen

Die ersten Untersuchungen zu Synchronisationsgraphen enthält

[109] H.J. Genrich: *Das Zollstationenproblem* Interner Bericht GMD-I 5/69-01-15 und /71-10-13, Gesellschaft für Mathematik und Datenverarbeitung, Bonn (1969 und 1971)

unmittelbar gefolgt von

[110] A.W. Holt, F. Commoner: *Events & Conditions* Applied Data Research, New York (1970).

Unsere Beweise aus Abschnitt 7.3 stammen aus H.J. Genrichs Arbeit [109].

Ausführlichere Untersuchungen enthalten [57] und die folgenden Arbeiten:

[111] F. Commoner, A.W. Holt, S. Even, A. Pnueli: *Marked Directed Graphs* Journal of Computer and System Sciences 5 (1981), S. 511-523

[112] H.J. Genrich, K. Lautenbach: *Synchronisationsgraphen* Acta Informatica 2 (1973), S. 143-161.

c) Weitere Netzklassen

Die folgenden Arbeiten modellieren die Koordination sequentieller Prozesse:

[113] O. Herzog: *Static Analysis of Concurrent Processes for Dynamic Properties Using Petri Nets* Lecture Notes in Computer Science 70, Springer-Verlag (1979)

[114] W. Reisig: *Deterministic Buffer Synchronization of Sequential Processes.* Acta Informatica 18 (1982), S. 117-134

[115] K. Lautenbach, P.S. Thiagarajan: *Analysis of a Resource Allocation Problem Using Petri Nets* First European Conference on Distributed Processing, Toulouse, J. Syre (Hrsg.), S. 260-266

[116] F. De Cindio, G. De Michelis, L. Pomello, C. Simone: *Superposed Automata Nets* in [18]

Häufig wurde nach Netzklassen mit einfachen Entscheidungsverfahren für Lebendigkeit gesucht. In [8] werden sogenannte "simple" Netze eingeführt. Sie werden auch in [104] untersucht. Landweber und Robertson [53] betrachten "konfliktfreie" Netze.

## 11. Literatur zu Kapitel 8

Eine frühe Arbeit über Netze mit individuellen Marken ist

[117] M Schiffers, H. Wedde: *Analyzing Program Solutions of Coordination Problems by CP-Nets* Mathematical Foundations of Computer Science 1978, Lecture Notes in Computer Science 64 (1978), S. 462-473.

Die Einführung von Variablen in Pfeilbeschriftungen war ein fundamentaler Schritt und führte zum Modell der Prädikat/Transitionen-Netze in [10]. Ein Spezialfall davon sind die P/E-Netze aus Kapitel 8. Weitere Untersuchungen zu Prädikat/Transitionen-Netzen enthält

[118] H. Genrich, K. Lautenbach: *S-Invariance in Predicate/Transition Nets* in [19].

Das Beispiel der verteilten Datenbank aus Abschnitt 8.3 stammt aus [29].

## 12. Literatur zu Kapitel 9

Da die Variablen in Prädikat/Transitionen-Netzen in einem Invariantenkalkül Probleme aufwerfen, hat K. Jensen einen variablenfreien Kalkül für Netze mit individuellen Marken vorgeschlagen:

[119] K. Jensen: *Coloured Petri Nets and the Invariant Method* Theoretical Computer Science 14 (1981), S. 317-336.

Mehr über diesen Kalkül enthalten

[120] K. Jensen: *How to Find Invariants for Coloured Petri Nets* Mathematical Foundations of Computer Science 1981, Lecture Notes in Computer Science 118 (1981), S. 327-338

und

[121] K. Jensen: *High Level Petri Nets* in [19].

Relationsnetze werden in

[122] W. Reisig: *Petri Nets with Individual Tokens* in [19]

zu anderen Modellen in Beziehung gesetzt.

In FIFO-Netzen werden Symbole als Marken genommen, die von S-Elementen nach dem first-in-first-out-Prinzip gespeichert werden:

[123] R. Martin, G. Memmi: *Specification and Validation of Sequential Processes Communicating by FIFO Channels* 4th International Conference of Software Engineering for Telecommunication Switching Systems. (IEEE) Warwick 1981

[124] A. Finkel: *Blocage et vivacité dans les réseaux à pile-file* STACS 84, Lecture Notes in Computer Science 166 (1984), S. 151-162.

## 13. Modifikationen und Verallgemeinerungen von S/T-Netzen

Es ist oft vorgeschlagen worden, die Schaltregel zu modifizieren oder zu verallgemeinern oder Netze mit zusätzlichen, speziell zu interpretierenden Komponenten auszustatten. Die meisten dieser Verallgemeinerungen versuchen, für unbeschränkte Stellen einen Test auf Leerheit zu ermöglichen. Typische derartige Konstrukte, beispielsweise Inhibitorkanten oder Prioritätsregeln, werden in den Büchern [21,22,23] ausführlich diskutiert.

Evaluationsnetze und Macro-E-Netze führen neue Sorten von Stellen ein:

[125] J.D. Noe, G.J. Nutt: *Macro-E-nets for Representations of Parallel Systems* IEEE Transactions on Computers, Vol. C-22, No. 8 (1973), S. 718-727

[126] J.D. Noe: *Nets in Modelling and Simulation* in [17].

Die Idee einer dynamischen Veränderung von Kantengewichten ("Self Modifying Nets") wird in

[127] R. Valk: *Generalizations of Petri Nets* Mathematical Foundations of Computer Science 1981, Lecture Notes in Computer Science 118 (1981), S. 140-155

untersucht. Dort wird auch ein Überblick über verschiedene Netzmodelle mit ihren Modifikationen und Eigenschaften gegeben.

Verschiedene Typen von Netzen vergleichen

[128] K. Jensen: *A Method to Compare the Description Power of Different Types of Petri Nets* Mathematical Foundations of Computer Science 1980, Lecture Notes in Computer Science 88, Springer-Verlag (1980), S. 348-361

und

[129] S. Porat, M. Yoeli: *Towards a Hierarchy of Nets* Technion-Israel Institute of Technology, Dept of Computer Science Technical Report Nr. 224 (1981).

Einen Zeitbegriff führen folgende Arbeiten ein:

[130] C. Ramchandani: *Analysis of Asychronous Concurrent Systems by Petri Nets* Technical Report 120, Project MAC, MIT Cambridge, Massachusetts (1974)

[131] J. Sifakis: *Performance Evaluation of Systems Using Nets* in [17]

[132] S. Ghosh: *Some Comments on Time in Petri Nets* in [16]

[133] J. Sifakis: *Performance Evaluation of Systems Using Nets* in [17]

[134] W.M. Zuberek: *Timed Petri Nets and Preliminary Performance Evaluation* Proceedings of the 7th Annual Symposium on Computer Architecture, Mai 1980, La Baule, Frankreich (1980), S. 88-96.

Weitere Modifikationen untersuchen:

[135] M. Moalla, J. Pulou, J. Sifakis: *Synchronized Petri Nets: A Model for the Description of Non-Autonomous Systems* Mathematical Foundations of Computer Science 1978, Lecture Notes in Computer Science 64, Springer-Verlag (1978), S. 374-384

[136] M Yoeli, Z. Barzilai: *Behavioural Descriptions of Communication Switching Systems using Extended Petri Nets* Digital Processes Vol. 3 No 4 (1977), S. 307-320

[137] H.D. Burkhard: *On Priorities of Parallelism: Petri Nets under the Maximum Firing Strategy.* Logics of Programs and their Applications, Lecture Notes in Computer Science 148 (1983)

[138] A. Pistorello, C. Tomoli, S. Crespi-Reghizzi: *Threshold Nets and Cell-Assemblies* Information and Control 49 (1981), S. 239-264

[139] H.D. Burkhard: *Control of Petri Nets by Finite Automata* Fundamenta Informaticae Series IV, Vol. VI No. 2, Warszawa (1983)

[140] T. Etzion und M. Yoeli: *Super Nets and Their Hierarchy* Theoretical Computer Science 25, (2) (1983).

Allgemeinere und abstraktere Modelle sind Transitionssysteme und Substitutionssysteme:

[141] R.M. Keller: *Vector Replacement Systems: A Formalism for Modelling Asynchronous Systems* Technical Report 117 Computer Science Laboratory, Princeton University, Princeton, New Jersey (Dezember 1972), überarbeitet Januar 1974

[142] H.J. Genrich, K. Lautenbach, P.S. Thiagarajan: *Substitution Systems - A Family of System Models based on Concurrency* Mathematical Foundations of Computer Science 1980, Lecture Notes in Computer Science 88, Springer-Verlag (1980), S. 698-723

[143] J. Sifakis: *A Unifield Approach for Studying the Properties of Transition Systems* Theoretical Computer Science 18 (1982), S. 227-258.

## 14. Anwendungen

In diesem Buch haben wir nur wenige, kleine Anwendungsbeispiele vorgestellt. Hinweise zur Anwendung von Netzen zur Systemmodellierung enthalten die Bücher [20,22,23]. Eine reiche Auswahl an Anwendungen und Implementierungen enthält der zweite Band von [22]. Anwendungen werden auch in den Bänden [17,18,19] vorgestellt.

Frühe Anwendungen sind beispielsweise R. Shapiro's und H. Saint's Übersetzungen von Fortran-Programmen in Netze, und J. Noe's Modell des SCOPE 3.2 Betriebssystems:

[144] R. Shapiro, H. Saint: *A New Approach to Optimization of Sequencing Decisions* Annual Review in Automatic Programming. Volume 6, Part 5 (1970) S. 257-288

[145] J. Noe: *A Petri Net Model for the CDC 6400* Proceedings ACM SIGOPS Workshop on System Performance Evaluation, New York, ACM (1971), S. 362-378.

Allgemeine Hinweise zur angemessenen Verwendung von Netzen zur Systemmodellierung geben folgende Arbeiten:

[146] C.A. Petri: *Interpretations of Net Theory* Gesellschaft für Mathematik und Datenverarbeitung, Bonn. Interner Bericht ISF-75-07, Zweite Auflage Dezember 1976

[147] C.A. Petri: *Modelling as a Communication Discipline* in: H. Beilner, E. Gelenbe (Hrsg.): Measuring, Modelling and Evaluation of Computer Systems, North-Holland Publ. Comp. (1977), S. 435-449

[148] C.A. Petri: *Concurrency as a Basis of Systems Thinking* Gesellschaft für Mathematik und Datenverarbeitung, Bonn. Interner Bericht ISF-78-06 (1978) auch in Proceedings from 5th Scandinavian Logic Symposium, 1979, Aalborg, F. Jensen, B. Mayoh, K. Moller (Hrsg.), Universitetsforlag Aalborg (1979), S. 143-162

[149] A.W. Holt: *Net Models of Organizational Systems in Theory and Practice* in [15]

[150] R.M. Shapiro: *Towards a Design Methodology for Information Systems* in [15]

[151] C.A. Petri: *Some Personal Views in Net Theory* in [19].

Im weiteren geben wir einen Überblick über einige besonders erfolgreiche Anwendungsgebiete:

## a) Hardware

Hardwarekomponenten werden in [125,136] und in folgenden Arbeiten mit Netzen modelliert:

[152] S. Wendt: *Petri-Netze und asynchrone Schaltwerke* Elektronische Rechenanlagen Vol. 16 No 6, (1974), S. 208-216

[153] W. Huen, D. Siewiorek: *Intermodule Protocol for Register Transfer Level Modules: Representation and Analytic Tools* Proceedings of the Second Annual Symposium on Computer Architecture, New York (1975), S. 56-62

[154] Kwan Chi Leung, C. Michel, P. Le Beux: *Logical Systems Design Using PLAs and Petri Nets - Programmable Hardwired Systems* Information Processing 77, B. Gilchrist (Hrsg.), IFIP, North-Holland Publ. Comp. (1977), S. 607-611

[155] J. Grabowski: *On the Analysis of Switching Circuits by Means of Petri Nets* Elektronische Informationsverarbeitung und Kybernetik (EIK) 14, No. 12 (1978) S. 611-617

[156] K. Zuse: *Petri Nets from the Engineer's Viewpoint* in [17]

[157] C. Chaudouard, J.P. Elloy: *A Real Time Monitor and its Representations by Petri Nets* Micro-processing and Microprogramming 7, North-Holland Publ. Comp. (1981), S. 241-248

[158] M. Morganti: *Petri-Net Implementation of Recovery Strategies in a large EES.* in [18]

[159] W.M. Zuberek: *Application of Timed Nets to Analysis of Multiprocessor Realizations of Digital Filters* Proc. 25th Symposium on Circuits and Systems, Houghton, Michigan, August 1982

[160] W. Kluge, K. Lautenbach: *The Orderly Resolution of Memory Access Conflicts among Competing Channel Processes* IEEE-Transactions on Computers, vol. 31, (1982), S. 194-207.

b) Performance Evaluation

Neben [125,133,134] seien folgende Arbeiten erwähnt:

[161] J. Sifakis: *Use of Petri Nets for Performance Èvaluation* in: Measuring, Modeling and Evaluating Computer Systems, H. Beilner and E. Gelenbe (Hrsg.), North-Holland (1977), S. 75-93

[162] M. Silva: *Evaluation des Performances des Applications Temps Réel de Type Logique* in: Eighth International Society for Mini- and Micro-Computers, M.H. Hamza (Hrsg.), Acta Press, Anaheim, Calgary, Zürich (1979), S. 152-157

[163] C.V. Ramamoorthy, G.S. Ho: *Performance Evaluation of Synchronous Concurrent Systems Using Petri Nets* IEEE Transactions on Software Engineering Vol. SE-6, No. 5 (1980), S. 440-449

[164] J. Magott: *Performance Evaluation of Concurrent Systems Using Petri Nets* Information Processing Letters 18 (1984), S. 7-13.

c) Verteilte Softwaresysteme

Verteilte Datenbankschemata werden in [10] und [29] angegeben. Weitere Modelle enthalten

[165] K. Voss: *Using Predicate/Transition-Nets to Model and Analyze Distributed Database Systems* IEEE Transactions on Software Engineering Vol. SE-6, No. 6 (1980), S. 539-544

[166] G. Richter: *IML-Inscribed Nets for Modeling Text Processing and Data(base) Management Systems* Proceedings of the 7th International Conference on Very Large Data Bases, Cannes (1981), IEEE, S. 363-375

[167] K. Voss: *Nets as a Consistent Formal Tool for the Stepwise Design and Verification of a Distributed System* IFIP TC-8 Working Conference on Evolutionary Information Systems, Budapest (1981), J. Hawgood (Hrsg.): Evolutionary Information Systems. North-Holland (1982), S. 173-191

[168] P. Rolin: *Using Petri-Nets in Measurement of a Distributed Data Base System* in [18]

[169] S. Yau, M.U. Caglayan: *Distributed Software System Design Representation Using Modified Petri Nets* IEEE Transactions on Software Engineering Vol. SE-9, No. 6 (1983), S. 733-745.

d) Programmiersprachen

Die folgenden Arbeiten verwenden Netze, um - zumindest teilweise - die Semantik von Programmier- und Spezifikatiossprachen zu formalisieren:

[170] G. Raucairol: *Une Transformation de Programmes Séquentielles en Prógrammes Paralèles* Colloque sur la programmation, Paris 1974. Lecture Notes in Computer Science 19 (1974), S. 327-349

[171] K. Jensen, M. Kyng, O.L. Madsen: *Delta Semantics Defined by Petri Nets* University of Aarhus (Denmark) Internal Report PB-95, ISSN 0105-8517 (1979)

[172] P.E. Lauer, P.R. Torrigiani, M.W. Shields: *COSY - A System Specification Language Based on Paths and Processes* Acta Informatica 12 (1979), S. 109-158

[173] P. Hruschka, A. Kappatsch, U. Kastens: *Net Attributed Grammars* Universität Karlsruhe, Institut für Informatik, Interner Bericht 16/80 (1980)

[174] K. Jensen, M. Kyng: EPSILON, *A System Description Language* University of Aarhus (Denmark), Internal Report DAIMI PB-150, ISSN 0105-8517 (1982)

[175] N.D. Hansen, K.H. Madsen: *Formal Semantics by a Combination of Denotational Semantics and High Level Petri Nets* in [19]

[176] M. Kyng: *Specification and Verification of Networks in a Petri Net Based Language* in [19]

[177] W.E. Kluge, H. Schlüter: *Petri Net Models for the Evaluation of Applicative Programs Based on λ-Expressions* IEEE Transactions on Software Engineering Vol. SE-9, No 4 (1983), S. 415-427.

e) Kommunikationsprotokolle

Petrinetze sind besonders erfolgreich zur Spezifikation und Analyse von Kommunikationsprotokollen eingesetzt worden. Einige Arbeiten aus diesem Gebiet sind:

[178] P. Merlin: *A Methodology for Design and Implementation of Communication Protocols* IEEE Transaction on Computers, Vol. 24, 6 (1976)

[179] C. Girault: *Proof of protocols in case of failures* Advanced Course on Parallel Processing, University of Loughborough, 1980, D.-J. Evens (Hrsg.), Parallel Processing Systems, Press of Cambridge University Press (1980)

[180] J.L. Baer, G. Gardarin, C. Girault, G. Roucairol: *The Two Step Commitment Protocol: Modelling, Specification and Proof Methodology* 5th International Conference and Software Engineering, San Diego (1981)

[181] M. Diaz: *Modelling and Analysis of Communication and Cooperation Protocols Using Petri Net Based Models* Tutorial Paper, Second International Workshop on Protocol Specification, Testing and Verification, 17.-20. Mai 1982, Idyllwild Los Angeles

[182] F.J.W. Symons: *Representation Analysis and Verification of Communication Protocols* Telecom Australia Research Laboratories, Victoria, Australien, Report 7380 (1980)

[183] G. Berthelot, R. Terrat: *Petri Net Theory for the Correctness of Protocols* IEEE Transactions on Communications, Vol. Com-30, (1982), S. 2497-2505

[184] P. Estraillier, C. Girault: *Petri Nets Specification of a New Protocol for Controlling a Distributed System Organization* Third International Conference on Distributed Computing Systems, Miami, Florida (1982)

[185] P. Estraillier, C. Girault: *Petri Net Specification of Virtual Ring Protocols* in [19].

f) Weitere Anwendungen von Netzen

Einige Anwendungen mögen auf den ersten Blick überraschend erscheinen, so die Netzdarstellung der Prädikatenlogik in [45]. Die Interaktion der Parteien einer Gerichtssache ist in

[186] J. Meldman, A. Holt: *Petri Nets and Legal Systems* Jurimetrics Journal Vol. 12, No. 2 (1971), S. 65-75

dargestellt. Weitere derartige Anwendungen sind:

[187] H. Genrich: *The Petri Net Representation of Mathematical Knowledge* Gesellschaft für Mathematik und Datenverarbeitung, Bonn Interner Bericht SID-76-05 (1976)

[188] A.W. Holt: *A Mathematical Model of Continuous Discrete Behavior* unpublished, Massachusetts Computer Associates, Inc. (1980)

[189] H. Oberquelle: *Nets as a Tool in Teaching and in Terminology Work* in [17]

[190] M. Jantzen: *Structured Representation of Knowledge by Petri Nets as an Aid for Teaching and Research* in [17]

[191] W. Reisig: *A Note on the Representation of Finite Tree Automata* Information Processing Letters 8, No. 5 (1979), S. 239-240.

## 15. Implementierungen und maschinelle Analyse von Netzen

Frühe Arbeiten über Netzimplementierungen beschreiben

192 F. Grandoni, P. Zerbetto: *Description and Asynchronous Implementation of Control Structures for Concurrent Systems* International Computing Symposium 1973, A. Günther et al. (Hrsg.), North-Holland Publ. Comp. (1974), S. 151-164

und

[193] H.A. Schmid: *An Approach to the Communication and Synchronization of Processes* International Computing Symposium 1973, A. Günther et al. (Hrsg.), North-Holland Publ. Comp. (1974), S. 165-171.

Weitere Methoden zur Implementierung von Netzen geben folgende Arbeiten an:

[194] M. Auguin, F. Boeri, C. André: *Systematic Method of Realization of Interpreted Petri Nets* Digital Processes 6 (1980), S. 55-68

[195] A.A. Törn: *Simulation Graphs: A General Tool for Modeling Simulation Designs* Simulation, Dezember 1981, S. 187-194

[196] G. Berger, C. Florin, S. Natkin: *A Tool for the Dependability and Performance Evaluation of Data Processing Systems* AFCET Symposium on Mathematics for Computer Science, Paris 1982

[197] J.P. Queille: *The CESAR System: An Aided Design and Certification System for Distributed Applications* Second International Conference on Distributed Computing Systems, Paris 1981, IEEE. Computer Society Press (1981)

[198] R.A. Nelson, L.M. Haibt, P.B. Sheridan: *Casting Petri Nets into Programs* IEEE Transactions on Software Engineering. Vol. SE-9, No. 5 (1983), S. 590-602.

Es werden laufend neue Softwarewerkzeuge für Netze erstellt. Einen Überblick über 26 derartige Projekte gibt die Ausgabe Nr. 16 von [26].

Ein "theoretisches" Implementierungskonzept stellt

[199] U. Golze, L. Priese: *Petri Net Implementation by a Universal Cell Space* Information & Control 53 (1982), S. 121-138

dar.

## 16. Verwandte Systemmodelle

Wir geben hier nun einige wenige Hinweise auf Modelle, die, wie Petrinetze, zur Modellierung nicht-sequentieller Systeme entwickelt wurden. Eine Bibliographie darüber ist

[200] D. Bell, J. Kerridge, D. Simpson, N. Willis: *Parallel Programming - A bibliography* Monographs in Informatics Series - Wiley Heyden Ltd.

### a) Vergleiche verschiedener Modelle

[201] T. Kasai, R.E. Miller: *Homomorphisms between Models of Parallel Computation* Journal of Computer and System Sciences 25 (1982), S. 285-331

[202] R.J. Lipton, L. Syndex, Y. Zalcstein: *A Comparative Study of Models of Parallel Computation* Proceedings of the 15th Annual Symposium on Switching and Automata Theory, New York, IEEE (1974)

[203] J. Peterson, T. Breth: *A Comparison of Models of Parallel Computation* Information Processing 74, Proceedings of the 1974 IFIP Congress, Amsterdam (1974), S. 466-470

[204] J. Baer: *A Survey of Some Theoretical Aspects of Multiprocessing* Computing Surveys 5, Nr. 1 (1973)

[205] R. Miller: *A Comparison of Some Theoretical Models of Parallel Computation* IEEE Transactions on Computers. Vol. C-22, Nr. 8 (1973), S. 710-717

[206] R. Miller: *Some Relationships Between Various Models of Parallelism and Synchronization* Report RC-5074 IBM T.J. Watson Research Center, Yorktown Heights (1974)

[207] F. De Cindio, G. de Michelis, L. Pomello, C. Simone: *Milner's Communicating Systems and Petri Nets* in [19]

[208] U. Goltz, A. Mycroft: *On the Relationship of CCS and Petri Nets* ICALP 84, Lecture Notes in Computer Science 172 (1984), S. 196-208.

### b) Verwandte Modelle

Sehr ähnlich zu Netzen sind selbstverständlich die aufgeführten Verallgemeinerungen [125-143]. Die Arbeiten [33-38] beschreiben ebenfalls Modelle, die Netzen ähneln. Weitere solche Modelle sind:

[209] E. Conry, J.R. Jump: *On Functional Equivalence in a Model for Parallel Computation* Information & Control 41 (1979), S. 247-274

[210] R. Karp, R. Miller: *Properties of a Model for Parallel Computation: Determinacy, Termination and Queuing* SIAM Journal of Applied Mathematics 14, No. 6 (1966), S. 1390-1411

[211] E.W. Dijkstra: *Cooperating Sequential Processes* in F. Genuys (Hrsg.): Programming Languages, New York, Academic Press (1968)

[212] R. Keller: *Formal Verification of Parallel Programs* Communications of the ACM, 19, No. 7 (1976), S. 371-384

[213] G. Kahn, D. Mac Queen: *Coroutines and Networks of Parallel Processes* IFIP 77, Information Processing Conference, B. Gilchrist (Hrsg.), North-Holland Publ. Company (1977), S. 993-998

[214] C.A.R. Hoare: *Communicating Sequential Processes* Communications of the ACM 21, No. 8 (1978), S. 666-677

[215] R. Milner: *A Calculus of Communicating Systems* Lecture Notes in Computer Science 92 (1980)

[216] A. Maggiolo-Schettini, H. Wedde, J. Winkowski: *Modelling a Solution for a Control in Distributed Systems by Restrictions* Theoretical Computer Science 13 (1981), S. 61-83

[217] J.W. de Bakker, J.I. Zucker: *Processes and the Denotational Semantics of Concurrency* Information and Control 54 1/2 (Juli/August 1982), S. 70-120

[218] L. Priese: *Automata and Concurrency* Theoretical Computer Science 25 (1983), S- 221-265

[219] R. Milner: *Calculi for Synchrony and Asynchrony* Theoretical Computer Science 25 (1983), S. 267-310

[220] J.I. Castellani, P. Franceschi, U. Montanari: *Labeled Event Structures: A Model for Observable Concurrency* in: Formal Description of Programming Concepts II, D. Bjørner (Hrsg.), North-Holland Publ. Comp. IFIP (1983), S. 383-399

[221] H.J. Genrich, P.S. Thiagarajan: *Well Formed Flow Charts for Concurrent Programming* in: Formal Description of Programming Concepts II, D. Bjørner (Hrsg.), North-Holland Publ. Comp. IFIP (1983), S. 357-380.

# Studienreihe Informatik

Herausgegeben von W. Brauer und G. Goos

P.C. Lockemann, H.C. Mayr: **Rechnergestützte Informationssysteme.** X, 368 S., 37 Abb. *1978.*

A.K. Salomaa: **Formale Sprachen.** Übersetzt aus dem Englischen von E.-W. Dieterich. IX, 314 S., 18 Abb., 5 Tab. *1978.*

F.L. Nicolet (Hrsg.): **Informatik für Ingenieure.** Unter Mitarbeit von W. Gander, J. Harms, P. Läuchli, F.L. Nicolet, J. Vogel, C.A. Zehnder. X, 187 S., 53 Abb., 20 Tab. *1980.*

A. Bode, W. Händler: **Rechnerarchitektur – Grundlagen und Verfahren.** XI, 278 S., 140 Abb., 4 Tab. *1980.*

B.W. Kernighan, P.L. Plauger: **Programmierwerkzeuge.** Übersetzt aus dem Englischen von I. Kächele, M. Klopprogge. IX, 492 S. *1980.*

A.N. Habermann: **Entwurf von Betriebssystemen – Eine Einführung.** Übersetzt aus dem Englischen von K.-P. Löhr. XII, 444 S., 87 Abb. *1981.*

T.W. Olle: **Das Codasyl-Datenbankmodell.** Übersetzt aus dem Englischen von H. Münzenberger. XXIV, 389 S. *1981.*

K.E. Ganzhorn, K.M. Schulz, W. Walter: **Datenverarbeitungssysteme – Aufbau und Arbeitsweise.** XVI, 305 S., 181 Abb., 1 Schablone als Beilage. *1981.*

B. Buchberger, F. Lichtenberger: **Mathematik für Informatiker I – Die Methode der Mathematik.** 2., korrigierte Auflage. XIII, 315 S., 30 Abb. *1981.*

F.L. Bauer, H. Wössner: **Algorithmische Sprache und Programmentwicklung.** Unter Mitarbeit von H. Partsch, P. Pepper. 2., verbesserte Auflage. XV, 513 S. *1984.*

F. Gebhardt: **Dokumentationssysteme.** 331 S., 14 Abb. *1981.*

E. Horowitz, S. Sahni: **Algorithmen – Entwurf und Analyse.** Übersetzt aus dem Amerikanischen von M. Czerwinski. XIV, 770 S. *1981.*

W. Sammer, H. Schwärtzel: **CHILL – Eine moderne Programmiersprache für die Systemtechnik.** XIII, 191 S., 165 Abb. *1982.*

P.C. Lockemann, A. Schreiner, H. Trauboth, M. Klopprogge: **Systemanalyse – DV-Einsatzplanung.** XIV, 342 S., 119 Abb. *1983.*

A. Bode, W. Händler: **Rechnerarchitektur II – Strukturen.** XI, 328 S., 164 Abb. *1983.*

H.A. Klaeren: **Algebraische Spezifikation – Eine Einführung.** VII, 235 S. *1983.*

H. Niemann: **Klassifikation von Mustern.** X, 340 S., 77 Abb. *1983.*

W. Heise, P. Quattrocchi: **Informations- und Codierungstheorie – Mathematische Grundlagen der Daten-Kompression und -Sicherung in diskreten Kommunikationssystemen.** X, 370 S., 62 Abb. *1983.*

H. Stoyan, G. Görz: **LISP – Eine Einführung in die Programmierung.** XI, 358 S., 29 Abb. *1984.*

K. Däßler, M. Sommer: **Pascal – Einführung in die Sprache; DIN-Norm 66256; Erläuterungen.** 2. Auflage. Unter Mitarbeit von A. Biedl. XIII, 248 S. *1985.*

G. Blaschek, G. Pomberger, F. Ritzinger: **Einführung in die Programmierung mit Modula-2.** VII, 279 S., 26 Abb. *1986.*

R. Marty: **Methodik der Programmierung in Pascal.**, 3. Auflage. IX, 201 S., 33 vollständige Programmbeispiele. *1986.*

W. Reisig: **Petrinetze – Eine Einführung.** 2., überarbeitete und erweiterte Auflage. IX, 196 S., 111 Abb. *1986.*